T. Druyen | V. Mangel

Aus der Zukunft lernen

Medizinisch Wissenschaftliche Verlagsgesellschaft

Thomas Druyen | Valeska Mangel

Aus der Zukunft lernen

Der Leitfaden für konkrete Veränderung

Medizinisch Wissenschaftliche Verlagsgesellschaft

Das Verfasserteam

Prof. Dr. Thomas Druyen
Geschäftsführer und Präsident
opta data Zukunfts-Stiftung gGmbH
Berthold-Beitz-Boulevard 514
45141 Essen

Valeska Noemi Mangel
Zukunftswissenschaftliche Leitung & Service Designerin
Sigmund Freud PrivatUniversität
Institut für Zukunftspsychologie und Zukunftsmanagement
Freudplatz 3
1020 Wien
Österreich

MWV Medizinisch Wissenschaftliche Verlagsgesellschaft mbH & Co. KG
Unterbaumstr. 4
10117 Berlin
www.mwv-berlin.de

ISBN 978-3-95466-808-3

Bibliografische Information der Deutschen Nationalbibliothek
Die Deutsche Nationalbibliothek verzeichnet diese Publikation in der Deutschen Nationalbibliografie;
detaillierte bibliografische Informationen sind im Internet über http://dnb.d-nb.de abrufbar.

© MWV Medizinisch Wissenschaftliche Verlagsgesellschaft Berlin, 2023

Dieses Werk ist einschließlich aller seiner Teile urheberrechtlich geschützt. Die dadurch begründeten Rechte, insbesondere die der Übersetzung, des Nachdrucks, des Vortrags, der Entnahme von Abbildungen und Tabellen, der Funksendung, der Mikroverfilmung oder der Vervielfältigung auf anderen Wegen und der Speicherung in Datenverarbeitungsanlagen, bleiben, auch bei nur auszugsweiser Verwertung, vorbehalten.

Die Wiedergabe von Gebrauchsnamen, Handelsnamen, Warenbezeichnungen usw. in diesem Werk berechtigt auch ohne besondere Kennzeichnung nicht zu der Annahme, dass solche Namen im Sinne der Warenzeichen- und Markenschutz-Gesetzgebung als frei zu betrachten wären und daher von jedermann benutzt werden dürften.
Im vorliegenden Werk wird zur allgemeinen Bezeichnung von Personen nur die männliche Form verwendet, gemeint sind immer alle Geschlechter, sofern nicht gesondert angegeben. Sofern Beitragende in ihren Texten gendergerechte Formulierungen wünschen, übernehmen wir diese in den entsprechenden Beiträgen oder Werken.

Die Verfassenden haben große Mühe darauf verwandt, die fachlichen Inhalte auf den Stand der Wissenschaft bei Drucklegung zu bringen. Dennoch sind Irrtümer oder Druckfehler nie auszuschließen. Der Verlag kann insbesondere bei medizinischen Beiträgen keine Gewähr übernehmen für Empfehlungen zum diagnostischen oder therapeutischen Vorgehen oder für Dosierungsanweisungen, Applikationsformen oder ähnliches. Derartige Angaben müssen vom Leser im Einzelfall anhand der Produktinformation der jeweiligen Hersteller und anderer Literaturstellen auf ihre Richtigkeit hin überprüft werden.
Eventuelle Errata zum Download finden Sie jederzeit aktuell auf der Verlags-Website.

Produkt-/Projektmanagement: Anna-Lena Spies, Berlin
Copy-Editing: Monika Laut-Zimmermann, Berlin
Lektorat: Dr. Frank Unterberg, Essen
Layout & Satz: zweiband.media, Agentur für Mediengestaltung und -produktion GmbH, Berlin
Druck: ADverts printing house
Cover: Das Titelbild wurde eigenständig von einer KI mit der Software Midjourney erstellt.

Zuschriften und Kritik an:
MWV Medizinisch Wissenschaftliche Verlagsgesellschaft mbH & Co. KG, Unterbaumstr. 4, 10117 Berlin, lektorat@mwv-berlin.de

Vorwort

Alle reden von Veränderung und Zeitenwende. Bundespräsident, Bundeskanzler, Ministerinnen und Minister, Medien, alle Generationen und alle Milieus. Das gilt auch für den Rest der Welt. Das Problem ist, die Zeiten ändern sich rasend schnell, aber der Mensch langsam. Zu langsam. Diese Gewissheit haben wir schon lange, aber es passiert wenig. Man hat das Gefühl, die Zukunft kommt immer rasanter und wir nicht hinterher. Also müssen wir uns ändern, schneller ändern, aber wie und was? Das Buch bietet für dieses Dilemma eine machbare Lösung.

Die im Folgenden angesprochenen Veränderungen betreffen unser Verhalten, unsere Gehirne und unsere geistige Gesundheit. Nennen wir es *Mindset*. Die Erneuerung unserer Denkweisen steht hier im Mittelpunkt, also unsere Zukunftsfähigkeit im privaten wie im beruflichen Leben. Die Zukunft ist unbegrenzt und immer entfesselter. Darauf Einfluss zu nehmen, ist komplex. Aber wie wir damit umgehen, dies liegt ganz allein in unserer Verantwortung und in unserer Macht.

Es ist kaum möglich, die Zukunft präzise vorherzusagen. Aber es gibt eine Art des vorausschauenden Lernens, in der man sich mit der eigenen Zukunft ganz konkret beschäftigen kann. Es scheint zwar spielerisch, ist aber durchaus sinnvoll, sich Fragen wie diese zu stellen: Was wird mit den Anforderungen meines Berufes, meines Lebens oder meiner Organisation in zehn Jahren sein? Was kann ich in fünfzehn Jahren am besten tun? Wer will ich in Zukunft sein? Diese und viele weitere Zukunftsfragen stellen wir regelmäßig Tausenden von Menschen.

Die Wissenschaft dazu heißt *Zukunftspsychologie*[1]. In ihr versuchen wir, die Gedanken und Gefühle der Befragten in Bezug auf ihre eigene oder die Zukunft ihres Unternehmens herauszuarbeiten. Wir erforschen also Mindsets und welchen Einfluss sie auf die jeweilige Gestaltung der Zukunft haben. Die Beobachtungen und Erkenntnisse dieser Forschung machen Sinn, wenn sie im privaten und beruflichen Leben Vorteile schaffen und auch trainiert werden können. Das ist der Fall. Diesen Prozess von der Fragestellung mit dem später zu erläuternden Zukunftskompass[2] bis zur konkreten Umsetzung

---

1 Weitere Informationen zur Zukunftspsychologie finden sich auf der Website des IZZ – Institut für Zukunftspsychologie und Zukunftsmanagement: https://izz.sfu.ac.at/ (abgerufen am 17.04.2023).
2 Der Zukunftskompass ist eine geschützte Marke.

Vorwort

der jeweiligen Einsichten nennen wir Zukunftsnavigation. Es ist aus unserer Sicht daher legitim zu sagen, dass wir aus der Zukunft lernen können. Bei unserer Arbeit haben wir definitiv festgestellt, dass Denkweisen die Treiber des Lebens und der Veränderung sind. Jeder Entschluss trägt die Färbung des eigenen Mindsets. Entscheidungen, die man trifft und dann auch realisiert, werden zu Bausteinen der Zukunft. Insofern haben wir alle sehr wohl Einfluss auf das Kommende. Dieser Gestaltungsprozess ist eine Form des präventiven Designs und die Gelegenheit, sein Handeln besser zu antizipieren und zu planen. Daher haben wir diese erlern- und trainierbare Zukunftsnavigation mit den englischen Ausdrücken *Prethinking the Futures* betitelt.

Ja, wir sprechen bewusst von *Zukünften*, denn jeder Mensch hat seine und ihre[3] eigene. Die persönliche oder allgemeine Zukunft vorauszudenken und zu gestalten, ist das größte menschliche Vermögen. Leider ist die Menschheit meist von widersprüchlichen Interessen zerrissen – und folgt keiner gemeinsamen Strategie. Diese Unstimmigkeiten setzen sich bis in die Generationen, die Familien, ins Arbeitsumfeld und in die Unternehmen fort. Somit wird das Überwinden oder Nutzen der Gegensätze zwingend zu einer Zukunftskompetenz.

Aber woher kommt die Zukunft und wie können wir sie selbst machen? Dies zu klären und pragmatisch zu verdeutlichen, damit beschäftigen sich diese Publikation und dieses Projekt. Es geht darum, das Machbare und Wünschenswerte umzusetzen und dabei immer auch das Wohl der Gemeinschaft mitzudenken. Hierzu habe ich vor Jahren den Begriff *Konkrethik* geprägt:

> „In diesem Sinne bedeutet konkrethisches Handeln, die möglichen Versionen der Zukunft mit gesundem Menschenverstand zu bedenken und ihren vorgestellten Ausgang zum Maßstab der eigenen Entscheidungen zu machen."[4]

Im Rahmen der Zukunftspsychologie haben wir mentale Werkzeuge entwickelt, um die Digitalisierung und Komplexität der Gegenwart zu durchdringen. Aber wenn Wissenschaft nicht anwendbar ist und sich im Turm der Erkenntnis verbarrikadiert, macht sie in Anbetracht der rasend schnellen

---

[3] Die Geschlechtergerechtigkeit ist für die Autorin und den Autor dieser Publikation Gesetz, die nachhaltige Stärkung weiblicher Gleichheitsinteressen ebenso. Auf ein generelles Gendern verzichten wir, um die Lesbarkeit für alle Generationen zu gewährleisten. Wir sind dennoch um die formale Akzeptanz dieses Themas durchgehend bemüht.

[4] Druyen 2012, 56. Den Begriff der Konkrethik wird Kapitel I.3 dieses Buches näher erläutern.

Vorwort

Veränderungen einen schlechten Job. Daher ist der Ausgangspunkt dieser Impulse das definitive Ziel, Zukunftsnavigation und Konkrethik in zahlreichen Lebensbereichen und Konstellationen für Menschen und Unternehmen anwendbar zu machen. Wissen ohne Umsetzung wäre bei unserer Absicht brotlose Kunst.

Bei der praktischen Umsetzung des zukunftspsychologischen Know-hows hat meine Co-Autorin Valeska Mangel einen grundlegenden Beitrag geleistet. Sie hat mit ihrem Designhintergrund die hier vorliegende Work- und Mindshop-Methode erlernbar und skalierbar gemacht. Aber nicht nur das: Sie wirkt hier auch als Vertreterin einer jungen Generation, die digital und global aufgewachsen ist. Ganz bewusst wollen wir das Thema Zukunft aus zwei Blickwinkeln und mit zwei Mindsets verfolgen.

Daher basiert der im Verlauf des Buches zu erwerbende ‚Machverstand' von vornherein auf zwei Generationenperspektiven. Wir sind alle gemeinsam in der unausweichlichen Situation, uns zukunftsfähig zu machen. Zukunftsfähigkeit ist die erlernbare Kompetenz, mit Unvorhersehbarkeit, mit Prävention und mit Experimentierfreude pragmatisch umzugehen. Die Zukunft ist das Ergebnis unserer Taten, also machen wir uns fit für unentwegte Veränderung, nutzen wir unsere Kreativität und überwinden wir den inneren Schweinehund. Mit dieser Anstrengung werden wir die Zeit zu unserem Vorteil wenden.

Prof. Dr. Thomas Druyen
Direktor und Gründer des Institutes für Zukunftspsychologie und Zukunftsmanagement an der Sigmund Freud PrivatUniversität in Wien und Präsident der opta data Zukunfts-Stiftung

Inhalt

I Grundlagen ____ 1
Thomas Druyen

1. Zukunftspsychologie:
   Was ist sie und was kann sie? ____ 3

2. Zukunftspsychologie und Hirnforschung:
   Unsere Zukunft entsteht im Gehirn ____ 13

3. Wie zukünftig denken und handeln?
   Konkrethik als Mindset für die Zukunft ____ 25

II Anwendung: „Prethinking the Futures" – Design-Workshops für Zukunftskompetenz ____ 45
Valeska Mangel

1. Einleitung: Die Rückerlangung von Selbstwirksamkeit ____ 47

2. Erster Überblick: „Prethinking the Futures" –
   Design-Workshops für Zukunftskompetenz ____ 53

3. Design: Was bedeutet Gestaltung heute eigentlich? ____ 55

4. Zum theoretischen Hintergrund und Aufbau
   der „Prethinking the Futures"-Workshops ____ 65

5. Die Schritt-für-Schritt-Workshopanleitung ____ 75

Inhalt

III Vertiefung und Ausblick: Die Zukunft des Handelns — 131

1 Wie kommt die Zukunft zustande? — 133
Thomas Druyen

2 Die Funktion der Unvorhersehbarkeit — 143
Thomas Druyen

3 Die Innovationsskepsis im 21. Jahrhundert — 159
Valeska Mangel

4 Zukunftsängste am Arbeitsplatz — 165
Valeska Mangel

5 Die Organisation der Zukunft:
Ein neues Denken für ein gesundes Arbeiten — 169
Valeska Mangel

6 Künstliche Intelligenz wird unser Schrittmacher — 197
Thomas Druyen

Nachwort — 215
Thomas Druyen

Danksagung — 218
Thomas Druyen

Literaturverzeichnis — 221

Anhang: Materialien für die Workshop-Durchführung — 225

Das Verfasserteam — 237

I

Grundlagen

Thomas Druyen

1

Zukunftspsychologie: Was ist sie und was kann sie?

Die Zukunft vorausdenken ist ein geistiger und gedanklicher Vorgang. Er spielt sich im Kopf und in der Fantasie ab. Jeder Mensch kann es versuchen. Die höchsten Leistungen der Menschheit fanden dort ihren Ursprung. Die unsterbliche schwedische Kinderbuch-Autorin Astrid Lindgren hat es auf den Punkt gebracht: Alles, was an Großem in der Welt geschah, vollzog sich zuerst in der Fantasie eines Menschen. Diese fantastische Quelle wollen und müssen wir nutzen. Das ist der gedankliche Ausgangspunkt der Zukunftspsychologie.

Wie uns das Unbewusste führt

Rufen wir uns kurz das Bild eines Skiläufers vor der Abfahrt oder dem Slalom vor Augen: Gedanklich geht er oder sie die schnelle Abfolge von Kurven und Toren durch, um sich die Strecke einzuprägen und das Kommende ins Bewusstsein zu holen. Je mehr der unbewusste Autopilot benutzt wird, desto schneller, desto souveräner, desto angstfreier geht es voran. Immer wieder hört man den Rat der Profis: Jetzt nicht denken! In diesem Moment, wenn der Mensch vollkommen mit sich selbst eins wird oder in seinem Tun völlig aufgeht, erreichen wir unseren Zenit, unser höchstes Gelingen. Es wäre doch grandios, wenn wir dieses in uns schlummernde Potenzial viel mehr in unserem Leben, in unserem Alltag und für die Gestaltung unserer Zukunft nutzen könnten. Leider ist der Zugriff auf unsere eigene Kraft gar nicht so einfach, da uns psychologisch eine undurchsichtige Gedankenmenge im Wege steht.

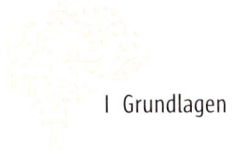

| Grundlagen

Wie wir ticken, wie wir uns fühlen und wie wir agieren, hat enorm viel mit unserem Unbewussten oder unserer emotionalen Innenwelt zu tun.

Wie wir ticken, wie wir uns fühlen und wie wir agieren, hat enorm viel mit unserem Unbewussten oder unserer emotionalen Innenwelt zu tun.

Der legendäre Begründer der Psychoanalyse Sigmund Freud hat die Welt gelehrt, dass dieses Unbewusste für unser Handeln maßgeblich verantwortlich ist. Das ist schon faszinierend, dass wir nicht wirklich über uns bestimmen können! Unsere bewusste und unsere unbewusste Persönlichkeit sind zwei Seiten einer Medaille. Aber wir tun so, als ob unsere rationale Identität den Ausschlag geben würde, und das stimmt eben nicht. Wir sind ständig von inneren Zweifeln und Widersprüchen irritiert, deren Ursachen wir kaum erkennen.

Kommen wir zu unserem Skiläufer zurück: Er ist topfit, total gesund und optimal trainiert. Wenn er absolut synchron mit sich selbst fährt, wird er seine beste Leistung, die an diesem Tag möglich ist, abrufen. Denkt er aber ans Verlieren, an schlechte Wetterbedingungen, an die Konsequenzen einer Niederlage oder gar an die Enttäuschung seiner Fans, kann er eigentlich schon aufhören. All diese Bedenken, Zweifel und Grübeleien schwächen nicht nur ihn, sondern uns alle. Es ist so, als würden wir uns an einen Felsen fesseln, obwohl wir so schnell wie möglich vorankommen wollen. Wir bremsen und irritieren uns gedanklich selbst.

Die Irritation, die Skepsis und die Besorgnis kommen aus unserem Unbewussten. Vom Mutterleib bis zum jetzigen Moment sind alle Eindrücke, Empfindungen, Erlebnisse, Berührungen und Vorkommnisse in uns gespeichert: eine unglaubliche und unfassbare Bibliothek – oder anders gesagt: unser persönliches Universum. Das sind wir, da ist alles von uns drin, ungeschönt, authentisch, gleichzeitig und lückenlos. Leider können wir darauf nicht wie in einer Bücherei bei Bedarf zugreifen. Denn in jedem Moment, in dem wir auf eine Erinnerung oder ein Erlebnis zugreifen wollen, gibt es kein wahrhaftiges und objektives Ergebnis, sondern nur eine subjektive Einschätzung aus dem jeweiligen Moment heraus. Ob wir uns mit 30 oder 60 Jahren an unsere Kindheit erinnern, zieht völlig andere zeitbedingte Interpretationen nach sich. Insgesamt sind wir ohne Zweifel seit der Geburt maßgeblich und vordringlich durch die gesammelten Geschehnisse unserer Kindheit geprägt. Diese seelische Architektur wirkt wie ein innerer Kompass des Selbstwertes, der extremen Einfluss auf unser ganzes Leben hat.

1 Zukunftspsychologie: Was ist sie und was kann sie?

Diese frühe und wegweisende Prägung wirkt wie erste Sätze auf einem weißen Blatt Papier, wie ein Bauplan für ein Haus oder wie der Businessplan für ein Unternehmen. Alles Weitere wird durch diese spezielle Selbstwahrnehmung, durch dieses Mindset, durch diese Brille aufgenommen und bewertet. Es liegt in der Natur des Menschen und auch in der Anlage unseres Gehirns, dass wir das Passende begrüßen und das Störende verdrängen. So hat sich Sigmund Freud mit seiner genialen Erfindung der Psychoanalyse auf den Weg in die Vergangenheit des einzelnen Menschen gemacht, um die unbewussten Spuren der Prägung offenzulegen und zu verstehen. Dieser Ansatz ist weltweit erfolgreich zum Einsatz gekommen und wird weiterhin praktiziert.

Aktuelle Herausforderungen – und wie unser Unbewusstes ihnen begegnet

Die Welt hat sich in den letzten Jahrzehnten unglaublich verändert – und somit auch die Herausforderungen für unser Wissen, unsere Erfahrungen und unsere Denkweise. Vieles, wie das Internet oder Künstliche Intelligenz, ist neu, so dass jahrhundertelange Errungenschaften diesbezüglich unwirksam geworden sind.

Was ist damit gemeint? Früher haben wir Karten benutzt, um Reisen oder Autofahrten zu planen. Heute nutzen wir Navigationssysteme, die uns eigenständig leiten und steuern. Früher haben wir Telefone benutzt, um ausschließlich mit Menschen zu sprechen, aber mit nur einer Bezugsperson. Heute haben wir Smartphones, die uns mit der Welt vernetzen und gleichzeitig Dutzende technische Geräte verkörpern. Sie wirken wie ganze Büros und lassen uns jederzeit und überall kommunizieren und arbeiten. Bei der jungen Generation sind sie das Fenster zur Welt, das ständig, fast organhaft im Einsatz ist – man könnte fast sagen, es ist ein digitales Körperteil. Diese und Millionen anderer technischer Umwälzungen verändern unseren Alltag immer wieder radikal.

Das wirkt auf unser Gehirn wie Hochwasser: Wir können uns gar nicht so schnell verändern und anpassen, wie Neues nachkommt.

I Grundlagen

Diese enorme und historisch einmalige Beschleunigung setzt uns unter Druck, und wir müssen neu lernen, damit umzugehen. Die Koordination dieses Tempos will gelernt und trainiert werden. Ein Beispiel: Jahrhundertelang übte man einen Beruf aus. Nach der Ausbildung hatte man so jahrzehntelang Ruhe und konnte das Erlernte umsetzen. Überschaubare Veränderungen wurden mit der Zeit integriert und verarbeitet. Schon seit zwei Jahrzehnten ist dieser ruhige Fluss in Bewegung geraten. Es gibt viele Berufswechsel, neue Berufe kommen ständig hinzu oder sterben aus. Heute und in Zukunft aber wird es noch schneller gehen, wird die Unübersichtlichkeit noch größer. Man studiert zum Beispiel Rechtswissenschaft oder auf Lehramt, aber niemand weiß, ob Anwälte und Lehrer in zehn Jahren in der klassischen Form noch benötigt werden. Allein das Homeschooling hat uns gezeigt, dass neue Anforderungen und Begabungen an die pädagogische Vermittlung gestellt werden, um überhaupt noch mit den Schülern angemessen kommunizieren zu können.

Was bedeutet das? Während früher das Wissen und die Kompetenz aus der Vergangenheit kamen, kommen heute die Impulse aus der Zukunft. Google, Amazon oder Facebook haben unser aller Leben mehr verändert als jeder staatliche Beschluss oder jeder professionelle Hinweis von Experten, Kulturträgern oder Ratgebern. Die digitale Technologie und ihre exponentiellen[1] Möglichkeiten treiben den Wandel rascher voran, als wir dies in Routinen und Gewohnheiten verinnerlichen können. Die neue Praxis ist schneller als alle Theorie, so dass auch die junge Generation durch ihr spielerisches Einüben schon früh herausragende intuitive Kompetenzen im digitalen Umgang entwickelt hat. Früher war die Meisterschaft ein Resultat langer und umfassender Erfahrung, heute gibt es Gaming-Meister der virtuellen Fertigkeit, die erst 15 Jahre alt sind. All dies macht es notwendig, eine neue agile Fähigkeit zu entwickeln, die mit Unvorhersehbarkeit, mit Überraschungen und ständiger Verwandlung – also mit dem unbekannten Kommenden – vorausschauend umgehen kann. Sie werden sagen, dass es das Neue schon immer gab. Da haben Sie Recht. Allerdings gab es das Neue niemals so schnell, so gewaltig und in immer kürzeren Abständen.

---

1 Zum Begriff der Exponentialität vgl. Kapitel I.3 dieses Buches.

1 Zukunftspsychologie: Was ist sie und was kann sie?

Wie kann uns die Zukunftspsychologie helfen?

Vor diesem brisanten Hintergrund habe ich die Zukunftspsychologie etabliert, um eine Methode und ein Handwerkszeug für eine flexible Navigation der Zukunft zu schaffen. Während sich die Psychoanalyse in die Vergangenheit bewegt und an den biografischen Grundprägungen ansetzt, gehen wir zukunftspsychologisch auf die andere Seite des Spektrums – nach ganz vorne.

> *Wir wollen sozusagen bei der Prägung proaktiv mitwirken und Probleme antizipieren, damit sie erst gar nicht Gestalt annehmen und vorzeitig kanalisiert werden können.*

Damit kommen wir wieder zum Anfang dieses Kapitels und zur Fantasie zurück. Sie und die Intuition sind die Architekten der Zukunftspsychologie. Indem wir uns mit unseren Möglichkeiten und Wünschen beschäftigen, heben wir ganz andere Potenziale, als uns immer nur reaktiv von Ängsten und Bedenken leiten zu lassen. In diesem Sinne unterscheiden wir auch zwischen *Resilienz* als Widerstandskraft und *Prosilienz* als Zukunftsfähigkeit. Indem wir uns gedanklich und imaginativ verschiedene Lebensbereiche in der Zukunft vorstellen, trainieren wir unser Vorstellungsvermögen, antizipieren neue Herausforderungen und ebnen Ideen den Weg in unserem Gehirn. Das Konstrukt, mit dem wir die Zukunft durchspielen und tatsächlich konkretisieren können, ist der 2016 von mir erfundene Zukunftskompass.

Wir haben bisher gesehen, dass sich die Psychoanalyse nach Sigmund Freud des Unbewussten bedient. Im Unbewussten liegt das ganze Ausmaß der Persönlichkeit und der Identität des Menschen. Im Unbewussten speichern wir alle unsere Erfahrungen und unser ganzes Sein. Diese Erinnerungen bringen uns an den Punkt unserer Biografie, an dem wir heute stehen – und an dem die Psychoanalyse bei Bedarf retrospektiv ansetzt: Nach dem Auftreten eines Problems oder einer Störung geht sie zurück an den Ursprung und an die ursächlichen Prägungen. Diese Methode ist höchst erfolgreich und hat Millionen Menschen Gesundung und eine neue Lebensperspektive ermöglicht.

Aber in Zeiten der Digitalisierung, der exponentiellen Beschleunigung und ständig hereinbrechender Überraschungen erleben wir eine massive Überforderung, die uns Menschen existenziell heimsucht. Diese Überbelastung kommt aber nicht aus unserer Vergangenheit oder unserem biografischen und gesellschaftlichen Vermächtnis, sondern aus einem sich seit Jahren beschleunigenden technischen Veränderungsbooster. Was da an Neuerungen ständig aus der Zukunft und dem Fundus Künstlicher Intelligenz auf uns einströmt, vom Internet bis zur Blockchain, von Viren bis zum Weltraumschrott, ist erst einmal unbekannt und ungefiltert, also uns in gewisser Weise absolut nicht bewusst. Vor uns und hinter uns liegen also riesige Strecken und schwarze Löcher des Unbekannten, des Unbewussten. Nachdem wir in der Bearbeitung unserer Vergangenheit schon große Fortschritte gemacht haben, sind wir bei der Zukunftsnavigation noch Laiendarsteller.

Natürlich gibt es weltweit viele intelligente und wissenschaftlich abgesicherte Zukunftsberechnungen. Natürlich gibt es fantastische und geradezu präzise Science-Fiction-Literatur. Gerade im Bereich der Umwelt begegnen wir seit Jahren glasklaren Prognosen, die von der Wirklichkeit immer deutlicher bestätigt werden. Selbst im Jahr 1972 hatte der Bericht des Club of Rome über die Grenzen des Wachstums in vielerlei Hinsicht weitsichtig und valide argumentiert. Aber im vorliegenden Zusammenhang geht es ausschließlich um individuelle und kollektive Zukunftsgestaltung – und in diesem Bereich sind wir noch bei Kaffeesatzleserei, Wahrscheinlichkeitsoptionen und interessegeleiteten Prognosen. Im Rahmen der Zukunftspsychologie haben wir daher den Zukunftskompass für Personen und Unternehmen entwickelt. Es geht um eine prospektive Methode, die eigene Zukunft vorherzubestimmen und aus dem Reich des Unbewussten zu entführen – mit allem Respekt: ein Post-Freud-Modell, das unsere Präventionsfähigkeit verbessert, und ein Zukunftstraining, das risikofrei die persönliche Zukunft und vorstellbare Problemlagen simuliert und imaginiert.

Unsere Form der Psychoprophylaxe will methodisch ins kommende Unbewusste und Unbekannte vordringen, ohne dabei die Vergangenheit einzubeziehen. Gezielte Fragen regen ausschließlich dazu an, in gedankliche Gebiete vorzudringen, in denen Befragte und Mitmachende noch nie oder ganz selten gewesen sind: die eigene, weiter entfernt liegende Zukunft. Es geht nicht um eine Prognose, sondern um ein persönliches Experiment. Durch Gedankenspiele und das Erträumen diverser Alternativen wird eben die Prosilienz gestärkt. Diese Prosilienz unterscheidet sich von der Prävention als

1 Zukunftspsychologie: Was ist sie und was kann sie?

Form der Vorbeugung dadurch, dass sie tatsächlich die Fähigkeit trainiert, das Undenkbare zu denken und sich das Unvorstellbare vorzustellen.

Nicht Reflexion wie bei der retrospektiven Analyse, sondern Imagination, Fantasie und Proflexion sind hierbei die Instrumente und treibenden Kräfte.

Es geht um die Stärkung des mentalen Immunsystems, mit Unvorhersehbarkeit umgehen zu lernen. Doch wie vermisst man dieses unbekannte Land ‚Zukunft', wie strukturiert man das Ungeahnte? Zu diesem Zweck habe ich den schon erwähnten Zukunftskompass entwickelt, ein psychologisches Navigationsinstrument.

Der Zukunftskompass als Instrument der Zukunftspsychologie

Der Zukunftskompass ist ein Tool mit speziellen Fragen zu den wichtigsten Lebensbereichen wie Beruf, Familie, Freizeit, Leidenschaft, Gesundheit oder Alter, die je nach Bedarf, Interesse oder Dringlichkeit individuell ausgewählt werden können. Im Themenpool finden sich ca. vierzig Aspekte, aus denen man maximal vierzehn in Anspruch nehmen sollte, da die Umsetzung sonst unüberschaubar wird. Abhängig vom Alter der Teilnehmenden richten diese Fragen den Blick auf einen zeitlichen Abstand von acht bis fünfzehn Jahren in die Zukunft – es braucht etwas Raum zwischen jetzt und übermorgen für das eigene Vorstellungsvermögen. Ebenso wichtig ist hierbei, dass der Zeitraum weit vom Jetzt entfernt ist, damit heutige Erfahrungen und Belastungen dem freien Imaginieren nicht im Wege stehen. Jeder einzelne Lebensbereich wird daraufhin aus sechs bis acht unterschiedlichen Perspektiven beleuchtet, um eine ganzheitliche Betrachtung und eine möglichst objektive Sicht auf das künftige Szenario zu gewährleisten. Diese Betrachtungsebenen reichen vom biografischen Rückblick aus der Perspektive des Lebensabschiedes über den Entwurf einer idealen Zukunftsbiografie – oder einer katastrophalen – bis hin zu einer Selbstbiografie durch die Brille von Kindern, Freunden oder Kontrahenten. Diese Perspektiven haben die Aufgabe, das jeweilige Thema ganzheitlich zu vertiefen und eine möglichst konkrete Zukunftsbiografie zu entwerfen.

| Grundlagen

Alle Antworten können in der Zukunft medial aufgezeichnet oder in der künftigen Praxis über ein Blockchain-Verfahren gesichert werden. So entsteht eine Bibliothek eigener Daten, eine Art Zukunftsbiografie, auf die der Mitwirkende jederzeit Zugriff hat, um sich im Heute Antworten auf das persönliche Morgen geben zu können. Diese Methode kann und soll in gewissen Abständen wiederholt werden, z.B. bei einer einschneidenden Veränderung im eigenen Leben oder in der Gesellschaft. Durch diese Selbstinterviews entstehen alternative Zukunftsbiografien und eine Dokumentation der eigenen Veränderungskompetenz. Dies gibt den Beteiligten das stärkende Gefühl, der Unvorhersehbarkeit nicht ausgeliefert zu sein, sondern sie als persönlichen Gestaltungsraum nutzen zu können. Er und sie werden so zu ihren eigenen Therapeuten, die aus der Zukunft denken und immer in der Lage sind, alternative Wege zu weisen.

Der Zukunftskompass ist die zukunftspsychologische Überwindung der Ausweglosigkeit: Er schafft für alle Macher und Macherinnen konkrete Möglichkeitsräume. Er trainiert unser Gehirn, flexibel und veränderungsbereit zu sein, und lässt eine Kompetenz entstehen, die uns allen fehlt: die Kompetenz, Unvorhersehbarkeit zu managen und unsere eigene Zukunft vorausschauend zu gestalten, nicht länger nur auf Einflüsse von außen zu reagieren, sondern aus der eigenen Perspektive heraus proaktiv zu handeln und schon heute konkrete Entscheidungen für morgen zu treffen.[2]

Die Wirkung der Vergangenheit hat noch eine weitere Schwächung erfahren: Je schneller sich die Dinge um uns herum verändern, desto geringer wird die Halbwertszeit von Wissen und Erfahrung. Daher bekommen Fehler im Handeln und Denken eine historisch neue Bedeutung. Früher hat man versucht, Fehler zu vermeiden. Das war auch sinnvoll, da ja das Machbare und Wirksame über lange Zeiträume gültig war. Mit dieser deutschen Sorgfalt hat unser Land größte Erfolge erzielt. Daher betreiben wir auch immer noch Bedenkenträgerei, um eben mögliche Fehler zu verhindern. In Zeiten des radikalen Wandels verkehrt sich diese Tugend aber oft ins Gegenteil: Was lange

---

2 Detaillierte Anleitungen, wie der Zukunftskompass angewandt werden kann, finden sich demnächst auf der Homepage der opta data Zukunfts-Stiftung.

1 Zukunftspsychologie: Was ist sie und was kann sie?

richtig war, kann heute über Nacht falsch werden. Ob Phishing-E-Mails oder Cyber-Attacken, früher konnten wir in Ruhe prüfen. Heute muss dagegen sofort gehandelt werden – oder der Schaden wächst immens. Wenn wir hier warten, um Fehler zu vermeiden, haben wir schon verloren. Das Wichtigste ist es jetzt, sofort (mit professioneller Unterstützung) aktiv zu werden.

Dass Fehler nun die neuen Bausteine des Lernens geworden sind, konnten wir im Laufe der Corona-Pandemie immer wieder beobachten. Homeoffice und Homeschooling brachen wie Gewitter über uns herein. Alle Welt hat sich so gut es ging darauf eingelassen und das erfolgreich praktizierte Motto lautete: Lernen durch Tun.

Im Ausprobieren, im Experimentieren und Fehlermachen sowie im wiederholten Ziehen weiterführender Schlüsse liegt die neue Anpassungsfähigkeit. Für eine Kultur, die ‚Fehler' jahrzehntelang als Feind betrachtet hat, ist diese Umstellung nicht leicht. Diese eingefleischte Denkweise muss verändert und aktualisiert werden. Unser Programm „Prethinking the Futures" setzt genau hier an: Veränderung, Agilität und Adaptivität als zu erlernende Kompetenzen.

Im Ausprobieren, im Experimentieren und Fehlermachen sowie im wiederholten Ziehen weiterführender Schlüsse liegt die neue Anpassungsfähigkeit.

Es sei noch einmal gesagt, dass wir daher von *Zukünften (futures)* und nicht von *Zukunft* sprechen. Jeder Mensch und jede Institution müssen sich diesen neuen Herausforderungen stellen. Die Zukunftspsychologie ist also – resümierend – der Beipackzettel oder die Gebrauchsanweisung, um mit der existenziell gewordenen Transformation zurechtzukommen.

Kehren wir zum Zukunftskompass und zur Zukunftsnavigation zurück: In erster Linie dienen sie dem Individuum, der Einzelperson. Die generierten und anonymisierten Daten können aber nicht nur individuell, sondern auch für größere Gruppen oder Unternehmen ausgewertet werden. So kann der auf eine repräsentative Gruppe angewandte Zukunftskompass auch ein klares Bild von der Veränderungskompetenz und Zukunftsvorstellung einer Firma zeichnen. Wir haben dies mehrfach erfolgreich umgesetzt: Ein signifikantes Beispiel dafür ist die opta data Gruppe, die den Zukunftskompass vor drei Jahren mit fünfzig Führungskräften durchgespielt hat. Daraus entstanden eine Anamnese der Zukunftsfähigkeit der einzelnen Mitarbeiterinnen und Mitarbeiter sowie der Abteilungen, ein konkreter Ideenpool für Innovationen und eine präzise Landkarte der psychischen Befindlichkeiten. Selten habe ich als Wissenschaftler erlebt, so experimentell und frei arbeiten zu können. Der Mut wurde belohnt, die Unternehmenskultur und auch die generelle Zukunftskompetenz wurden dynamisch verbessert und sind gewachsen.

2

Zukunftspsychologie und Hirnforschung: Unsere Zukunft entsteht im Gehirn

Jeder Gedanke und jede Tat machen unsere Zukunft aus. Wir sind die Zukunftsmacher und Zukunftsmacherinnen. Dies wird vor allem dann bemerkbar, wenn wir uns verändern wollen.

Da Wandel immer im Kopf beginnt, müssen wir unsere Gedanken auf diesen Ausgangspunkt richten: „Wer den Wandel also will, muss sich verwandeln."[3] Das klingt einfach, ist aber weit schwieriger, als die Dinge einfach laufen zu lassen. Natürlich möchten viele Menschen sowohl sich selbst als auch die Welt verbessern. Aber wie stellt man das an? Wo ist der konkrete Hebel, den man umlegen kann, um eine neue Richtung einzuschlagen? Wie bekomme ich meinen Willen in den Griff, damit er endlich das tut, was mir vorschwebt? In den letzten Jahrzehnten ist die Hirnforschung zu einem bedeutsamen Hoffnungsträger für unsere Selbsterkenntnis geworden. Leider steht eine leicht einsetzbare Gebrauchsanleitung für dieses zentrale Steuerungsorgan noch nicht zur Verfügung. Das umfassende Expertenwissen auf die Ebene des Alltäglichen zu übertragen und in unserem Mindset zu verankern, bleibt vorerst eine Kunst.[4]

Das Verständnis der komplexen Materie wird zusätzlich dadurch erschwert, dass sich viele professionelle Einschätzungen voneinander unterscheiden oder gar einander widersprechen. Haben wir nun einen eigenen Willen oder sind wir fremdbestimmt? Arbeitet das Gehirn wie ein

---

3 Druyen 2012, 163.
4 Vgl. hierzu Hüther 2007.

| Grundlagen

Computer oder handelt es sich um ein nicht vergleichbares System? Kann die Hirnforschung unser Verhalten und Erleben tatsächlich erklären? Es bleiben Rätsel, die den bewussten Einsatz unseres außergewöhnlichsten Organs weiterhin erschweren. Ein zusätzliches Problem sind seit Langem gültige Erkenntnisse, die sich im Nachhinein als falsch erwiesen haben, jedoch immer noch wirken. Hunderte von Jahren lang hielt man die einmal entstandenen Verschaltungen im Gehirn für unveränderbar. Das Gegenteil konnte zwar bewiesen werden, dennoch halten sich solche Mythen hartnäckig. Die unauflösbare Komplexität hat dazu geführt, dass wir nicht mehr wissen, was richtig oder falsch ist. Dies ist ohnehin der größte Angriff auf unser Mindset, dass alles nach subjektiven und interessenbedingten Faktoren interpretiert wird. In dieses Chaos möchte ich eine kleine narrative Lichtung schlagen, um eine gemeinsame Aussicht zu erzeugen.

Gehirn und Gesellschaft: Das Gehirn ist eine soziale Plattform

Mein Gehirn ist mein Garten.[5] Ich habe ihn von meinen Eltern geerbt und bin mir bewusst, dass darin auch das Vermächtnis meiner Vorfahren liegt. Ihn bloß zu erhalten hieße, in der Vergangenheit stecken zu bleiben. Ihn verwahrlosen zu lassen bedeutet, gar kein eigenes Leben zu führen. Die ersten bewussten Bilder dieses Gartens haben meine Vorstellungen geprägt. Sie sind wie die Konturen eines Malbuchs für Kinder, in ihnen habe ich das erste Mal gegärtnert. Zwei fundamentale Einsichten zeichnen sich ab: Jeder Mensch besitzt einen eigenen Garten, und keiner dieser Gärten ist ein Abbild der Welt, sondern lediglich eine Vorstellung davon. Jeder Schritt, jeder Gedanke und jede Handlung in diesem Garten haben Einfluss auf seine Landschafts- und Lebensarchitektur. Ob bewusst oder unbewusst – wir sind unentrinnbar die Gärtnerinnen und Gärtner. Wir können nicht wie auf einem fliegenden Teppich abheben und plötzlich anderswo ganz neu anfangen. Wie ein Mosaikstein sind wir in ein Fundament aus Natur, Kultur und Umgebung eingelassen, das mit unserem Wesen und allen einströmenden Herausforderungen interagiert.

Die Beschaffenheit meines Gartens richtet sich nach der Art und Weise, wie ich ihn benutze und gestalte. Darin liegt meine Freiheit. Ich kann kaum beeinflussen, was mir widerfährt, aber sehr wohl, wie ich darauf reagiere. Das Wetter, andere Menschen, die Verhältnisse und alles Unvorhersehbare sind Faktoren meiner Lebensbewältigung, die meine Gartenpflege beein-

---

5 Die folgenden Überlegungen sind eine aktuelle Überarbeitung des Kapitels „Vom Gehirn", zu finden im Buch „Krieg der Scheinheiligkeit. Plädoyer für einen gesunden Menschenverstand" (Druyen 2012, 163ff.).

flussen. Insofern ist mein Garten kein Befehlsstand, in dem ich losgelöst agiere, sondern der zentrale Mittelpunkt für Koordination, Vermittlung, Beziehungen und lebenslanges Lernen. Mir ist es nicht möglich, den gesamten Garten in seiner Vielschichtigkeit zu überblicken. Die meisten Vorgänge vollziehen sich ohne meine bewusste Teilnahme, und dennoch bin ich hundertprozentiger Teil dieser Geschehnisse.

Leider ist das Erlernen dieser Gartenarbeit noch kein fester Bestandteil unserer Erziehung und Bildung, sodass wir weitgehend auf uns selbst zurückgeworfen sind. Dazu kommt, dass jeder Garten erheblich von Bedingungen abhängig ist, die uns maßgeblich vorbestimmen. Ob man auf dem Land, in unwirtlicher Umgebung, in armen oder reichen Ländern, in wohlhabenden oder prekären Verhältnissen geboren wird, definiert unsere Ausgangsbedingungen. Es ist müßig, in Bezug auf die Lebensquelle über Fairness oder Gerechtigkeit nachzudenken, denn wir haben keinen Einfluss darauf, wo unser Leben aus dem Boden wächst. Nur im Bauch der Mutter erlebt der Mensch offenbar jenes Gleichgewicht, das ihm Ruhe beschert. Danach finden wir uns alle im eigenen Garten wieder und müssen uns unserem Schicksal stellen.

Auf einer weißen, vorstrukturierten Fläche beginnt nun der Lauf der Dinge: Ob bürgerliche oder fürstliche Eltern, Flüchtlinge oder Kriegsopfer, überforderte oder begnadete Erzieherinnen und Erzieher, das Klima der ersten Jahre bestimmt unser Selbstwertgefühl. Wenn wir spüren, dass wir Einfluss nehmen können, entdecken wir den Garten als einen Raum der Veränderung. Erleben wir das Gegenteil, empfinden wir den Garten als Gefängnis. Über allem steht die Furcht, dass unsere Gärten von Krankheiten, Übergriffen und eigenen Unzulänglichkeiten bedroht sind. Diese Ängste sind ein immerwährender Angriff auf unser Gleichgewicht. Da wir das Ausmaß aller Gärten niemals überschauen können, halten wir den eigenen Garten für die Welt. Die Art und Weise, wie wir den Garten bestellen, entscheidet letztendlich, in welcher Realität wir leben. Je öfter wir den Keim der Abneigung säen, umso stärker wächst die Pflanze der Feindschaft. Je mehr wir den Setzling des Mitgefühls pflegen, desto kräftiger wächst die Blume der Achtsamkeit. Es bleibt ein endloser Kampf, den wir am Ende nicht gewinnen können, aber es sind kontinuierlich Siege möglich, und das Streben nach ihnen macht unser Leben sinnvoll. Sobald die Bereitschaft zu kämpfen nachlässt, droht die Verwilderung. In dieser Phase verlieren die Gärtnerinnen und Gärtner ihre Verantwortung an andere Mächte, die zu Schädlingen in ihrem Garten werden.

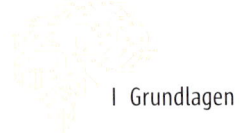

I Grundlagen

Wenn wir begreifen, dass jeder von uns auf Gedeih und Verderb seinem Lebensgarten ausgeliefert ist, wächst die Einsicht, dass wir ohne die Wechselwirkung mit anderen keine gemeinsame Welt gestalten können. Die Struktur unseres Gehirns erscheint wie das Sinnbild einer idealen Demokratie – eine Metapher, die der südafrikanische Neurowissenschaftler Henry Markram entwickelt hat:

> *„Jede Nervenzelle ist einzigartig, und ein und dasselbe Signal wird von tausend Nervenzellen auf tausend unterschiedliche Arten verarbeitet. Doch zugleich respektieren sich die Neuronen vollständig und gleichen permanent ihre Interpretationen miteinander ab – ganz anders als eine menschliche Gesellschaft, in der einer sagt, er habe recht und alle anderen unrecht."*[6]

Was ist naheliegender, als von dieser lebendigen Vernetzung zu lernen, um die Welt zu verstehen? Wenn wir auf dem Plateau der Vergangenheit verharren, werden wir die Verheißungen dieser unwiderlegbaren Vision nicht erkennen. Es sind berechtigte Zweifel daran erlaubt, dass unsere traditionellen Hierarchien die Menschheit in die Zukunftsfähigkeit führen. In unserem Gehirn hingegen finden ständig Rückkopplungen statt, die in alle Richtungen und Dimensionen weisen. Da gibt es weder Präsidenten, Preisträger, Päpste, noch Diktatoren oder Experten, die Unfehlbarkeit beanspruchen. Stattdessen beobachten wir ständig wechselnde Autoritäten, die im jeweiligen Moment die richtige Antwort kennen. Noch haben wir nicht begriffen, was es heißt, infolge neuronaler Plastizität flexibel zu sein und sich nicht nur dem Recht der Stärkeren zu ergeben. Auch ein kollektives Bewusstsein repräsentiert innerhalb einer Kultur eine Mehrheitsintuition. Wir sollten die Hinweise, die sich hieraus ergeben, ernsthaft überprüfen, um den eigenen Garten mit dem der anderen zu vergleichen. Unser persönlicher Radius ist nur schwer zu erkennen, wenn wir die Rolle der uns umgebenden Personen nicht verstehen. Entscheidend ist die Tatsache, dass der Mensch den anderen grundsätzlich als Projektionsfläche benötigt. In unserem Gehirn arbeiten sogenannte Spiegelneuronen, die in der Lage sind, das Verhalten anderer Individuen vorwegzunehmen. Diese Spiegelfähigkeit unserer Nervenzellen für die Vorstellung von Empfindungen versetzt uns in die Lage, intuitiv und unmittelbar die Empfindungen einer anderen Person zu verstehen. Sobald wir also die Handlung eines anderen beobachten, wird in unserem Gehirn

---

6 Schnabel 2009, 40.

ein motorisches Schema aktiv, das auch zuständig wäre, wenn wir selbst die Handlung ausgeführt hätten.

Dieses System der Spiegelneuronen bietet die neurobiologische Basis, um überhaupt in nachvollziehbaren Dimensionen leben zu können. Ob wir uns auf einer stark befahrenen Autobahn, in einer ausverkauften Kinovorführung oder in einer überlaufenen Einkaufszone befinden – ohne die intuitive Vorwegnahme der Handlungen anderer kämen wir in arge Bedrängnis. Dieses Einfühlungsvermögen ist ein wesentlicher Bestandteil unserer Zukunftsfähigkeit. Aus neurobiologischer Sicht steht fest, dass keine andere Technik oder Methode den emotionalen Zustand einer anderen Person besser erfasst. Hier haben wir es mit einem Verständnis auf Augenhöhe zu tun, dass das Prinzip der Gegenseitigkeit fast organisch manifestiert. Im Vermächtnis und Verständnis der Spiegelneuronen liegt das nachhaltige Potenzial, die Fremdheit der anderen empathisch zu überwinden.

Wir können sicher sein, dass unser Gehirn neurobiologisch auf gute soziale Beziehungen eingestellt ist. Neben dem in der Evolutionstheorie verankerten Überlebenskampf sehen wir die permanente Suche des Menschen nach Spiegelung und Kommunikation. Dieses Bemühen kennen wir aus der gesamten Biologie. Vor allem die Erbsubstanz ist vom Bakterium bis zum Menschen auf Spiegelung angelegt. Dass wir durch die Wahrnehmung eines anderen Menschen dessen inneren Zustand unwillkürlich simulieren können, gehört zu den großen Wundern des Lebens. Im Alltag vergessen wir leicht, dass die zentralen Werte des menschlichen Lebens auf kooperativem Verhalten aufbauen. Liebe, Fürsorge und Mitgefühl werden in wirtschaftlicher Hinsicht als ‚weiche' Faktoren geringgeschätzt. Aber dort, wo sie fehlen, herrscht Leid. Das wird am Extrembeispiel offensichtlich: Menschen, die soziale Isolation, Vertreibung und Gewalt erlebt haben, tragen seelische und körperliche Schäden davon, die das erlebte Leiden noch verlängern.

Auf der anderen Seite begegnet uns ein phänomenales Talent: Wir können uns in das Verhalten anderer nicht nur hineindenken und es nachvollziehen, sondern häufig besitzen wir ein klareres Bild vom Beobachteten als dieser oder diese selbst. Eltern und Freunde können in unseren Gesichtern lesen, manchmal wie in einem offenen Buch. Selbst Fremde entwerfen innerhalb von Minuten eine intuitive Ansicht unserer Person, die uns oftmals in ihren Grundzügen verblüffend nahekommt. In jedem Unternehmen, in jeder Regierung, in jedem Büro, in jedem Verein wissen die Menschen Dinge von- und übereinander, über die nicht gesprochen wird. Nennen wir es *Impressionen zweiter*

I Grundlagen

Ordnung. Es ist erstaunlich, mit welcher Präzision wir diese vordergründigen Informationen zu einer stimmigen Erkenntnis zusammenfügen können. Wir begegnen unzähligen Menschen, deren Los auf ihrer Stirn geschrieben zu stehen scheint. Von der Hemmung bis zum Größenwahn, von der Unterwürfigkeit bis zur Herrschsucht, es dauert nicht lange, bis wir die groben Züge des Gegenübers erfasst haben.

Das eigene Gesicht und das eigene Benehmen tragen die Spuren aller Wünsche, Enttäuschungen und Inszenierungen unseres Lebens. Eine Unausgewogenheit des Verhaltens, die man selbst eventuell nur vage spürt, kann für einen Außenstehenden unmittelbar erkennbar sein. Die tatsächliche Seelenverfassung perfekt zu überspielen, gelingt nur ganz wenigen. Auch die kleinen Selbstlügen, von denen man meint, sie tief im Inneren vergraben zu haben, äußern sich in Mimik und Gestik. Nicht nur die eigene seelische Diaspora hat etwas Beängstigendes, auch die unglaubliche Naivität, mit der man sich vor der Einsicht der anderen geschützt fühlt. Erneut offenbaren sich hier zwei zentrale menschliche Schwächen: das Fehlen einer verlässlichen Selbsteinschätzung und die mangelhafte Kenntnis der Funktionsweise unseres Denkens. Im Zuge der Digitalisierung und der Nutzung von Künstlicher Intelligenz sind wir schon jetzt auf dem Wege, technisch ausgelesen zu werden. Unsere Ähnlichkeiten sind so groß und vorhersehbar, dass uns Algorithmen und Software wahrhaft auf den Grund gehen werden. Gott sei Dank bleibt das Unbewusste vorerst eine unüberwindbare Hürde für diese weitreichenden Vermessungen.

Unabhängig davon konstruieren wir bisher die uns umgebende Welt ausschließlich im eigenen Gehirn. Dementsprechend reden wir mit einem Anspruch auf Gültigkeit immer nur von dieser uns eigenen Welt. Die unfassbare Menge an subjektiven Erklärungsdefiziten ändert nichts an der Selbstverständlichkeit unserer Weltsicht. Vor dieser gravierenden Mangelbeschaffenheit erscheint die Künstliche Intelligenz zuweilen als Segen, die uns vielleicht aus dem Tal der Begrenztheit herausführen kann. Dazu müsste es ihr in einiger Zukunft gelingen, all unsere Taten, Worte und Gedanken gesamtheitlich zu scannen, um ein tatsächliches Porträt unseres Seins zu zeichnen. Noch ist auch das Bild, das wir uns von der Person machen, zu der wir uns entwickelt haben, lediglich eine Variation unserer Vorstellung. Denn paradoxerweise sind wir selbst das einzige Wesen, das wir nicht direkt anblicken können. Der Philosoph Frithjof Bergmann hat diesen Umstand wie folgt beschrieben:

2 Zukunftspsychologie und Hirnforschung: Unsere Zukunft entsteht im Gehirn

„Wie sehr wir unseren Kopf auch drehen und wenden, mit unseren eigenen Augen können wir zwar das, was vor uns steht, ganz wunderbar sehen, aber es scheint uns physiologisch unmöglich zu sein, uns selbst anzuschauen. Was für eine groteske Behinderung ist doch die Tatsache, dass wir wie aus Bosheit den einen Punkt in der ganzen Welt, der für uns der wichtigste ist, nicht erkennen können."[7]

Denken und Handeln: Gehirne konstruieren die Welt

Mit dieser Unmöglichkeit, uns selbst direkt anblicken zu können, sollte die Einsicht reifen, dass wir die anderen nicht nur zum Überleben benötigen, sondern auch zur Selbsterkenntnis. Wir sind schicksalhaft miteinander verbunden. Aus einer universalen Perspektive macht es Sinn, von einem umfassenden Organismus zu sprechen. Wenn wir die Welt als diesen einen großen, komplexen Organismus erkennen, erschließt sich uns eine konkrete Einsicht – nämlich die, dass wir einander auf die grundlegendste und fundamentalste Weise brauchen. Allein unsere Gehirne machen uns weltweit zu Brüdern und Schwestern, von denen jeder und jede für sich ein Bild der Welt erzeugen, die wir gemeinsam ständig bewegen. Vielleicht ist selbst der Gedanke, dass wir alle neuronale Bestandteile eines planetarischen Gehirns sind, gar nicht so abwegig. Zumindest wird deutlich, dass wir alle in einem voneinander abhängigen System vernetzt sind.

Wenn die anderen mit einfachen, uns allen zur Verfügung stehenden Mitteln hinter die individuellen Kulissen schauen können, dann sollte man auf diese Kompetenzen zurückgreifen. Dass man in dieser Hinsicht zumindest nahestehenden Menschen vertraut, scheint einleuchtend. Aber zwischen Einsicht und Umsetzung liegen wie immer nur mühsam überwindbare Hürden. Erinnern Sie mal jemanden daran, der mit seinem Übergewicht kämpft, er solle sich doch sportlich betätigen! Oder weisen Sie jemanden auf augenscheinliche Vorurteile hin, die ihm oder ihr längst zur manischen Gewissheit geworden sind – Corona lässt grüßen. Hier wie in anderen Fällen wollen die Leute nicht das hören, was mehrheitlich geteilt wird oder wissenschaftlicher Beweisbarkeit entspricht. Wir wissen, dass jeder Mensch sein Gehirn mit jenem Kraftstoff füllt, der ihm gefällt. Gerade in Beziehungen und Familien wird die Kunst der eigensinnigen Verdrängung gepflegt. Warum ist die Vorstellung so unangenehm, von anderen erkannt zu werden?

---

7 Bergmann 2004, 350.

I Grundlagen

Warum bestraft man das eigene Umfeld für treffende Einsichten, die man vor sich selbst verbergen will? Die häufige Folge solcher Enthüllungen ist ein Abbruch der Kommunikation. Die Verhinderung persönlicher Offenheit und die Ignoranz anderer Überzeugungen beenden die Chance, direkt und intensiv gespiegelt zu werden. Jeder Mensch ringt natürlich um Anerkennung, aber zuweilen hilft ehrliche Kritik der Selbstfindung mehr als einseitige Bestätigung.

Es fällt schwer einzusehen, dass wir weder uns selbst noch die Welt und unsere Gegenwart direkt erkennen können. Was wir wahrnehmen, sind neuronale Simulationen. Das Gefühl für uns und unsere Welt kommt aus unserer Innerlichkeit, die unser Gehirn erzeugt. Wir sind selbst Teil der Natur, zutiefst mit ihr verwachsen und auf sie angewiesen. Noch haben aber persönliche Erlebnisse den größten Einfluss auf die in unserem Gehirn angelegten neuronalen Netzwerke und Verschaltungen. All unsere Erfahrungen, die guten wie die schlechten, sind in unserem Gehirn verankert. Je öfter wir etwas ausprobiert haben, je öfter es bestätigt oder widerrufen worden ist, desto tiefer wird es in unser Verhalten eingebettet. Diese Erfahrungswerte bestimmen unsere Erwartungen und unsere Festlegungen. Sie zeichnen eine individuelle Lebenskarte, die unsere Vorstellungen präzise vorbestimmt. Ob diese stimmen oder nicht, spielt erst einmal überhaupt keine Rolle. Struktur und Funktion unseres Gehirns hängen also entscheidend davon ab, wie wir es benutzen. Diese Vorgänge sind ganz konkreter Natur: Realität ist das, was wir denken, fühlen und tun. Wir sind tatsächlich unseres Glückes Schmied. Da es noch Milliarden anderer Schmiede gibt, geschieht nicht unbedingt das, was wir wollen, aber die anderen bilden einen unerschöpflichen Resonanzboden für unsere Erfahrungen. Unser Gehirn ist wahrlich ein soziales, kulturelles und kommunikatives Organ.

Die mächtigsten Programmierungen unseres Gehirns sind in der Kindheit entstanden. Sie und die später folgenden Prägungen bestimmen unser Denken und Fühlen. Aber dieser Prozess ist bis zum Tode nicht abgeschlossen. Wir sind in der Lage, diese Programme umzuformen, zu überschreiben und zu verändern. Doch dazu benötigen wir nicht nur einen starken Willen, sondern auch Anreize und Anregungen, die uns Neues verwirklichen lassen wollen. Allzu oft bleiben wir in der Vergangenheit stecken, da die vertrauten Weltbilder uns Sicherheit suggerieren. Da alles Neue erst einmal Angst erzeugt und unser Gleichgewicht irritiert, kleben wir an

Realität ist das, was wir denken, fühlen und tun.

2 Zukunftspsychologie und Hirnforschung: Unsere Zukunft entsteht im Gehirn

der Scholle und lassen die Zukunft an uns vorbeirauschen. Dies ist eine zentrale Problematik unserer Gegenwart: Es geschehen so viele und so schnelle Entwicklungen im Zuge der digitalisierten und globalisierten Welt, dass wir zu unserem eigenen Schutz die innere Handbremse angezogen haben. Wir vertrauen lieber auf einen gut klingenden Plan oder eine angstreduzierende Ankündigung, die scheitert, als auf eine neuartige Lösung, die Erfolg haben könnte. In dem Maße, in welchem die Bedrohungen und Überraschungen zunehmen und weltweit erfasst werden, können wir beobachten, wie auch die Mächtigen ihre Gehirne hilflos auf Autopilot und Instinkt geschaltet haben. Doch erinnern wir uns: Unser Gehirn besteht aus 100 Milliarden Neuronen und fast einer Billion Synapsen. Angesichts unendlicher Denk- und Handlungsmöglichkeiten wirken die Appelle für Klimaschutz, Frieden, Ethik und Toleranz wie Kindergeschrei.

Unser hochkomplexes Gehirn ist das praktische und plastische Ergebnis unserer Art, es zu benutzen. Wenn wir immer wieder denken, dass Menschen aus dem Islam zum Terrorismus neigen, Chinesen die Welt dominieren werden und Amerika zum Weltpolizisten berufen ist, empfinden wir das als unsere Realität. Wir können uns jedoch zu jedem Zeitpunkt entscheiden, unser Gehirn in anderer Weise zu benutzen, als wir es bisher getan haben.

> *Unser hochkomplexes Gehirn ist das praktische und plastische Ergebnis unserer Art, es zu benutzen.*

Je tiefer wir überholte und einseitige Ansichten in uns eingraben, desto stärker wird die Illusion einer einzigen gültigen Wahrheit. Hier gilt es in besonderer Weise, sich nicht nur auf den vermeintlichen Stärken auszuruhen, sondern immer wieder ganz gezielt unsere Schwächen in den Blick zu nehmen. Ohne diese Aufmerksamkeit und Achtsamkeit bleiben wir im eigenen Hamsterrad gefangen. Das bequeme Laissez-faire lullt uns im engen Gefängnis unserer Prägungen ein und macht uns letztlich zu Erfüllungsgehilfen derjenigen Kräfte, die wir unter Umständen vollkommen ablehnen. Durch einseitige oder fundamentalistische Überschreibungen wird der Mensch zum Komplizen seiner eigenen Beschränkung. Umsicht und Weitblick hingegen erfordern eine ganzheitliche und vorausschauende Wahrnehmung.

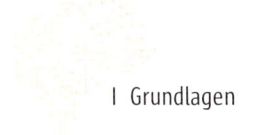

I Grundlagen

Die Zukunft vorausdenken

Wir sollten jetzt ultimativ eine neue Stufe des Vorausdenkens erklimmen, um die Dimensionen der inneren und äußeren Welt miteinander zu verbinden. Die neue Flexibilität äußert sich auch in der Fähigkeit, Entwicklungen zu antizipieren und Wünsche für die Zukunft gedanklich zu formulieren. Unablässig sind wir gezwungen, Entscheidungen zu treffen – und ihre Konsequenzen zu bedenken. Diese Kompetenz ist erlern- und trainierbar. Dazu gehört, immer wieder ein Gleichgewicht zwischen Gefühl und Verstand, Abhängigkeit und Freiheit, Abgrenzung und Einbindung zu finden und zugleich zwischen Wichtigem und Unwichtigem zu unterscheiden. Unser Gehirn eröffnet uns diese fantastische Möglichkeit. Die Kunst besteht darin, in diesem unendlichen Strom von Gefühlen, Gedanken und Ereignissen das Festhalten und Loslassen zu lernen. Sobald wir aus dem Gleichgewicht geraten, erwachen Ängste, und sie verleiten uns, in altbekannte Muster zu verfallen. Aber die Angst überwinden wir nur, wenn es gelingt, neue, lösungsorientierte Handlungen zu vollziehen.

Dieses Terrain des Neuen und Überraschenden, das uns bisher als unsicher erschienen ist, kann so zum spannenden Spielfeld veränderter Entscheidungen werden. Das Unvorhergesehene erscheint nicht länger als Ausnahme, sondern wird als das erkannt, was es ist: die Regel. Alles, was wir tun, hinterlässt Spuren. Diese Folgen sollten wir, so gut es geht, im Blick behalten, um daran unsere konkrete Verantwortung trainieren zu können. Unser Gehirn bietet uns die einmalige Möglichkeit, dies auch erfolgreich umzusetzen. Natürlich ist das kein leichtes Unterfangen: Die Nervenzellen übertragen Impulse nur dann, wenn sie stark genug sind. Und da Impulsveränderungen unser emotionales Gleichgewicht stören, brauchen wir Mut, um bewusst durch dieses Nadelöhr zu gehen. Die Aufmerksamkeit und der Aufwand, den wir betreiben, um unser Gehirn auf die neue Zeit einzustellen, werden zum Gradmesser unserer zukünftigen Entwicklung.

Wie sich in unserem Gehirn alle Vorgänge durch Vernetzung auszeichnen, so sind auch wir alle als Individuen Teil einer Welt, die im Zeitalter der Virtualität und Globalisierung gemeinsamer Gestaltung bedarf.

Um sich zu verändern, braucht man persönliche und kollektive Ziele.

Um sich zu verändern, braucht man persönliche und kollektive Ziele, die mit anderen geteilt werden können. Die Definition eines solchen Reiseziels für die Menschheit steht noch aus, deshalb laufen wir in alle Himmelsrichtungen, ohne eine gemeinsame Orientierung zu finden. Indem wir unsere Gehirne auf die Erfordernisse der Zeit einstellen, begeben wir uns auf einen konstruktiven Weg mit klaren Aufgaben. Dabei haben das Trennende als Eigenart seine Berechtigung und das Gemeinsame als Verpflichtung die oberste Priorität.

3
Wie zukünftig denken und handeln? Konkrethik als Mindset für die Zukunft

In den letzten dreißig Jahren hat sich die Veränderung auf ein historisch bisher nicht erlebtes Niveau beschleunigt. Entwicklungen, die früher Jahrzehnte oder Jahrhunderte dauerten, vollziehen sich heute in Rekordzeiten. Internet, Smartphone oder selbstfahrende Autos sind gute Beispiele dafür – ebenso die Tatsache, dass die Beschleunigung sich sogar weiter beschleunigt. Dieses Phänomen nennen wir *Exponentialität*, also eine stetige Verdopplung, die unbemerkt beginnt und dann immer spektakulärer wird. Ein gutes Anschauungsbeispiel liefert der Kognitionspsychologe Christian Stöcker:

> „Lassen Sie sich bitte auf folgendes gedankliche Experiment ein: Zwei Personen gehen jeweils 30 Schritte. Die erste macht normale Schritte, eins plus eins plus eins plus eins, und ist anschließend 30 Schritte weiter. Die zweite hat Supersiebenmeilenstiefel an und macht exponentielle Schritte. Jeder Schritt ist doppelt so lang wie der vorangegangene. 1 plus 2 plus 4 plus 8 plus 16 und so weiter. Wie weit kommt die zweite Person in 30 Schritten? Schätzen Sie mal, schnell, ohne Nachdenken oder Hilfsmittel. Die richtige Antwort lautete: Person zwei hat nach 30 Schritten nasse Füße, denn sie hat den Erdball fast 30-mal umrundet."[8]

Auch die Corona-Pandemie hat allen Gesellschaften erste Einblicke in diese Vermehrungsdimensionen gewährt. Exponentialität produziert Zukunft

---
8 Stöcker 2020, 13.

| Grundlagen

sozusagen in Lichtgeschwindigkeit. Für einen Menschen, ein Unternehmen oder ein Volk ist dieser temporeiche Wandel je nach Mentalität eine Belastung oder sogar eine Kampfansage. In unserer Studie aus dem Jahr 2018 über die Veränderungsfähigkeit der Deutschen[9] wurde diese bleierne Last sehr deutlich. Es gehört zu unserem nationalen und kulturellen Mindset, Sicherheit, Planbarkeit, Vorhersehbarkeit, Ordnung und Absehbarkeit als feste Grundlagen zu nutzen.

Es gehört zu unserem nationalen und kulturellen Mindset, Sicherheit, Planbarkeit, Vorhersehbarkeit, Ordnung und Absehbarkeit als feste Grundlagen zu nutzen.

Diese Fähigkeiten fördern die Belastbarkeit, und in dieser Hinsicht kamen wir zu dem Ergebnis: Wir Deutschen sind Resilienz-Weltmeister. Aber jedes Talent und jede Kompetenz haben auch eine Kehrseite: Wer die Sehnsucht nach Sicherheit so hoch hängt, dem sind Unsicherheit und Unerwartetes zuwider. Diese Haltung ist aber sehr ungünstig oder geradezu kontraproduktiv für eine historische Ausnahmezeit, in der sich alles viel schneller verändert als jemals zuvor. Es gibt keinen Zweifel, dass wir hier den Schalter umlegen müssen. Dieses Buch versucht, diesen Mindsetwandel anzutreiben.

Natürlich bekommen wir diese nervenzerreißende Veränderung irgendwie mit, aber unser mentales Fassungsvermögen ist überfordert und unsere Wahrnehmungskapazität zu langsam, um hier annähernd Schritt zu halten. Daher kompensieren wir als Experten der Anpassung diesen Nachteil und diesen Flaschenhals mit zwei Deformationen: Gewöhnung und Verzerrung. Der Mensch richtet sich schnell in Situationen ein, auch wenn sie sehr belastend sind. In Studien[10] haben wir klar festgestellt, dass Krankheit, Schicksal und unglückliche Heimsuchungen wie Unfälle oder Katastrophen auf eine enorme Widerstandsfähigkeit stoßen. Dazu gehört es auch, neue Entwicklungen nach kurzer Zeit ins eigene Leben zu integrieren und zu verschmelzen. Handys, Navigationssysteme oder das Tragen von optimierten Kontaktlinsen sind uns schon so vertraut, dass wir gar nicht mehr realisieren, wie kurz sie uns erst zur Verfügung stehen. Diese Gewöhnung führt nahtlos zu unserer verzerrten Informationsverarbeitung, die, auch wenn es uns nicht gefällt und massiv verdrängt wird, von systemischen Abweichungen, Zufallsstreuungen und Urteilsfehlern durchzogen sind. Dieser gesam-

---
9 Vgl. Druyen 2018.
10 Vgl. Druyen 2018.

3 Wie zukünftig denken und handeln? Konkrethik als Mindset für die Zukunft

te Bereich der menschlichen Kognition und Entscheidungsfindung ist existenziell und kompliziert – er kann hier nur pragmatisch gestreift werden. Wer sich damit tiefer beschäftigen will, der sei auf den Nobelpreisträger Daniel Kahneman verwiesen. In seinem Buch „Noise" (2021) wird unmissverständlich klar und bewiesen, dass Täuschung und Selbsttäuschung zu unserer menschlichen Ausstattung gehören. Warum?

> *„[...] [W]eil viele unserer Schlussfolgerungen auf Urteilen beruhen, bei denen die Wahrheit unbekannt oder sogar unerkennbar ist."*[11]

Es ist für unsere individuelle und kollektive Zukunftsnavigation unerlässlich, die Urteilsfehler und Zufallsstreuungen als maßgeblich anzuerkennen. Schauen wir uns ein paar Beispiele an, die wissenschaftlich alle abgesichert sind:[12] Urteile von Richtern sind von Tagesform, emotionaler Verfassung, Mindset und vielen anderen individuellen Faktoren abhängig, die eine faire und objektive Rechtsprechung unmöglich machen. Auch ob ein Patentamt ein Patent anerkennt, liegt in erster Linie an den Prüfern und nicht an den Bestimmungen. In der Medizin stellen unterschiedliche Ärzte völlig abweichende Diagnosen in Bezug auf dieselbe Person. Auch die Interpretation von Röntgenaufnahmen entspringt situativer Zufälligkeit. Ebenso werden viele richterliche Entscheidungen zum Beispiel über Asylgesuche als *Flüchtlingsroulette* bezeichnet. Und die Präzision von Vorhersagen brauchen wir nicht zu kommentieren, sie sind schlicht Glückssache und sagen mehr über die Prognostiker als über deren Prognose aus.

Aber nicht nur die anderen definieren die Dinge durch ihre Brille, auch wir tun das unentwegt. Diese kognitiven Verzerrungen (‚Bias') durchziehen unsere gesamte Wahrnehmung. Wir suchen immer nach Informationen, die unsere eigenen Ansichten bestätigen. Neues oder Abweichendes wird kritisch betrachtet. Oftmals eignen wir uns in bestimmten Situationen ein Gruppendenken an, obwohl es gar nicht unserer Meinung entspricht. Meistens bevorzugen wir Menschen, die unserer Persönlichkeit und unseren Interessen näher sind. Viele beharren auf ihrem Status quo und wollen, dass die Dinge so bleiben wie sie sind, da dies Veränderung und Aufwand erspart. Auch die Selbstüberschätzung ist aktenkundig, da sich die meisten für besser halten, als sie sind. Und unter Druck treffen wir meist emotionale Ent-

---

11 Kahneman/Sunstein 2021, 11.
12 Vgl. Kahneman/Sunstein 2021, 12f.

| Grundlagen

scheidungen, die wir nachher als rational und begründet verkaufen. Auch die Vergangenheit wird verklärt, und in der Rückschau erscheint alles klar und wir tun so, als hätten wir es schon vorher gewusst. Diese Beispiele sind kein Selbst-Bashing, sondern ein Hinweis, um unsere humane Unvollkommenheit anzuerkennen und sie zu bewältigen. Die Zeit vergeht, alles ändert sich, aber die meisten von uns merken es extrem verzögert. Würde aber meine Großmutter, die vor dreißig Jahren gestorben ist, heute auf die Welt zurückkehren, erlebte sie eine ganz andere Wirklichkeit. Daher macht es unbedingt Sinn, sich die nahe und mittlere Zukunft vor Augen zu führen und mit ihr zu spielen.

In den letzten fünfzehn Hochgeschwindigkeitsjahren hat sich um uns herum perspektivisch unfassbar viel verändert. Aus meiner Sicht gibt es die Option der Mondbesiedelung, der Marsreisen, der selbstfahrenden Fahrzeuge, der nanotechnischen Gesundheitskontrolle, der Präzisionsmedizin zur Krankheitsüberwindung, der digitalen Wunscherfüllung in jeder Sekunde von überall, des virtuellen Reisens an jeden Platz der Erde, ohne sich vom Stuhl oder aus dem Bett zu bewegen, sowie nachhaltige Bemühungen, in den nächsten Jahren die Lebenserwartung auf 120 Jahre oder mehr hochzuschrauben. Auf der anderen Seite haben wir es mit alten und hochmodernen Formen des Krieges und des Cyberkrieges, der Schwerkriminalität und des Darknets, der menschenverachtenden Diktaturen und der uneinigen Demokratien, der Naturwunder und der Naturzerstörung, des unersättlichen Superreichtums und der untragbaren Armut, des egozentrischen Größenwahns und der massenhaften Depression und mehr zu tun. Diese Aufzählung ist vollkommen unzureichend, aber sie dokumentiert, welche Attacken, welche Last und welche Überforderung auf unser Gehirn und unser Bewusstsein einströmen. Früher haben wir gesagt, dass man vor lauter Bäumen den Wald nicht sieht. Heute würde ich sagen, dass man vor lauter Tropfen das Meer nicht sieht – oder besser: dass wir vor lauter Impulsen keinen klaren Gedanken mehr fassen können.

Wir benötigen eine neue geistige Konkretheit – ein neues Mindset –, das uns zukunftsfähig macht.

Aus dem vorher Gesagten leite ich ab, dass wir eine neue geistige Konkretheit – ein neues Mindset – benötigen, das uns zukunftsfähig macht. Dazu ist es notwendig anzuerkennen, dass unser Bild der Wirklichkeit eine bewegliche Illusion ist. Auch all unsere Sinneswahrnehmungen sind keine direkten Erfahrungen der Außenwelt, sondern elektrochemische Signale, die in unserem Kopf zu spezifischen Vermutungen und

3 Wie zukünftig denken und handeln? Konkrethik als Mindset für die Zukunft

Interpretationen der Welt verdichtet und vernetzt werden. So schreibt der brillante Neurowissenschaftlicher David Eagleman:

> „Wie die Information im Einzelnen aussieht, ist dem Gehirn egal. Ihm geht es darum, dass wir uns möglichst mühelos durch die Welt bewegen und das bekommen, was wir brauchen."[13]

Das bedeutet, dass unser Mindset dafür verantwortlich ist, wie wir uns selbst und unser Leben neuronal entschlüsseln und gestalten. Dieser individuelle Code führt seit Jahrtausenden zwangsläufig dazu, dass andere Menschen, andere Kulturen, andere Geschlechter, andere Lebenslagen und andere Schicksale ihre und unsere Umgebung sehr unterschiedlich wahrnehmen. Gemeinsamkeit und Kooperation sind somit immer ein bewusster Akt des Wollens, des Willens und der Empathie. Also ist im Moment nicht das Gehirn, das wir noch lange nicht enträtselt haben, das Entscheidende, sondern nur, was es jetzt tut und wie wir es prägen. Wenn wir also etwas wollen, ist nicht der Gedanke daran entscheidend, sondern nur, was wir jetzt konkret tun. Daher ist das Konkrete auch das Konstruktive, denn nur aus der Umsetzung können wir tatsächlich ersehen, ob etwas gut oder schlecht war. Daher glaube ich an die Konkrethik, die den Abstand zwischen Erkenntnis und Realisierung verringert. Sie will das Bestmögliche machen und umsetzen und daraus immer wieder neu lernen. Konkrethik ist in diesem Sinne auch ein experimentelles Zukunftsdesign, und dieses Buch versucht, das pragmatisch zu erläutern und Werkzeuge für die Verwirklichung anzubieten. Oder bringen wir es mit dem Jedi-Meister Yoda auf diese Formel: *Tue es oder tue es nicht, es gibt kein Versuchen.*

Was ist und was will Konkrethik?

In den folgenden Kapiteln versorgen wie Sie mit vielen Gedanken und konkreten Anregungen. Aber solange etwas nur auf dem Papier steht oder irgendwo zu lesen ist, ist noch nichts gewonnen – für niemanden. Das Zauberwort, das seit Menschengedenken Wunsch und Wirklichkeit voneinander trennt, ist *Umsetzung* oder *Machen*. Darum geht es jetzt ultimativ, ob im Erlernen der Zukunftsfähigkeit, in der Bewahrung unseres natürlichen Lebensraumes, in der intelligenten Nutzung neuer Technologien oder in der Neuordnung einer friedlichen Weltgemeinschaft.

---
13 Eagleman 2017, 54.

I Grundlagen

Das Phänomen der Umsetzung ist nicht neu und zumindest unterbewusst auch allen Menschen klar. Das ist ja das Paradoxe: Auch das Böse ist allen klar und es geschieht trotzdem immerfort. Das Dilemma zwischen Ideal, Moral und Realität ist der ewige Graben unserer Lebensreise. Um diese epochale Kluft zu überwinden, habe ich schon im Jahr 2006 den Begriff *Konkrethik* geprägt. Zum ersten Mal habe ich ihn dann 2007 in meinem Buch „Goldkinder – die Welt des Vermögens" (2007) erwähnt. Anfänglich hatte ich damit die konsequente Verwirklichung von Entscheidungen im Sinn. In einer weiteren Publikation – „Krieg der Scheinheiligkeit" (2012) – war die Vorstellung dann weiter gereift. Es ging mir darum zu verdeutlichen, dass nur konkretes Tun dazu führt, dass wir Nägel mit Köpfen machen. In diesem Sinne war immer das richtige und gute Tun der Ausgangspunkt. Es bedeutet auch, „scheitern zu können, Fehler zu begehen, Nebenwirkungen zu erzeugen, sich selbst zu überfordern oder Gegner auf den Plan zu rufen. Nur im konkreten Handeln zeigt sich, ob wir einer Sache gerecht werden, eine Tugend wirklich beherrschen und unsere Authentizität höherstellen als die Verführung durch das Scheinbare."[14] Auch Johann Wolfgang von Goethe war klar, dass es nicht genug sei, zu wollen, man müsse es auch tun.[15] Und die Schriftstellerin Marie Ebner-Eschenbach bringt auf den Punkt, dass es für das Können nur einen Beweis geben kann: das Tun.[16]

Wer sich jetzt ungeduldig fragt, was das mit Zukunft zu tun hat, dem muss ich sagen: eine Menge. Es geht um die Zukunft und mit welchem Mindset wir sie fordern und wünschen oder herstellen und umsetzen. Die Zukunft vorausschauen macht nur Sinn, wenn wir uns dann auch danach richten – sonst reden wir bloß und lassen andere für uns entscheiden:

> *„In diesem Sinne ist mit Konkrethik eine praktische Aufrichtigkeit gemeint, mit bestem Gewissen etwas verantwortungsbewusst zu Ende zu bringen und umzusetzen. Konkrethik manifestiert die Verantwortung für die Folgen des eigenen Handelns. Schon im Matthäusevangelium wird verkündet, dass ihr sie an ihren Früchten erkennen könnt. Darin steckt auch die konkrethische Botschaft, dass wir jeden Anfang besser begreifen, wenn wir ihn vom Ende her denken."*[17]

---

14 Druyen 2012, 47f.
15 Druyen 2012, 51.
16 Druyen 2012, 48.
17 Druyen 2012, 49, Hervorhebung im Original.

3 Wie zukünftig denken und handeln? Konkrethik als Mindset für die Zukunft

Um dies zu ermöglichen, spielt nun auch der Zukunftskompass eine entscheidende Rolle: Seine serielle Durchführung und die wiederkehrende Auseinandersetzung mit den biografischen oder unternehmerischen Zukunftsentwürfen bieten das eigene, konkrete Material, um eben etwas vom Ende her denken und machen zu können. Insofern gewinnt die Konkrethik ihre Bedeutung allein durch ihre Umsetzung. Eine ehrliche Auskunft über uns selbst und das Spektrum unserer Taten, zu denen wir tatsächlich imstande sind, erhalten wir nur dann, wenn sie auch durchgeführt wurden. Was wir alles wollen und beabsichtigen, ist nur Kopfkino.

Daher lautet das konkrethische Motto: dictum factum – gesagt, getan.

Abb. 1   Logo der Konkrethik

Dies war die erste die visuelle Gestaltung meines konkrethischen Gedankens (s. Abb. 1). Ist das naiv? Ausgehend von der eigenen Erfahrung und der wissenschaftlichen Untermauerung, dass Kinder fair, gerecht und zuweilen

| Grundlagen

sehr hart sein können, glaube ich an diese unverstellte Naivität. Bei Erwachsenen ist die gleiche Fähigkeit des wertorientierten Handelns beinahe schon Weisheit. Da deren Sinnbild durch die Eule symbolisiert wird, ruht sie im Bild auf dem Yin-und-Yang-Ast, der für zwei entgegengesetzte Pole steht, die sich ergänzen und eben nicht bekämpfen. Es geht um die Akzeptanz des Anderen: Wir sind nicht alle gleich, sondern Variationen der menschlichen Vielfalt. So lässt sich nur aus unserem Tun immer genau ablesen, wessen Geistes Kind wir sind. Die Sprache ist dafür absolut kein Garant. Es wird überall gelogen, bis sich die Balken biegen. Daher ist die Nagelprobe für die Konkrethik die Überprüfung des eigenen Verhaltens. In der Sozialpsychologie herrscht darüber Einigkeit, dass Wissen und Einsicht allein keine nachhaltigen Veränderungen bewirken. Wir sehen es beim Klimawandel, bei der Ernährung oder der Gesundheit, wir wissen Bescheid, aber agieren anders. Die wirkliche Veränderung liegt nur in der Praxis, in der vollzogenen Tat:

> *„Die Konkrethik erhält ihre Bedeutung einzig und allein durch die Umsetzung. Sie definiert sich von den Resultaten her."*[18]

Die Konkrethik ist auch eine gedankliche Übung, um die vielen Widersprüche unseres Lebens pragmatisch zu ordnen. Wir müssen lernen, mit großen und kleinen Gegensätzen zu leben. Ob in der Politik, in der Kultur oder in anderen Lebensbereichen – Glück und Unglück, Wahrheit und Lüge, Gewalt und Friedfertigkeit stehen in einer unentwegten Wechselwirkung. Zu glauben, es gäbe das eine ohne das andere, bleibt eine Illusion. Nichts ist ohne sein Gegenteil wahr. Deshalb sind ethische Appelle und Versprechen aller Art nur vorläufige Absichten: Ohne praktische Verwirklichung verpuffen sie als scheinheilige Luftblasen. Das Phänomen des Erfolges ist ein gutes Beispiel für die Widersprüchlichkeit und Doppelzüngigkeit einer einseitigen Wahrnehmung. Dass der Erfolg die Mittel heilige, ist als Sprichwort bekannt und als Erfahrung leider bewiesen. Dass für den Erfolg des einen andere oftmals einen hohen Preis bezahlen müssen, dass der Erfolg gekauft, manipuliert, durch Korruption, Verbrechen oder Mitleidlosigkeit errungen sein kann, wird vielfach einfach ausgeblendet. Natürlich hat jeder Erfolg zwei Seiten, und nur wenn man ihm konkrethisch auf den Grund geht, kann man beurteilen, ob er als Vorbild, als Normalität oder zur Abschreckung

---
18 Druyen 2012, 51.

3 Wie zukünftig denken und handeln? Konkrethik als Mindset für die Zukunft

taugt. Wir sollten jedenfalls immer prüfen, ob Erfolg auch auf den Schultern anderer lastet.

Daher ist es in komplexen Zeiten unverzichtbar, die Dinge vom Ergebnis her zu betrachten. Natürlich können wir nicht wissen, was in der Zukunft passiert. Und dennoch handeln wir meistens so, als wüssten wir es. In der Ausbildung, in beruflicher und unternehmerischer Hinsicht sowie in der Privatsphäre arbeiten und leben wir im Hinblick auf eine bereits vorgestellte Zukunft. Daher ist der Zukunftskompass auch eine ernstzunehmende Chance: Wir fällen Urteile im Sinne einer vorausgedachten Realität. Wir fokussieren uns auf das Wesentliche. Je mehr wir zukunftsorientierte Handlungen im Licht der Umsetzung und der Resultate bewerten, desto größer wird automatisch auch unsere Zukunftsfähigkeit. Dabei muss man sich über eines klarwerden: Einen wesentlichen Teil der Zukunft entscheiden wir im Moment des Handelns selbst. Ob wir integer und ehrlich handeln oder betrügen, lügen und Gesetze übertreten, im Augenblick der Wahl haben wir eine definitive Entscheidung getroffen. Dass wir in allen diesen Fällen zur Verantwortung gerufen werden, gehört unweigerlich zu unserer intuitiven Erwartungshaltung.

Selbst wenn das entsprechende Tun unentdeckt bleibt oder man es verdrängt, ist unser Gewissen infiziert. Wer sich jedoch bemüht, in Momenten der Entscheidung guten Gewissens zu handeln, hat sich nicht mit Schuld beladen.

Konkrethik ist also eine geistige Haltung mit dem Ziel, das Richtige zu tun.

Dies garantiert keine Fehlerfreiheit. Aber man ist aufgrund des eigenen Entschlusses bereit, die Konsequenzen in der Zukunft anzunehmen. In diesem Sinne bedeutet *konkrethische Zukunftsnavigation*, die möglichen Versionen der Zukunft mit zu bedenken und ihren vorgestellten Ausgang zum Maßstab der eigenen Entscheidungen zu machen. Niemand kann wissen, was ihm widerfahren wird, aber wie er oder sie darauf reagiert, das bestimmt seine oder ihre konkrethische Ausgangshaltung. Über Einstellungen und Absichten kann man endlos streiten, das erleben wir jeden Tag in allen Lebensbereichen. Aber die konkrethische Methode, die gefällten Urteile anhand ihrer praktischen Konsequenzen zu überprüfen, gibt eine klare Orientierung. Diese gedankliche Übung als mentale Prophylaxe spielt zum Beispiel eine wesentliche Rolle für diejenigen, die eine zerrüttete Ehe mit Kindern verlassen wollen oder als Versorger ihren unerträglichen Job

I Grundlagen

kündigen. Die prosiliente Analyse der Auswirkungen gilt hier als kluge Navigation.

Konkrethik ist also eine geistige Haltung mit dem Ziel, das Richtige zu tun. Sie hat die Funktion eines aktiven Zukunftskompasses, um in unsicheren Zeiten der Komplexität und der gravierenden Veränderungen kluge Entscheidungen zu treffen. Das Ethische und Zielgerichtete an dieser Einstellung ist die unmittelbare Kombination von Entscheidung und Umsetzung. Ständig ist der Mensch mit unüberschaubaren Angeboten konfrontiert. Es ist unverzichtbar, eine definitive Auswahl unter konkurrierenden Optionen vorzunehmen, um aktiv handeln zu können. Das Gute ist hier weder moralisch noch idealorientiert gemeint, sondern im Sinne der eigenen und selbstbestimmten Entscheidungsfindung. Wir werden so überschüttet mit Informationen und Neuheiten, dass wir uns davon eigenständig lösen müssen. Die Hoheit über das eigene Leben und Tun hat nur, wer auf der Grundlage des ihm oder ihr bekannten Wissens aktiv handelt. Man kann und braucht nicht alles wissen, aber mit der Umsetzung des eigenen Willens gestalten wir unsere Lebensarchitektur.

Die Grundlagen der Konkrethik sind dennoch Integrität, Verantwortlichkeit und Achtung für die Menschen, dies ist der ethische Ausgangspunkt. Zur Praktikabilität der Konkrethik gehören Schnelligkeit, Voraussetzungslosigkeit und Mut: *Schnell* heißt nicht unbedacht oder aus der Hüfte geschossen, sondern in Anbetracht des exponentiellen Wandels zügig Urteile zu fällen, um nicht das Primat des Handelns zu verlieren. Wir können nicht immer warten, bis die Dinge sich so entwickeln, wie wir es gern hätten. Wir müssen lernen, dauernd zu intervenieren, um unsere Ziele proaktiv zu verwirklichen. Wenn etwas absolut nicht in unserem Sinne läuft, in unserer Beziehung, am Arbeitsplatz oder in unserem täglichen Leben, müssen wir es konkret und auf der Stelle ändern. Wenn wir begreifen, dass etwas wie die Künstliche Intelligenz mit Sicherheit großen Einfluss auf unsere Zukunftsbedingungen haben wird, müssen wir es konkret und auf der Stelle zumindest annähernd verstehen lernen.

> *Wenn Stress, Angst oder Überforderung uns aus der Bahn werfen, müssen wir konkret und auf der Stelle unsere Vorgehensweise ändern.*

3 Wie zukünftig denken und handeln? Konkrethik als Mindset für die Zukunft

Dies ist keine neue Botschaft, aber die Beschleunigung, mit der sich um uns herum Veränderung vollzieht, die ist relativ neu – und die Geschwindigkeit erhöht sich weiter permanent.

Der zweite Aspekt der Voraussetzungslosigkeit betrifft die Tatsache, dass es uns unmöglich ist, alles zu bedenken, um eine Entscheidung zu treffen. Daher sind endloses Grübeln, Zögern und Abwarten negative Verhaltensweisen. Sie lähmen unsere Handlungen und berauben uns schneller und aktiver Gestaltung. Dieses Phänomen spielt im Buddhismus eine zentrale und vorbildliche Rolle. Lernen wir zum Beispiel einen neuen Menschen kennen, urteilen wir nicht mit Vorurteilen oder aufgrund oberflächlicher Einschätzungen, sondern betrachten die Person voraussetzungslos, also unbelastet und tolerant. Es geht somit darum, uns freizumachen von allzu vielen Voraussetzungen, Vorurteilen und von Bedenkenträgerei. In Zeiten der ständigen Veränderung sind proaktive Maßnahmen wichtig, um eigenmächtig vorgehen zu können. Wer dabei auf Zaudern und Warten setzt, gerät in zermürbende Gedankenflatterei.

Dieser Mut zur Lücke beinhaltet weitere wertvolle Aspekte wie Entschlossenheit, Risikobereitschaft und Zivilcourage. Wir haben vor dem Hintergrund sich vermehrender Komplexität gar keine andere Wahl, als mutige und präventive Entscheidungen zu treffen. Wenn man etwas riskiert, zeigt man auch, dass es einem wichtig ist. Aus der gegenwärtigen Fülle von Möglichkeiten und Alternativen führt nur der Weg der bewussten Wahl, ansonsten werden wir begraben unter einem Berg von Optionen, die ausschließlich durch die konkrete Umsetzung Wirklichkeit werden.

> *Das ist der konkrethische Moment, der magische Augenblick der Konkrethik, wenn wir durch entschiedenes Tun das Kommende bestimmen und selbst die Verwirklichung unseres Willens und unserer Vorstellung übernehmen.*

In diesen Momenten kreieren wir unsere Zukunft selbst. Nicht umsonst rede ich von *Konkrethik*, also die Bindung an ethische und moralische Wertvorstellungen. Entscheidungen, die das Leben anderer verletzen, können nie konkrethisch sein. Dennoch ist die Konkrethik keine eigenständige oder losgelöste Ethik, kein Hirngespinst aus Idealen, Forderungen, Ansprüchen und Interessen. Sie ist nicht das Handbuch zur Ethik, sondern ihr ‚Mach-

I Grundlagen

buch', ihr Lackmustest. Ein Teig muss gebacken, ein Ballon muss aufgeblasen, eine Liebe gelebt und eine Aufgabe erfüllt werden. Nur das Getane dokumentiert eindeutig, ob es gut oder schlecht war.

Konkrete Beispiele werden uns helfen, dieses erlösende Momentum zu verstehen und zu verinnerlichen. Da ist der Mensch, der Finanzbuchhaltung oder Vorarbeiten für die Steuererklärung aus Abneigung dauernd vor sich herschiebt. Die innere Ablehnung wird immer größer und erzeugt bald negative Belastung. Nimmt diese Person aber einmal alle Kraft zusammen und überwindet diese Unlust, erzeugt sie nach Beendigung der Mühsal Glück und enorme Erleichterung. Ob Angst vor dem Vorgesetzten, Streit mit Kollegen, Zoff in der Familie oder Argwohn gegenüber anderen: Was in der Seele rumort, erzeugt negative Energie. Ob Beziehung oder Ehe, ob Kinder oder Eltern, wer seine wahre Meinung verbirgt, zahlt den unkalkulierbaren Preis, dass sie ungewollt und unkontrolliert zum Ausbruch kommen wird. Sind wir mit unserem Arbeitgeber, unseren Mitarbeitern, unserer Partei, unserer Regierung, den Medien, dem Zeitgeist, anderen Menschen, Kulturen und Religionen ernsthaft und in persona unzufrieden, sollte der Knoten durch ehrliche Meinungsbildung durchtrennt werden. Anderenfalls drohen psychische Belastung, Unwohlsein und Erkrankung. Wir könnten die Liste endlos weiterführen. Vor diesem Hintergrund wird Heuchelei zur Selbstbeschädigung.

Gerade in Bezug auf Weltanschauungen wachsen die Ungleichgewichte und die Hasserfüllung wie Pilze aus dem Boden. Dieser Humus der bloßen Aggression ist tödlich. Und in den meisten Fällen ist es die schnelle Veränderung, die die Menschen aus dem Gleichgewicht bringt, weil das Alte verlorenzugehen droht und das Neue noch nicht erkannt wird. Dagegen aktiv und besser proaktiv bei sich selbst vorzugehen, dazu dient die Konkrethik. Und der konkrethische Moment ist der gordische Knoten, der Wunsch und Wirklichkeit deckungsgleich macht.

Konkrethik als Denkweise: Die Fokussierung auf das zukünftig Wichtige

Das zukünftige Mindset als Gründungsarchitekt unseres Bewusstseins bedarf der Konkrethik, um einen klaren Fokus zu haben. Es ist wie Kimme und Korn – wenn sie ineinanderpassen, wird man sein Ziel erreichen. Mindsets und Denkweisen unterliegen aber auch Verfallserscheinungen. Denken

3 Wie zukünftig denken und handeln? Konkrethik als Mindset für die Zukunft

wir an meine Großmutter, die heute nicht mehr zurechtkäme. Die meisten Menschen und auch viele Führungskräfte sind noch in älteren Denkweisen verhaftet. Putin, die Taliban und Trump sind mit die furchtbarsten Exemplare dieser ewigen Gestrigkeit. Aber auch die normale Rückwärtsgewandtheit ist überall verbreitet. Darin wiederholt sich ein uralter Konflikt. Das alte Bekannte gegen etwas ungeprüft Neues einzutauschen, bedarf des Mutes und des Risikos. Das scheuen die meisten und sogar auch unser Gehirn. Gemeinsam wollen wir auf Nummer sicher gehen. Aber wenn, wie so oft geschildert, sich alles um uns herum verändert, ist dies keine weise Option mehr. Würden wir unseren Kindern die Smartphones wegnehmen und sie mit Briefpapier und Rechenschieber ausstatten, mag das einen beschaulichen Seelenfrieden begünstigen, aber die Zukunft wäre ausgeknipst. Diese Abwehrhaltung ist vor allem in Zeiten der totalen Überforderung nachvollziehbar, aber keine gute Empfehlung. Je unüberschaubarer eine Situation sich entwickelt, desto stärker bedürfen Menschen und Mitarbeitende einer Orientierung, die im konkrethischen Sinne eine Selbstorientierung ist. Dabei beeinträchtigt gerade die Gegenwart einen klaren Blick in die Zukunft. Lassen wir noch einmal David Eagleman zu Wort kommen:

> „Für das Gehirn ist die Zukunft nicht mehr als ein blasser Abklatsch der Gegenwart. Deshalb treffen wir Entscheidungen, die sich momentan gut anfühlen, aber in Zukunft schwerwiegende Konsequenzen haben: Wir trinken Alkohol oder nehmen Drogen, obwohl wir wissen, dass das nicht gut für uns ist. Sportler nehmen Aufputschmittel, obwohl diese ihre Lebenserwartung verkürzen; verheiratete Menschen lassen sich auf einen Seitensprung ein."[19]

Bei all unseren Entscheidungen haben wir ein Problem mit der Folgenabschätzung, unser Leben, unsere Geschichte und unsere Gegenwart sind voll davon. Daher spielt der Moment ‚hier und jetzt' in der Konkrethik eine wesentliche Rolle. Unsere Gefühle und Handlungen im Hier und Jetzt dominieren offensichtlich unser gesamtes Verhalten, damit auch unsere Verursachung und deren Folgen. Die Bedingungen einer abstrakten Zukunft empfinden wir dennoch als sehr fern und weitgehend fremdbestimmt. Da wir es aber selbst sind, jeder Mensch, jede Frau und jeder Mann, die oder der mit den äußeren und inneren Einwirkungen zurechtkommen muss, liegt der Ball des Machens immer bei uns. Es ist dieser magische Moment oder dieser konkrethische Punkt,

---

[19] Eagleman 2017, 128.

Grundlagen

an dem wir über Zukunft entscheiden. Für unser Gehirn bedeutet das sogar, dass das Handeln selbst wichtiger ist als der Handelnde. Wir lernen nur, was wir tun, nicht, was wir sagen. Jetzt verstehen Sie, warum der Zukunftskompass Sinn macht: Er antizipiert mögliche Zukünfte, an denen wir trainieren und lernen können, wie wir das Übermorgen gestalten.

Wenn Sie so wollen, bedeutet *Konkrethik* auch, eine gute Zukunft rückwärts zu denken und sie gleichzeitig vorwärts zu realisieren. Es wäre sicherlich hilfreich, wenn Sie dieses Buch mehrfach lesen und Ihre eigenen Varianten dazu schreiben würden, kein Zweifel. Eine konkrethische Aneignung kann nur stattfinden, wenn es tatsächlich umgesetzt wird. So viel zu schreiben und zu berücksichtigen, wie man beim Machen lernen kann, ist gar nicht möglich, und lesen wird es auch keiner – Probieren geht über Studieren. Dieser Satz scheint für die Zukunft große Bedeutung zu bekommen, denn das Neue geschieht häufiger als jemals zuvor. Probelernen, Probedenken, Experimentieren, Durchspielen sind alles Elemente einer konstruktiven Bereitschaft, sich gemäß dem Wandel zu verändern.

Diese Synchronisation, damit wir mit dem Neuen Schritt halten können, ist fruchtbar, unverzichtbar und ultimativ. Nie gab es so viele Optionen für alles: fürs Reisen, fürs Kaufen, fürs Anziehen, fürs Ego, fürs Kommunizieren, fürs Herz, fürs Konsumieren, für Verzweiflung, für Ohnmacht, für Algorithmen, für unsere Aufmerksamkeit – ganz abgesehen von den technischen Welten, die uns jederzeit und überall virtuell oder digital hinbeamen. Mal ehrlich, das ist Waterboarding mit Informationen! Aber die Explosion der Wirklichkeit ins Granulare, also ins Detailreiche und Hochauflösende, geht immer weiter. Nehmen wir nur die Geschlechterfrage: Offiziell haben wir heute drei – männlich, weiblich, divers. Das hätte meine Großmutter noch verstanden. Aber bei Facebook gibt es aktuell 72 Geschlechter, von androgyn über genderfluid bis bigender und pangender. Dies bedarf der Reflexion.

Diese sich sprunghaft ausweitende Bibliothek der Welt strömt auf uns ein wie ein unaufhörlicher Tsunami. Wir alle brauchen darin neue Orientierung, je nach persönlicher Lebensbefindlichkeit unterscheidet sie sich natürlich. Dennoch ist eine professionelle Navigation unverzichtbarer als jemals zuvor. Was ist dabei nun das Ethische oder das Gute an der Konkrethik? Das ist der springende Punkt. Denn es geht hier, wie oben schon gesagt, keineswegs um eine neue Heilslehre oder eine moralische Vision. Die Konkrethik ist eben keine konkrete oder angewandte Ethik, sondern ein Hand-

3 Wie zukünftig denken und handeln? Konkrethik als Mindset für die Zukunft

und Geistwerkzeug, das etwas Positives und Gutes nur aus den Ergebnissen und Resultaten der Umsetzung akzeptiert. Warum? Wir benötigen Klarheit, Verlässlichkeit und Impulse, wir brauchen einen Zukunftskompass. Ankündigungen, Versprechen, Scheinheiligkeiten, Werbung, sittliche Forderungen oder Wahlversprechen sind fluides Geschwätz, wenn sie nicht verwirklicht werden. Das ist das eine. Das andere ist: Der Mensch funktioniert über zwei wesentliche Antriebsformen: den Wunsch und die Belohnung. Wenn wir lernen, unsere Wünsche zu formulieren, und diese mitmenschlich umsetzen, belohnen wir uns selbst. Das ist dann die Konkrethik, die ich meine. Wir bestimmen sie selbst. Unzulänglich vereinfacht möchte ich dennoch sagen: Es ist wie Autofahren. Wenn ich es gelernt habe und mich verkehrsgerecht verhalte, bin ich in aller Welt verkehrstüchtig. Wenn ich alle Menschen, die am Verkehr teilnehmen, respektiere, läuft das Spiel. Alle Fahrenden rechnen mit überraschenden Veränderungen und verhalten sich intuitiv vorausschauend. Das ist konkrethisch, das ist interindividuelle Navigation und Selbstverwirklichung. Fahren kann ich, wohin ich will. Aber wie alle gemeinsam fahren, das ist die Wirklichkeit des Verkehrs. Zwischen Fahrenden und Unfällen scheint mir das Verhältnis sicher verbesserungsbedürftig, aber dennoch günstiger als zwischen Vorsicht und Kopflosigkeit. Wenn Wunsch und Wirklichkeit nicht zusammengehen, entstehen Widersprüche, Ängste, Hass und Krieg. Diese großen Worte können wir getrost auf ganz kleine Lebenssituationen herunterbrechen. Der gemobbte Mitarbeiter, das ungeliebte Kind oder der ausgegrenzte Mensch, alle sind unter den Trümmern ihrer Hoffnungen begraben. Es sollte in diesem Kapitel klar geworden sein, dass unser Mindset unsere Gedanken und damit unser Leben formt. Diesbezüglich hat Sigmund Freud bereits im Jahr 1893 eine universale Entdeckung gemacht: Alle Menschen versuchen, prägend positive Erfahrungen zu wiederholen. Damit wird der Wunsch des Menschen, vor allem auch das Begehren, auf vielen Ebenen zum zentralen Antrieb. Moritz Senarclens de Grancy, ein versierter Psychotherapeut und mit Freuds Werk über Zukunft sehr vertraut, schreibt dazu:

> *„Freuds Formel vom heißesten Wunsch der Menschheit geht jedenfalls von der Annahme aus, dass der Wunsch die Konstante im Leben der Menschen sei. Was auch immer sich über die Zukunft herausfinden lässt, es entwickelt Relevanz vor allem vor dem Hintergrund der Struktur und Funktion des menschlichen Wunsches. Die*

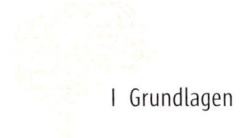

I Grundlagen

Zukunft wird also angegangen mit den Möglichkeiten des Wünschens, was auf einer pragmatischen Ebene des Lebens heißt: mit den Möglichkeiten des Genießens." [20]

Das Grundmuster unserer Persönlichkeit wird also neben den unwillkürlichen Faktoren wie Genetik, Familie, Kultur etc. von unseren Wünschen und den Hoffnungen auf Erfüllung bestimmt. Wir sind somit extrem einflussreich in Bezug auf die Entscheidungshoheit über unser Tun. Wir bestimmen darüber, wie das uns schicksalhaft Begegnende interpretiert und umgesetzt wird. Und wollen wir das Beste daraus machen, sind wir Konkrethikerinnen und Konkrethiker, die Wunsch und Wirklichkeit miteinander verbinden.

Konkrethik als Pfadfinder für Gesundheit

Lassen Sie uns zur Ergänzung und Vertiefung ein alltägliches Beispiel näher betrachten: Ich habe normales Gewicht und will nicht zunehmen. Das wird jenseits der 60 Jahre nicht einfacher. Viele körperliche Bedingungen liegen nicht in meiner Hand, nur die Art und Weise damit umzugehen. Jeden Tag gibt es Herausforderungen, die meinem Ziel entgegenwirken: Stress, Krankheit, Schicksal, Ablenkung, Freude oder Genuss. Gebe ich zum Beispiel öfter der Lust nach, viele Süßigkeiten zu essen, weil ich genervt bin, weil ich Heißhunger verspüre oder maßlos bin, hat das Folgen. Zunächst macht mich die Belohnung glücklich. Schon nach einer Weile könnte sich jedoch das schlechte Gewissen melden. Wenn ich dem Vergnügen zu oft nachgebe, steigt mein Zuckerbedarf und es wird immer schwieriger, Nein zu sagen – die meisten von uns kennen das. Wir sind von Millionen süßer Konsumfallen umzingelt. Es braucht Wille und Kraft, um mit diesen ständigen Reizattacken umzugehen. Der Auftrag der Süßwaren-Branche liegt darin, mich immer wieder zu verführen und meine Bedürfnisse oder Schwächen zu nutzen.

Worin liegt nun meine Aufgabe? In einem ständigen Abwehrkampf, im Gewährenlassen oder in der Erhaltung meines Selbstbildes. Es geht darum, den Wunsch, wie ich aussehen möchte, mit meiner Wirklichkeit zu synchronisieren. Dieses Wechselspiel ist sehr konkret und besitzt eben nicht Tausende Optionen, sondern nur diejenigen, die zu meiner Persönlichkeit und meinem Körper passen. Dabei ist es dann ganz egal, ob ich Millionen von

---

20 Senarclens de Grancy 2022, 56.

3 Wie zukünftig denken und handeln? Konkrethik als Mindset für die Zukunft

Verführungsangeboten bekomme, mein Zukunftswunsch ist gewählt. Natürlich kann ich diesen auch ändern. Ist es also mein festes Bedürfnis, nicht zuzunehmen, belohne ich mich selbst durch Verzicht. Das hat etwas Gutes und Selbsterfüllendes, es ist konkrethisch. Wenn es uns nicht gelingt, die Entsagung im konkreten Fall in eine Belohnung zu transformieren, werden wir weiterhin von der Verlockung hin- und hergetrieben. Und auch diese Versuchungen nehmen exponentiell zu. Die Welt ist ein flächendeckendes und digitales Kaufhaus. Natürlich gibt es zu Recht andere körperliche Selbstbilder und Ideale, das muss nicht dieses Beispiel sein. Dann ändern sich eben die Vorzeichen, aber keineswegs das konkrethische Prinzip.

Im genannten Beispiel stecken unzählige Offerten, wie man sein Gewicht hält oder abnehmen kann, sich optimal ernährt oder welche Zusatzstoffe oder Diäten hilfreich wären. Sofort bewegen wir uns in einem unüberschaubaren Dschungel des kommerziellen Überangebots. Eines ist allen gemeinsam: Sie wollen Wünsche und Sehnsüchte hervorrufen und manipulieren. Und ganz oben auf der Liste dieser merkantilen Illusion steht die Absurdität schlechthin: die anstrengungslose Veränderung. Machen ohne Tun – also etwas vollkommen Verlogenes und etwas Undurchführbares, aber für das Ego, für naive Wünschbarkeit und für die eigene Zukunftshoffnung Grandioses: Zielerreichung ohne Mühe. Das ist das Nonplusultra für unser Gemüt, unser Gehirn und unsere Bequemlichkeit. Damit aber sind Wunsch und Wirklichkeit auseinandergerissen, und mittelfristige Enttäuschung ist vorprogrammiert. Alle Ankündigungen und Versprechungen bleiben bis zu ihrem Eintreffen lediglich Erwartungsschleifen. Meistens folgt aber überhaupt kein Resultat, sondern nur Wirkungen, die sich aus der Tatenlosigkeit ergeben. Auch wenn man auf die Folgen des Wartens wartet, passiert etwas, allerdings ohne Mitsprache, ohne Aktivität und ohne Selbstgestaltung. Allein an diesem einfachen Beispiel der Gewichtsfunktion erkennen wir symptomatisch, dass wir die Wunschstruktur und deren Folgen nicht verstanden haben. Die konkrethische Umsetzung von Wünschen oder die entschiedenen Versuche, es zu tun, schaffen Ergebnisse und Selbstbewusstsein. Wünschen lediglich mit Bestellungen bei Amazon zu begegnen, schafft dagegen Unzufriedenheit und Frust. Diese Unkenntnis der Wunschwirklichkeitserzeugung führt massenhaft dazu, dass sich die Wünsche oft meilenweit außerhalb der eigenen Reichweite befinden und immer das Gegenteil von dem bevorzugen, was man gerade hat oder tut. Wunsch und Wirklichkeit verhalten sich zueinander erfolgreich, wenn sie wie Kimme und Korn zusammenwirken. Je komplexer die Welt und unser Leben und Arbeiten sich in diesem Sinne verwickeln, desto mehr bedürfen wir der Verringerung der Gier und Gelüste. Auch das Maßhalten als Kompensation des Überflusses gehört zur Konkrethik. Veränderung ohne Verzicht ist wohl die größte Selbsttäuschung.

Da wir viel über die Quellen unseres Mindsets schreiben, sollte jetzt klarwerden, dass wir auch über geistige Gesundheit sprechen. Wenn meine Wünsche nicht mit der Wirklichkeit meines Selbst, meiner Familie, meines Unternehmens, meiner Kolleginnen und Kollegen, meines Milieus, meiner Gesellschaft oder meines Landes in Beziehung zu setzen sind, ist fast alles Illusion. Deshalb ist es existenziell, im Rahmen zunehmender Undurchsichtigkeit mentale Pfade zu bestimmen, Fixpunkte zu definieren, an denen wir uns konkrethisch ausrichten können und mit deren Umsetzung wir die gewollte Zukunft gestalten. Dieser Prozess beginnt in uns und mit uns und entscheidet darüber, wer wir sind und wie wir uns fühlen. Wir sind, was wir tun. Das konkrethische Mindset dient daher der Gesundheit und Gesunderhaltung. Jeder Mensch ist selbst der Ausgangspunkt präventiver Fürsorge und wirkt für sich selbst als erste Seelenärztin oder erster Seelenarzt. Der bekannte Wissenschaftsautor und promovierte Neurologe Peter Spork sagt zu Recht:

> *„Gesundheit ist jedoch nicht das Gegenteil von Krankheit. Gesundheit ist der Prozess, der uns anpassungsfähig und vital erhält, der uns hilft, eine Krankheit zu besiegen oder mit ihr besser zu leben."*[21]

Gesundheit ist der höchste persönliche und gesellschaftliche Wert, den wir durch konkrethisches Handeln präventiv beeinflussen.

Heute stehen uns mit der Systembiologie, der Präzisionsmedizin und der Künstlichen Intelligenz ganzheitliche Betrachtungen, Messmöglichkeiten und Interventionsformen zur Verfügung, die den Hauch einer möglichen Krankheit schon im Entstehen antizipieren. Sie zu erkennen und zu behandeln, bevor sie Schaden anrichtet, auch das gehört zu einer medizinischen Zukunftsnavigation und wird sehr konkret. Sensoren im Körper werden unser Schlafverhalten, unsere Herzfrequenz oder unseren Entzündungsstatus permanent messen und Veränderungen sofort wahrnehmen. Dies führt zu Ernährungs- und Bewegungsprogrammen, die unmittelbar positiv ein-

---

21 Spork 2021, 21.

3 Wie zukünftig denken und handeln? Konkrethik als Mindset für die Zukunft

wirken. Lesen Sie dazu, um einen ersten Überblick zu erhalten, das Buch des oben erwähnten Peter Spork. Die Richtung dieser Bestrebung ist klar: ganzheitliche Früherkennung auf allen Ebenen. Hier und jetzt beschäftigen wir uns die ganze Zeit mit der Ertüchtigung unserer mentalen Gesundheit, mit Trainingsbeispielen, wie wir die Zukunft vor dem Hintergrund neuer Technologien und Einsichten gezielter gestalten können. Mit diesem Mindset wird es leichter, das eigene Leben zu überschauen, die tägliche Arbeit zu übersehen und die mannigfaltigen Beziehungen zu anderen Personen stressfreier anzugehen. Kurz und bündig: Wir machen uns zukunftsfit.

Kommen wir zum Ende dieses Kapitels: Wenn jetzt tausend Leute dieses Buch lesen, begegnen wir tausend verschiedenen Lesarten. Um alle Perspektiven abzudecken, müsste die Publikation 100.000 Seiten haben. Das liest niemand. Gelesen und interpretiert werden diese Zeilen ohnehin immer im Sinne des eigenen Mindsets. Es ist sogar manchmal egal, was dort steht, genommen wird nur das, was etwas in einem zum Klingen bringt. Alles Geschriebene wird kontrastiert mit der eigenen Einstellung und den eigenen Ansichten. Was passt, ist akzeptabel, was nicht passt, wird schnell verworfen. In der Sozialpsychologie nennen wir solche inneren Widersprüche *kognitive Dissonanz*. Da sind wir wieder bei unvereinbaren Beziehungen zwischen Wunsch und Wirklichkeit. Manchmal müssen wir Dinge tun wie Lesen, Lernen oder Üben, um wieder einen Sprung zu machen oder zumindest das Neue nicht von vornherein zu ignorieren. Um dieser Falle und diesen Vorurteilen zu entgehen, habe ich den Zukunftskompass geschaffen. Wir gehen weit weg von der Realität in die Fantasie und beschäftigen uns unvorbelastet mit den möglichen Zukünften, spielerisch wie Kinder. Dieses Vorausschauen und Vorausdenken nennen wir *Prethinking the Futures* und werden es im Verlauf genau erläutern.

> *Wir sagen Zukünfte, weil jeder Mensch seine eigene Zukunft hat. Mit diesen Experimenten und Workshops können wir unser Vorstellungsvermögen trainieren. Das ist notwendig, weil sich dauernd und immer schneller Veränderungen ergeben, die wir irgendwie adaptieren müssen. Unser Gehirn selbst lässt sich durch konkretes Handeln verändern. Daher heißt die einfache Konsequenz: Lernen durch Praxis.*

I Grundlagen

Dieses Buch kann aber nicht mehr sein als ein Beipackzettel, als eine Gebrauchsanweisung für die konkrethische Anwendung des hier Geschriebenen. Erst in der Umsetzung entsteht die Erfahrung, erst im Machen entsteht die persönliche Aneignung, erst im Erleben vollzieht sich die Veränderung. Da sind wir wieder bei Wunsch und Wirklichkeit, bei Kimme und Korn: Je präziser sie ineinanderpassen, desto konkrethischer ist ihre Wirkung. Wer auf der Seite des Wünschens und der Ansprüche kleben bleibt, der sinkt in die wirkungslose Hölle der Zweifel, der Skepsis, der Ohnmacht und des Gedankenmülls. Wir alle kennen diesen schmutzigen Hinterhof der zermürbenden Bedenken, die uns überfallen, wenn wir mitten in der Nacht aufwachen, unter depressiven Einschlägen leiden oder uns das Schicksal in den Rücken schießt. Also seien wir behutsam mit unseren Wünschen und bringen wir sie in Einklang mit einer vorsichtsfähigen Wirklichkeit.

II

Anwendung: „Prethinking the Futures" – Design-Workshops für Zukunftskompetenz

Valeska Mangel

1
Einleitung: Die Rückerlangung von Selbstwirksamkeit

„*Die Menschen glichen den Halmen im Getreide; sie wurden von Gott, Hagel, Feuersbrunst, Pestilenz und Krieg wahrscheinlich heftiger hin und her bewegt als jetzt, aber im Ganzen, stadtweise, landstrichweise, als Feld, und was für den einzelnen Halm außerdem noch an persönlicher Bewegung übrigblieb, das ließ sich verantworten und blieb eine klar abgegrenzte Sache. Heute dagegen hat die Verantwortung ihren Schwerpunkt nicht im Menschen, sondern in den Sachzusammenhängen. Hat man nicht bemerkt, daß sich die Erlebnisse vom Menschen unabhängig gemacht haben?*"[22] Robert Musil

Wir leben in einer Zeit der Bezugslosigkeit. Alles passiert immer da draußen, wichtige Entscheidungen treffen immer die anderen, es ist auch immer jemand anderes schuld, und man muss schon Massen in Bewegung versetzen, um selbst einmal etwas zu erreichen. Die Globalisierung hat uns die Tore und Augen zur Welt geöffnet. Wir können alles sehen, wissen und nutzen. Längst sourcen wir damit nicht nur unsere Produktionsstätten und Schadstoffe ins Ausland und in die Entwicklungsländer aus. Die Verantwortung des Einzelnen wurde mit der Globalisierung ausgelagert.

---

22 Musil 1978, 150.

Wir fühlen uns heute nicht mehr in der Lage, unser eigenes Umfeld zu steuern – und wir fühlen uns auch nicht mehr in der direkten Verantwortung, etwas zu verändern. Wenn wir also Katastrophen ins Auge blicken, wie dem steigenden Fachkräftemangel und prognostizierten Versorgungsengpässen, aber auch der Inflation, den hohen Lebensmittelpreisen und der Corona-Pandemie, dann fühlt sich der Mensch ohnmächtig. Diese großen Probleme werden durch Faktoren da draußen, weit entfernt, verursacht und kommen zu uns als mediale Geschichten der Vernetzung. Es sind Berichte über globale Probleme, die ihren Weg in unseren Alltag finden. Die Butter ist teuer, weil ‚da drüben' Krieg ist – rational erklärbar, aber dennoch eine gigantische geopolitische Brücke zwischen dem eigenen Küchentisch und der restlichen Welt. Aktivistinnen und Aktivisten von „Extinction Rebellion"[23] bewerfen die kostbarsten (durch Glas versiegelten) Gemälde der Welt mit Tomaten, weil sie Angst haben, in der Flut an Berichten über globale Konflikte unterzugehen. Obwohl es im Jahr 2022 einen erstaunlich heißen Herbst in Europa gab, sind die Folgen des menschlichen Handels so losgelöst von der bevorstehenden Klimakatastrophe, so losgelöst von den Taten des Individuums, dass wir sie im Westen kaum spüren. Allein machen wir sowieso keinen Unterschied, das müssen die anderen schon machen! Das Desinteresse, die Müdigkeit und die Hoffnungslosigkeit gegenüber dem Wandel sind gerade in absolut kritischen Zeiten auf dem Vormarsch. Schlussendlich sinkt die Wahlbeteiligung, der Unmut gewinnt, das Unbehagen sorgt für eine Schockstarre.

Die ‚Zukunft' passiert einem. Selbst fühlen wir uns nur selten als Teil von Veränderung, und nur einige wenige Menschen sind wirklich Treiber von Wandel – Politiker zum Beispiel oder Milliardäre und Big-Five-Tech-Unternehmen. Als Teil eines unbeherrschbar großen globalen Gefüges fühlen wir uns als unscheinbares Individuum den Informationen über die Entwicklungen der Welt oft ausgesetzt bis gleichgültig. Unterschwellig erleben wir die Vernetzung der Welt als Druckgefühl. In unserem Smartphone überrollen

---

23 Anhänger der Aktivistengruppe „Extinction Rebellion" kämpfen seit etwa 2018 für den Umweltschutz. Sie wollen vor allem Aufmerksamkeit für das begonnene Artensterben und die von den Mitgliedern befürchtete Umweltkatastrophe schaffen. Im Jahr 2022 schafften Extinction-Rebellion-Aktivisten es immer wieder mit radikalen Aktionen in die Medien. So wollen sie dafür sorgen, dass bei allen wichtigen Nachrichten zum Krieg Putins, zur Inflation und zur Corona-Krise die Klimakrise nicht außer Acht gelassen wird.

1 Einleitung: Die Rückerlangung von Selbstwirksamkeit

uns neue Informationen wie eine Herde Elefanten. Wir sehen tagtäglich nicht nur den Erfolg aller anderen 24/7 auf unserem Smartphone zirkulieren, wir wissen auch, dass unserer Arbeit und den Unternehmen jeden Tag etwas Neues abverlangt wird. *Self-Care* wurde längst zum Trendbegriff erkoren, er vermittelt vor allem jungen Arbeitnehmern fälschlicherweise den Eindruck, dass ein Abend mit Gesichtsmaske und Schaumbad die Psyche genug stärken wird, um dem unerträglichen Stress standzuhalten. Wer das Außen nicht erträgt, soll nach innen schauen. Ändern tun wir an der Situation dabei nichts.

In der Unternehmenswelt entsteht derweil ein hitziger Wettbewerb um neue Ideen. Die daraus entstehenden ‚Innovationen', unter anderem von Big-Tech-Unternehmen und jungen Start-ups, dienen oftmals mehr dem bloßen Nachweis des Vorankommens als einer zukunftsweisenden Verbesserung. Viele dieser Innovationen haben kaum noch einen Bezug zur Welt der Nutzer, und sie werden durch ihren mangelnden Sinngehalt oder unklaren Vorteil immer schwerer verdaulich. Was bringt einem eine Mondfahrt, wenn zu Hause kaum Geld zum Heizen bleibt? Was bringt einem eine lernfähige KI, wenn das eigene Kind aufgrund der Pandemie massive Bildungslücken aufweist? Die Motivation, sich mit diesen Erfindungen auseinanderzusetzen und generell Neues lernen zu wollen, ist so massiv erschwert. Stetig wachsender Veränderungsdruck, tosender Wandel, die ständige Anforderung, einen Beitrag zu leisten, zu posten, zu verstehen – Innovation macht uns träge. Immer seltener empfangen Menschen Wandel am Arbeitsplatz mit offenen Armen, und immer häufiger wird bei jedem Software-Update mit zugekniffenen Augen gehofft, dass es einen nicht selbst betrifft. Moderne Scheininnovationen vermindern zum einen die Lust auf Neues und zum anderen die Lust, selbst einen kreativen Beitrag zu leisten. Und so gehen viele weiterhin zur Arbeit, in der verdrängten Hoffnung, alles wie am Vorabend vorzufinden. Es entsteht eine Innovationsscheu, die uns ungewollt zu Traditionalisten werden lässt.

> *Wer das Außen nicht erträgt, soll nach innen schauen.*

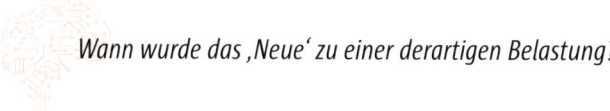

Wann wurde das ‚Neue' zu einer derartigen Belastung?

Meistens steckt hinter jeder Erfindung immerhin ein kreativer und spannender Prozess. Wann begann *Kreativität* zu klingen wie eine weitere Fortbildung? Wir sind doch von Kindheit an kreativ, denn Spielen ist eine natürliche Veranlagung. Im Spiel leben wir die scheinbar grenzenlosen Möglichkeiten unserer Umwelt aus. So kombinieren und rekombinieren wir Materialien, und Sand wird zu Matsch und Matsch zur Skulptur. Irgendwo zwischen unserer Erziehung, Bildung und Professionalisierung verlieren wir diese Mentalität des Grenzenlosen.

Wenn uns die Zukunft als Pool voller Unsicherheiten vorkommt und jede Veränderung wie ein Gewitter auf uns eindonnert, müssen wir uns fragen:

- Welchen Wandel wollen wir eigentlich?
- Welche Innovationen brauchen wir?

Diese beiden Fragen werden viel zu selten gestellt. Statt Betroffene in den kreativen Prozess der Innovationsentwicklung einzubinden, fühlen sich die meisten persönlich und professionell bevormundet. Neues wird einem vorgesetzt, und selbst gestalten können nur andere – Vorurteile, die mental tief verankert sind.

Als gelernte Gestalterin und Design-Theoretikerin ist diese Einstellung zu Verantwortung, Wandel, der Zukunft und Kreativität eine der größten Bedrohungen unserer Psyche und des menschlichen Zusammenlebens. Wenn wir verlernen, Probleme selbst anzugehen, werden wir es nicht schaffen, sinnvolle und wünschbare Lösungen zu finden. Was sich momentan anbahnt, ist eine Zukunft, die uns schlicht und einfach nicht mehr gefällt. Im Westen wollen die Menschen rückwärtsgehen, weil die Prognosen nach vorne sich für den Aufwand des Fortschritts nicht lohnen. Anstatt auf höchster Entscheidungsebene zu verzweifeln und uns als individuelle Menschen in unseren Gemeinden zu beschweren, brauchen wir eine Umlagerung des Gestaltungsprozesses unserer Zukunft. Wir müssen bei der Frage, wie wir an einem Ort leben und arbeiten wollen, die Menschen einschließen, die in diesen Orten leben und arbeiten sollen. Und je mehr Menschen wir in diesen Fähigkeiten trainieren, desto diverser wird die Partizipation für die Gestaltung des Kommenden. Und wer weiß zum Beispiel besser, wie die Zukunft der stationären Pflege aussehen muss, als Pflegerinnen und Pfleger? Warum sollten wir nicht die Studierenden selbst nach Lösungen fragen, wenn es kulturelle Probleme an ihrem Campus gibt?

1 Einleitung: Die Rückerlangung von Selbstwirksamkeit

Die „Prethinking the Futures"-Workshops sind mehr als eine einmalige Veranstaltung. Mit der Verbindung von Zukunftspsychologie und Gestaltung haben wir ein Konzept entworfen, das Betroffenen, Nutzern und Arbeitnehmern wieder Instrumente der Zukunftsgestaltung an die Hand gibt. Es geht in den Workshops darum, das Individuum im Kollektiv zu stärken, Kreativität wieder bei jedem Einzelnen anzusiedeln und die mentale Haltung zu trainieren, mit der die eigene Zukunft wieder wünschbar und lebbar wird. Es geht uns um eine neue Art der Zusammenarbeit und Organisation. „Prethinking the Futures" ist Teil eines Transformationsprozesses der eigenen Haltung, der Fähigkeiten von Mitarbeitenden und der Innovationsgestaltung von Unternehmen und Institutionen. Daher nennen wir das Konzept auch *Work- und Mindshop-Serie*. Hier trifft Mentalität auf Machen und Sinnstiftung auf Realität.

ID# 2

Erster Überblick: „Prethinking the Futures" – Design-Workshops für Zukunftskompetenz

Die Intention dieser Publikation ist die Vermittlung des „Prethinking the Futures" Work- und Mindshop-Programms für das Erlernen und Ausüben von Zukunftskompetenz in Zeiten schnelllebiger Veränderung. Als Zukunftsfähigkeit definiert Thomas Druyen die Eignung, prosilient mit exponentiellem Wandel umzugehen und der Idee der ‚Zukunft' agil und proaktiv gegenüberzustehen.[24] Besonders zukunftsbereite Menschen tragen eher zum Wandel bei, als sich von Neuem negativ beeinflussen zu lassen und in eine ‚Bewahrermentalität' zu verfallen. Das IZZ – Institut für Zukunftspsychologie und Zukunftsmanagement hat durch wissenschaftliche Studien wichtige Erkenntnisse über die Förderung dieser Fähigkeit gewonnen, die nun als Teil des Workshops konkrete Anwendung finden. Kreativität, Reflexion, Empathie und die Ausbildung einer starken persönlichen Agenda sind hierbei Schlüsselelemente, die das Programm aufgreift. Wir vermitteln nicht nur tiefe Einblicke in die aktuellen zukunftspsychologischen Erkenntnisse, sondern ermöglichen die eigenständige Durchführung der Work- und Mindshops anhand einer Schritt-für-Schritt-Anleitung.

Diese Seminare sind ein erprobtes Werkzeug des Instituts für Zukunftspsychologie und Zukunftsmanagement der Sigmund Freud PrivatUniversität

---

[24] Vgl. hierzu Kapitel I.1 Abschnitt „Wie kann uns die Zukunftspsychologie helfen?" dieses Buches. Dort definiert Thomas Druyen den Begriff der Prosilienz.

in Wien. Verantwortlich für den gesamten Bereich der Zukunftspsychologie ist Thomas Druyen. Meine designspezifische, methodische Entwicklung und Durchführung der Workshops basieren auf meinen Erfahrungen und Kenntnissen aus dem Service Design, der Design-Theorie sowie meiner Arbeit als Mitarbeiterin des Instituts.

Es handelt sich beim Workshop-Konzept um ein Trainingsformat, in dem reale Probleme in Teamarbeit innovativ gelöst werden, um gleichzeitig die eigene Agenda und das psychologisch Unbewusste zu schulen. Die von uns entwickelten und getesteten Work- und Mindshops sind nicht nur ein essenzieller Schritt zur Kreation eigener Erfindungen im Arbeitsalltag, die das Spiel zurück in die Arbeit bringen. Sie sind auch ein Schritt in Richtung Rückerlangung der Selbstsicherheit und Kontrolle über Neuheiten, die uns heute oft überfordern. Erfindungen sollten letzten Endes Freude bringen, sei es durch Erleichterung des Lebens oder durch einen sinnvollen Beitrag zu unserem zwischenmenschlichen und umweltbezogenen Zusammenleben. Wenn der Sinngehalt von Neuem wieder näher an die Nutzer und deren direktes Umfeld herangeführt wird und zu kreativen Beiträgen einlädt, kann Wandel auch wieder Freude bereiten. In den nun folgenden Kapiteln gehen wir systematisch auf die einzelnen Bestandteile des Workshops ein.

3
Design: Was bedeutet Gestaltung heute eigentlich?

Neben der Zukunftsnavigation spielt Design innerhalb der „Prethinking the Futures"-Workshops eine elementare Rolle. Der Begriff *Design* sorgt bei vielen heute jedoch für Verwirrung und es ist schwer, sich etwas Konkretes darunter vorzustellen. Dabei hat Design spezifische Merkmale und gelernte Designerinnen und Designer entwickeln zukunftsrelevante Fähigkeiten. Wir wollen daher zunächst den Begriff *Design* näher erläutern und einordnen. Mit einem besseren Verständnis über die verschiedenen Design-Disziplinen und deren Bedeutung können wir auch die Rolle von Design-Methoden innerhalb eines „Prethinking the Futures"-Workshops besser verstehen und die Auswirkungen von Design auf das Mindset der Teilnehmenden analysieren.

Dem Wort *Design* begegnen wir in jeder Einkaufsstraße: Modedesign, Designermöbel, Design-Festivals, Design-Softwares und Website-Templates, Design-Schriften und sogar Slogans wie *Design your own Pizza*. Wir verbinden mit *Design* vor allem Ästhetik – schöne Dinge –, aber auch effiziente Funktion. Wenn wir uns die Arbeit von Designern vorstellen, sehen wir oft wirre Moodboards und Haftnotizen, bunte Stifte und Zeichnungen. Gestalter sitzen in Kreativagenturen, und dort werden Werbekampagnen oder innovative Produkte und Materialien gestaltet. Auf der anderen (weniger offensichtlichen) Seite ist Design auch immer mehr Teil einer soziologischen, kulturwissenschaftlichen und philosophischen Debatte. Architekten wie Lucius Burckhardt oder Buckminster Fuller haben schon früh die psychologischen Effekte von

II Anwendung: „Prethinking the Futures" – Design-Workshops für Zukunftskompetenz

gestalteten Räumen und Objekten untersucht und kritisiert. Was in der Architektur längst fest im Gestaltungsprozess verankert ist, ist im Design noch Neuland: das kritische Denken über die Praxis. In entsprechender Fachliteratur oder Feuilleton-Artikeln lesen wir heute über die Auswirkungen von Design auf den Menschen und die Umwelt. Die Design- und Kulturwissenschaftlerin Claudia Mareis, der Design-Theoretiker und Philosoph Tony Fry sowie der Philosoph und Soziologe Bruno Latour sind nur einige der zahlreichen Akademiker, die sich mit den möglichen Wirkungen von Design und den Visionen für die Disziplin beschäftigen. Die Forderungen der Design-Theorie nach einem nachhaltigen und unkommerziellen Design werden immer deutlicher. Eine zufriedenstellende Antwort auf diese Forderungen gibt es in der Praxis bis heute aber nicht.

Dennoch hat Design über die Jahrzehnte nicht aufgehört, sich in diverse Richtungen weiterzuentwickeln. Gerade durch die zunehmende Kritik an der Umweltfreundlichkeit und dem Sinngehalt von Design entstehen heute immer mehr Nischen, in denen Design neue Anwendungsbereiche einnimmt und sich ständig neu erfindet. Schaut man sich die Studiengänge internationaler Designschulen an, liest sich die Liste an Fächern und Fachgebieten mittlerweile wie ein wirres Lexikon absurd denglischer Wortkonstellationen. Wirklich alles ist professionell gestaltbar – Kaugummi, Kaugummi-Geschmack, Verpackung, Logo, Online- und Offline-Kampagne, eine immersive Entdeckungstour zur Kunst des Kauens, die Anti-Zucker-Politik, eine Enzyklopädie des Kaugummis, ein ergonomischer Kiefertrainer, die spekulative Zukunft des Kaugummis oder das Kaugummikauen als Quelle sauberer Energie.

Seit dem globalen Hit des Begriffs *Design Thinking* bedienen sich nun auch immer mehr Berater, Unternehmer und Laien der Techniken professioneller Gestaltung. Was einige ihr halbes Leben lang studieren und was als ‚gute Form' und ‚Form and Function' längst historische Lehren geworden sind, wird in Design-Thinking-Toolkits nun – scheinbar – einfach und verständlich verpackt. Warum Design dann noch lernen? Das Verständnis für die Rolle der professionellen und spezialisierten Designer wird somit immer unklarer. Im täglichen Design-Dschungel und durch die Popularisierung des Design Thinkings ist es wichtig, einige neue Trends voneinander abzugrenzen. Daher zunächst ein kurzer Überblick über das Design-Einmaleins des 21. Jahrhunderts, bevor wir uns näher mit dem Mehrwert aktueller Designbewegungen auseinandersetzen.

3 Design: Was bedeutet Gestaltung heute eigentlich?

Design-Richtungen im 21. Jahrhundert

Beginnen wir mit der ‚traditionellen' Gestaltung: Bei den wohl bekanntesten Disziplinen dreht sich in erster Linie noch alles um die Gestaltung eines greifbaren Produkts oder von visuellen Bildern. Modedesign, Grafikdesign, Produktdesign und Industriedesign sind hier die wohl prägnantesten Vertreter. Diese Designs finden wir in unserem Alltag wirklich überall. Versuchen Sie einmal etwas in Ihrem Zuhause zu finden, das nicht gestaltet ist! Es gilt in diesen Designs oft, Ästhetik und Funktion zu vereinen. Innerhalb dieser Disziplinen gibt es kommerziellere und künstlerisch-poetische Auswüchse, die von Kitsch bis hin zu museumsreifen Ikonen reichen. Weiter begegnen wir aber einer Schar an neuen Designdisziplinen, die sich über das Produkt hinaus näher mit Interaktionen und Systemen auseinandersetzen, also zum Beispiel digitale Interaktionen wie das User Interface Design (UI) oder User Experience Design (UX), bei dem sich Gestalter auf die Navigation durch Websites und Apps spezialisieren. Es gibt natürlich Websites und Apps, die künstlerisch und verspielt sind. In der Regel müssen diese aber vor allem geschmeidig funktionieren. Hier spielt die Erfahrung der Nutzer eine immer wichtigere Rolle: Wie findet sich die Zielgruppe auf der Website zurecht? Ist sie selbsterklärend? Welche motorische Fähigkeit braucht man hierzu?

Es geht hier vor allem um die Gestaltung von Beziehungen und Kommunikation. Was sich bei der Gestaltung von digitalen Interfaces andeutet, ist ein weitreichender Trend im Design, immer weniger Fokus auf ein fertiges Produkt zu legen und sich stattdessen immer mehr den sich wandelnden Prozessen unserer Welt zu widmen.

Mit einem wachsenden Interesse von Gestaltern, auch sozio-ökonomische Prozesse neu zu arrangieren, sind viele Designbereiche immer bewusster auch politisch ambitioniert. Allein die Fokussierung auf Konsumenten, also auf Menschen und ihre Bedürfnisse vor Profit und Wachstum, ist immerhin eine politische Entscheidung. Eine der neueren Design-Nischen, die Systeme weitreichend umgestaltet, ist das Service Design. Hier beschäftigen sich Gestalter nicht mehr länger mit einem ästhetischen oder funktionalen Endergebnis, einer bestimmten Gestik oder einem Produkt. Es geht darum, Zusammenhänge und Infrastrukturen zu optimieren, die unser Leben täglich beeinflussen. Service Designer beschäftigen sich zum Beispiel mit Nachhaltigkeitskonzepten, wie Apps und Services, die Lebensmittel vor der Verschwendung retten. Im Transportwesen können Service Designer den öffentlichen Transport vom Ticketerwerb über den Fahrplan und das Fahrterlebnis bis hin zu Bewertungsmöglichkeiten und dem Bau neuer Routen neu denken und modifizieren. Dabei wollen sie verschiedene Bedürfnisse, beispielsweise von Personen mit Handicaps, betrachten und durch möglichst reale, empathische Recherche neue Erkenntnisse für Design-Interventionen entwickeln. Anstelle des ikonischen Posters oder Kleides wollen Service Designer oft nur so wenig wie möglich ändern, um möglichst schonend und effizient zu bleiben. All diese Abläufe sind fest an Erfahrungen von Nutzern gebunden und können als Service gut oder schlecht gestaltet sein. Als negatives Beispiel braucht man sich beispielsweise nur die gescheiterte COVID-19 Track-and-Trace-App der Briten anzuschauen.

Doch hier hören moderne Gestaltungs-Disziplinen längst nicht auf. Im Bereich Social Innovation wird diese systemische Herangehensweise genutzt, um ganz gezielt Themen wie Umweltschutz, Arbeitsbedingungen, Bildungswege oder das Gesundheitswesen umzudenken. Anstelle existierender Systeme wird hier direkt von sozialen Bedürfnissen ausgegangen, die besser gestaltet werden sollen. Oft werden im Bereich Social Innovation die Gemeinschaften und Experten, beispielsweise betroffene Arbeitnehmer oder Schüler, partizipativ mit in den Gestaltungsprozess eingebunden (Participatory Design). So wollen Gestalter die eigenen Vorurteile und eine sogenannte ‚Kolonialisierung' von fremden Gemeinden und Kulturen durch Design umgehen.

Zuletzt machen wir einen Sprung zu den gewagteren Trends in der modernen Gestaltung: Anthony Dunne und Fiona Raby, zwei ehemalige Design-Studenten des Royal College of Art, haben bereits anfand der 2000er-Jahre Konzepte entwickelt, mit denen sich Designer vom Narrativ der Problem-Löser entfernen können. Es geht hier nicht mehr darum, eine Krise, ein unerfülltes Bedürfnis, eine Marktlücke oder einen fehlerhaften Service zu erkennen und dieses Problem durch Umgestaltung zu lösen. Dunne und Raby ging es um ein ‚Critical Design', also kritisches Design, bei dem Gestalter sich der Zukunft zuwenden, statt auf alten Problemen zu beharren.[25] Die Idee ist inspiriert von Anti-Design-Bewegungen, die beispielsweise in Italien in den 60er- und 70er-Jahren stattgefunden haben, um die werberische und kommerzielle

---

25 Vgl. Dunne/Raby 2007.

3 Design: Was bedeutet Gestaltung heute eigentlich?

Tätigkeit von Design infrage zu stellen.[26] Kritische Designer möchten mit ihrer Arbeit ein Zeichen setzen, dass Design mehr ist als die Massenproduktion von Gütern für den Markt und dass sie verstanden haben, dass Design mit der Überproduktion von Dingen selbst Teil der Umweltkrise ist.

Es geht hier also um eine Ideologie des Visionierens alternativer, besserer, wünschbarer Zukünfte. Nach dem Motto „Probleme verschwinden nicht mit ihren Lösungen"[27] versuchen Anhänger von Dunne und Raby, anhand von Methoden wie Speculative Design neue Szenarien für die Zukunft zu entwerfen. Sie wollen mit Designs, seien es Produkte, Fahrzeuge, Grafiken oder Mode, nicht mehr nur etwas Ästhetisches oder Funktionales produzieren – sie wollen provozieren. Anhand von futuristischen Produkten oder Geschichten (Design Fictions) werden Instrumente gestaltet, die weit über das Jetzt hinausgehen. Sie sind Wegweiser, die Fragen wie diese aufwerfen: Warum geht es nicht so? Wie kommen wir dorthin?

Es geht um eine Ideologie des Visionierens alternativer, besserer, wünschbarer Zukünfte.

Etwas weniger radikal und näher am aktuellen Weltgeschehen ist dabei die wohl neueste Disziplin und Gedankenschule mit Wurzeln in der Design-Theorie. Das sogenannte Transition Design baut auf Service Design, Social Innovation und Speculative Design auf. Auch hier geht es um die Neugestaltung eines Prozesses, ganz konkret um den Prozess der Transformation hin zu einer besseren (nachhaltigen, faireren) Zukunft. Design-Produkte, -Services und -Systeme werden hier aber nicht als Lösungen, sondern als wirtschaftlich umsetzbare Langzeittrends in die richtige Richtung betrachtet:

> „Transition Design [...] will dabei helfen, neue sozioökonomische und soziale Werte zu entwickeln, um so ein komplett neues Verständnis von Lebens-, Gesellschafts- und Wirtschaftsstilen zu schaffen. Gegenstand von Transition Design ist die Erforschung und Gestaltung von komplexen Systemen."[28]

---

26 Weitere Informationen zum Radical Design finden sich auf https://www.design-museum.de/en/exhibitions/detailpages/radical-design.html (abgerufen am 19.12.2022) und http://dunneandraby.co.uk/content/bydandr/13/0 (abgerufen am 19.12.2022).
27 Deleuze 1994, 165, zit. n. Fry/Nocek 2021, 12.
28 Liedtke u.a. 2020, 13.

II Anwendung: „Prethinking the Futures" – Design-Workshops für Zukunftskompetenz

Einen Überblick über die Evolution von Design und eine Einordnung des Transition Designs geben Liedtke u.a. (vgl. 2020, 12).

Damit haben wir es mit mindestens vier Bedeutungsebenen zu tun, auf denen Design heute Wirkung zeigt:
Da wäre das artefaktbasierte Design, das sich kommerziell oder künstlerisch mit dem Objekt beschäftigt. Über das Objekt hinaus werden Interaktionen gestaltet, die oft auch in die Gestaltung von menschlichem Verhalten eingreifen. Hier spielt Digitalität eine wichtige Rolle. Dann wäre da die Gestaltung von Dienstleistungen, wie zum Beispiel der Infrastruktur. Und zuletzt gibt es experimentelle und kritische Gestaltungsprojekte, die sich gänzlich der Kreation zukunftsfähiger Prozesse verschreiben. Auf allen Ebenen fokussieren sich Designer immer mehr auf menschliche Bedürfnisse und Nachhaltigkeitsthemen. Doch in allen Disziplinen gibt es genauso Fragen und Probleme, mit denen sich vor allem Design-Theoretiker auseinandersetzen – zum Beispiel:

Wer entscheidet, welches Problem gelöst werden darf, und wer kann für wen gestalten? Oder: Wie schlagen wir die Brücke zwischen teils utopischen Zukunftsgestaltungen und dem Status quo? Wer soll das bezahlen und durchführen?

Wir können sagen, dass Design längst nicht mehr nur ‚Zeug' produziert oder Werbung entwirft. Wir haben heute erkannt, dass Design einen großen weltenwerfenden[29] Einfluss auf unser Leben und unsere globalen Ziele als Gesellschaft hat – durchaus auch negative Einflüsse. Damit ist Gestaltung längst nicht mehr nur eine Frage von Stil und Effizienz, sondern auch von Politik und Bildung.

---

29 Vgl. van Borries 2016.

Human-centered Design und Planet-centered Design

Innerhalb der verschiedenen Design-Disziplinen begegnet man immer wieder neuen Herangehensweisen an die Gestaltung. Im kommerziellen Rahmen gibt es natürlich immer noch Kunden, deren Wünsche und Budgets eingehalten werden müssen. In Universitäten und Hochschulen erhalten Design-Studenten oft Vorgaben von den Lehrkräften und experimentieren unter Anleitung. Doch besonders seitdem der Fokus mehr auf den Nutzern und weniger auf der marktorientierten Profitsteigerung und Massenproduktion liegt, haben Gestalterinnen und Gestalter selbst immer wieder neue Methoden entwickelt. In den letzten Jahren hat eine dieser Vorgehensweisen die zunehmende Arbeit mit menschlichen Bedürfnissen in der Gestaltung dominiert: das ‚Human-centered Design'. Human-centered Design (menschenzentriertes Design) und das verwandte Planet-centered Design (planetenzentriertes Design) sind Gestaltungsverfahren, die sich im Kern mit den Bedürfnissen der Nutzer und der Umwelt beschäftigen, statt primär für die Industrie zu produzieren. Dabei werden qualitative Forschungsmethoden angewendet, die empathisch und sinnstiftend die wahren Bedürfnisse von betroffenen Menschen und deren Lebenswelt zu Tage fördern. Während der kreativen Umgestaltung von Services, Produkten oder Interfaces können diese menschlichen oder umweltbezogenen Bedürfnisse dann besser und sinnvoller berücksichtigt werden – oft bestimmen sie sogar gänzlich den finalen Entwurf. Der Ursprung des Human-centered-Design-Ansatzes kann auf John E. Arnold von der Stanford University zurückgeführt werden. Da *Design Thinking* im ungefähr selben Zeitraum an derselben Universität entwickelt wurde, werden die beiden Konzepte oft miteinander verwechselt. Dabei geht es beim Human-centered Design weniger um einen konkreten Prozess als um eine Philosophie: Es geht um die gleichwertige Abwägung der menschlichen und umweltbezogenen Bedürfnisse, der technischen Machbarkeit und der wirtschaftlichen Umsetzbarkeit (s. Abb. 2). In diesen humanen und reflektierten Designpraktiken wird der Fokus also von der Entwicklung neuer Ideen zur Entwicklung besonders sinnvoller Designs umgelenkt.

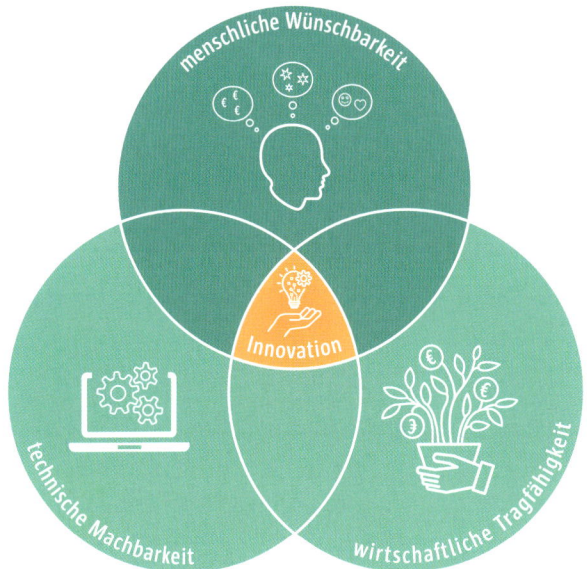

Abb. 2 Das Human-centered-Design-Modell nach dem Vorbild des Modells der Design- und Innovationsberatung Ideo

Die Design- und Innovationsberatung Ideo stellt auf ihrer Website weitere nützliche Werkzeuge für Human-centered Design zur Verfügung.

Design Thinking: Denken wie Designer

Schließlich gibt es *Design Thinking* – ein Begriff, der bereits vor mehr als zehn Jahren von der US-amerikanischen Universität Standford nach Europa gelangte und seither für Euphorie und Verwirrung in der Unternehmenswelt sorgt. Selbst der Mitbegründer des Trends, David Kelley, räumt in einem Interview ein, dass die Auswüchse seiner Kreation längst nicht mehr dem

3 Design: Was bedeutet Gestaltung heute eigentlich?

entsprechen, was er sich ursprünglich darunter vorgestellt hatte.[30] Denn eigentlich bedeutet *Design Thinking* nichts weiter, als zu denken wie (professionelle) Gestalter. Da Gestalter immer einer bestimmten methodischen Grundlage (zum Beispiel dem Human-centered Design) folgen, taufte Kelley seine Idee auch jahrelang einfach *Design-Methodologie*. Der Begriff erwies sich jedoch nicht als prägnant genug, und so dauerte es einige Zeit, bis sich *Design Thinking* durchsetzte und zum Selbstläufer wurde.

Ich möchte an dieser Stelle gar nicht zu sehr auf das Verfahren hinter dem Begriff eingehen, dazu gibt es bereits reichlich Literatur. Es sei nur so viel gesagt: Wenn es den Anschein macht, dass „Prethinking the Futures" Regeln des Design Thinkings aufgreift, liegt es daran, dass es sich hier auch um eine partielle Anwendung des Denkens gelernter Designerinnen und Designer handelt. Als ausgebildete Designerin ist es für mich daher nur natürlich, meinen Denkprozess und die Methoden des Service Designs und des Human-centered Designs zu nutzen. Mein Wissen und Denken als Designerin gebe ich in Form von vereinfachten Arbeitsschritten für Nichtfachleute weiter. Design Thinking oder nicht, mit dieser Nutzung von authentischen Designmethoden aus der professionellen Gestaltung vermittle ich gleichzeitig wichtige Fähigkeiten, die in der Designausbildung besonders gefördert werden und sich nachweislich bewährt haben.

Design-Fähigkeiten

Die Qualitäten, die Designerinnen und Designer in der professionellen Laufbahn trainieren und ausbauen, sind nicht nur die handwerkliche Fähigkeit des Gestaltens. Wir denken hier oft an das Erlernen von Grafik-Software, das Arbeiten mit verschiedenen Printtechniken, Papieren, Lasercuttern, Nähmaschinen und 3D-Druckern. Das Handwerk des Designs trainiert neben diesen ‚hard skills' aber auch immer wichtige ‚soft skills' wie Kreativität, Empathie, Kommunikationsfähigkeit, Optimismus, Entscheidungsfähigkeit und Teamfähigkeit. Design ist also ein Instrument zum Erlangen von Fähigkeiten, die die Unternehmenswelt heute dringender braucht denn je. Nicht ohne Grund arbeiten professionelle Designerinnen und Designer immer öfter in verantwortungsträchtigen Bereichen wie Politik und Klima-

---

30 So äußert Kelly im Gespräch mit Maria Camacho: „Everyone means something slightly different by the term. I guess this is OK. It doesn't bother me, but I hear people using design thinking to mean something quite different from what I mean." (Camacho 2016, 89)

schutz. Es handelt sich um Bereiche, in denen empathische und kreative Lösungen gefragt sind.

Für die „Prethinking the Futures" Work- und Mindshops ist Design also mehr als ein ‚hard skill'. Design in den Workshops dient der Förderung von zukunftspsychologischer Weitsicht und Kreativität. Innovative Lösungen werden an allen Ecken händeringend gesucht, doch wenn die Betroffenen selbst dazu kommen, ihre eigenen Probleme in die Hand zu nehmen, dann gewinnen wir mehr als nur authentische Lösungen – wir gewinnen Autonomie und Mitsprache zurück. Wenn wir uns an Techniken aus dem Human-centered Design bedienen, dann hat das konkrete Gründe.

Es geht um die Entwicklung einer Geisteshaltung, mit der Menschen sich befähigt fühlen, alternative Zukünfte mitdenken zu können.

4

Zum theoretischen Hintergrund und Aufbau der „Prethinking the Futures"-Workshops

Bevor wir genauer auf den Ablauf und die konkreten Inhalte der „Prethinking the Futures"-Workshops eingehen, beginnen wir bei der Entstehung des Konzepts. Ziel der Work- und Mindshops war es immer, eine skalierbare Anwendung der Konkrethik zu finden: die Zukunft aktiv selbst mitzugestalten. Wir wollen Handlungsfähigkeit und zukunftsrelevante Fähigkeiten in so vielen Menschen wie möglich fördern. Ganz besonders wollen wir zum Beispiel jungen Menschen in gesellschaftstragenden Berufen wie der Pflege helfen, die eigene Zukunft mitzugestalten. Gerade in den Gesundheitsfachberufen werden Innovationen fast ausschließlich von außen beschlossen – genauer gesagt: von oben herab. Im besten Fall werden diese von den Innovationsagenturen und Chefetagen auf ihre Bedarfsorientierung getestet. Die Mitarbeitenden eines Unternehmens sind selbst dabei nur in den seltensten Fällen Teil der Innovationsgestaltung. So werden transformative Maßnahmen dem Personal oft vorgesetzt und erzeugen Demotivation und Frust. Es geht uns also darum, dass von Transformation Betroffene selbst Nägel mit Köpfen machen, denn das verändert, wie wir wissen. Zu diesem Ziel vereinen wir unsere Methoden und Forschungen aus der Zukunftspsychologie, konkret die Zukunftsnavigation, mit den Methoden und Fähigkeiten aus dem Design – genauer: dem menschenzentrierten Design (Human-centered Design). Doch wir bieten diese Kompetenzen nicht etwa auf einer Management-Ebene oder für ein Innovationslab an – ganz im Gegen-

II Anwendung: „Prethinking the Futures" – Design-Workshops für Zukunftskompetenz

teil: „Prethinking the Futures" ist ein Konzept für alle. Ob Führungsposition, Kunden oder Mitarbeitende: Wir wollen jene Menschen in ihrer Zukunftskompetenz stärken, die selbst mitten im Wandel stecken und täglich mit Problemen veralteter Systeme und Denkweisen kämpfen müssen. Konkrethisch betrachtet müssen wir uns selbst den Weg in eine wünschbare Zukunft freischaufeln.

Vergleichen wir unsere Mission mit den aktuellen Zielsetzungen renommierter Forschungsinstitutionen für Bildung, erkennen wir eine Übereinstimmung zwischen den Zukunftsfähigkeiten für den globalen Nachwuchs und den Fähigkeiten, die wir anhand der Zukunftspsychologie und des Designs trainieren wollen. Die OECD (Organisation für wirtschaftliche Zusammenarbeit und Entwicklung) entwickelte bereits 2015 gemeinsam mit dem Center for Curriculum Redesign ein Modell für das Lernen der Zukunft. Im „Four-Dimensional Education"-Modell wird ein Umbruch in unserem Verständnis für sinnvolle Fähigkeiten des Nachwuchses antizipiert:

> „Das Überleben der Menschheit hängt von unserer Fähigkeit ab, unser Wissen über Disziplinen und politische Grenzen hinweg in die Tat umzusetzen. Bildung kann ein mächtiges Instrument für das Überleben sein, aber die Kompetenzen, um diese Herausforderungen zu meistern, werden derzeit nicht konsequent und effektiv gelehrt."[31]

Anstelle der ‚klassischen' Kompetenzen wie Mathematik und Chemie fokussiert sich das „Four-Dimensional Education"-Modell auch auf Fähigkeiten, die dem Menschen eigen sind. Es wäre ein Fehler, sich weiterhin auf die Ausbildung von Kenntnissen zu fokussieren, die von Maschinen und Künstlicher Intelligenz bald sehr viel besser und akkurater reproduziert werden können. Stattdessen werden komplexe Fähigkeiten wie beispielsweise Kreativität, Emotionalität und kritisches Denken an Relevanz gewinnen.[32] In einem erweiterten Modell listet die OECD verschiedene Kenntnisse, Fähigkeiten, Charakteristiken und Werte auf, die zum erklärten Ziel des globalen Wohlbefindens aller Gesellschaften und Individuen beitragen sollen.

---

31 Fadel/Bialik/Trilling 2015, 12, Übersetzung von mir – VM.
32 Vgl. Fadel/Bialik/Trilling 2015, 27.

4 Zum theoretischen Hintergrund und Aufbau der „Prethinking the Futures"-Workshops

Der OECD-Report „The Future of Education and Skills" verdeutlicht mit seinem „Learning Framework 2030", wie wir uns für die Zukunft bilden müssen (vgl. OECD 2018, 4).

Wie auch die „Prethinking the Futures"-Workshops fokussiert sich die OECD auf die Fähigkeit des autonomen Handelns mit Vorausschau und menschlichen Fähigkeiten. In ihrem Bericht aus dem Jahr 2018 wird dieses Ziel auch kurz als „Agency"[33] zusammengefasst. Dabei spielt die interdisziplinäre und kreative Zusammenarbeit eine besondere Rolle, aber auch die Reflexion und Antizipation von Spannungen und Problemen.

Wenn wir die Erkenntnisse und Fähigkeiten aus Design und Zukunftsnavigation miteinander vereinen, können wir die große Bandbreite der nach aktueller Forschung dringend erforderlichen Fähigkeiten für die Zukunft gesamtheitlich trainieren.

Die drei Kernbestandteile des Workshops und ihre Wirkung

Das Konzept der Work- und Mindshops beruht also auf der Zusammenführung von Designmethoden und der Zukunftsnavigation für eine skalierbare Umsetzung der Konkrethik. Für ein optimales Mindset-Training findet der aktive Workshop immer in gemischten und hierarchielosen Teams statt. Nur durch die interdisziplinäre Arbeit in Gruppen können wir sinnvolle konkrethische Beiträge entwickeln. Damit sind die drei Kernbereiche von „Prethinking the Futures": Zukunftsnavigation, Design und Team-Building (s. Abb. 3).

Jeder Kernbereich wird innerhalb der Work- und Mindshops in verschiedener Weise ein- und umgesetzt. Die Zukunftsnavigation findet zum Teil bereits durch das Gestalten in Teams statt, wird aber ganz konkret über einen Fragebogen für die individuelle Selbstreflexion trainiert. Design hingegen wird als methodische Grundlage für die Teamarbeit in den Workshops genutzt. Durch das gemeinsame Problemlösen und kreatives Experimentieren

---

33 OECD 2018, 4.

II Anwendung: „Prethinking the Futures" – Design-Workshops für Zukunftskompetenz

Abb. 3 Die drei Kernbestandteile, die in den Workshops bei der Transformationstätigkeit zum Tragen kommen.

entsteht eine neue Handlungsbereitschaft und Teamdynamik – zukunftsrelevante Fähigkeiten, die über die Anwendung von Design im Workshop praktiziert und gelebt werden. Das Team-Building ist während dieser praktischen Arbeitszeit allgegenwärtig und wird mit spezifischen Tipps weiter gefördert. Alle drei Bereiche werden in verschiedener Art und Weise innerhalb der Work- und Mindshops abgedeckt – sie bedingen sich dennoch oft gegenseitig. Designen ist beispielsweise eine zukunftspsychologische Disziplin, und gleichzeitig ist Team-Building ein Teil des Designs. Nur gemein-

4 Zum theoretischen Hintergrund und Aufbau der „Prethinking the Futures"-Workshops

sam und in sinnvoller Kombination trainieren die Kernbereiche Fähigkeiten und Gedankenanstöße, die insgesamt eine langfristige Wirkung auf die Zukunftsfähigkeit der Teilnehmerinnen und Teilnehmer haben.

Doch woran designen die gemischten Teams vor der Beantwortung einer persönlichen Selbstreflexion anhand der Zukunftsnavigation? Neben den drei Kernbereichen, die über das ‚Wie' gelernt werden, entscheiden und das konkrethische Arbeiten ermöglichen, braucht es in jedem Work- und Mindshop ein konkretes ‚Was' als zentrale Aufgabe, an der die Teams arbeiten. Um innerhalb von „Prethinking the Futures" eine gemeinsame Entwicklung zu durchlaufen, beginnt jeder Workshop mit einem Problem, das es als zentrales Projekt in den Teams und mittels Designmethoden zu lösen gilt.

Obwohl wir den Ablauf der Workshops schrittweise von der Vorbereitung bis zur Reproduktion im eigenen Unternehmen oder der eigenen Institution beschreiben, muss die Durchführung von „Prethinking the Futures" jedes Mal erneut reflektiert werden. Wir empfehlen diese Anleitung als Grundstruktur zu betrachten, aber nicht als Regelwerk. Auch ein Workshop-Konzept und sogar die Werte und Ideen, die dahinterstecken, müssen sich prosilient anpassen. Je nach Umfeld und in welcher Zeit die Work- und Mindshops stattfinden, bedarf es eventuell einiger Anpassungen. Das Format muss zum Beispiel regelmäßig auf Effizienz geprüft werden. Vielleicht bedarf es nach einiger Zeit nur noch eines kürzeren Work- und Mindshops oder es braucht doch mehrere Tage. Möglicherweise wird „Prethinking the Futures" digital durchgeführt oder einzelne Schritte werden extrahiert und im Arbeitsalltag als schnelle Zwischenübung genutzt. Mit der Zeit gibt es vielleicht auch neue Tools der digitalen Zusammenarbeit. Wir gehen im weiteren Verlauf des Buches auch auf Virtual Reality und Mixed Reality ein. Was „Prethinking the Futures" mit der Zeit bewirken kann und soll und wie das Format am besten für die jeweilige Organisation funktioniert, muss immer wieder neu bemessen werden. Die Reflexion des Ganzen ist immer Teil der Aufgabe.

Methodischer Aufbau

Kommen wir nun zum Aufbau des Work- und Mindshops: Wie läuft „Prethinking the Futures" ab, was passiert während der Arbeitsphase und was durchlaufen die Teilnehmenden? Thematisch geht es also um die Beantwortung einer Problematik. Wie dieses Problem festgelegt wird, beschreiben wir im Kapitel zur Problemfindung. Generell wissen wir, dass die größte Überforderung im Tagesgeschäft

69

II Anwendung: „Prethinking the Futures" – Design-Workshops für Zukunftskompetenz

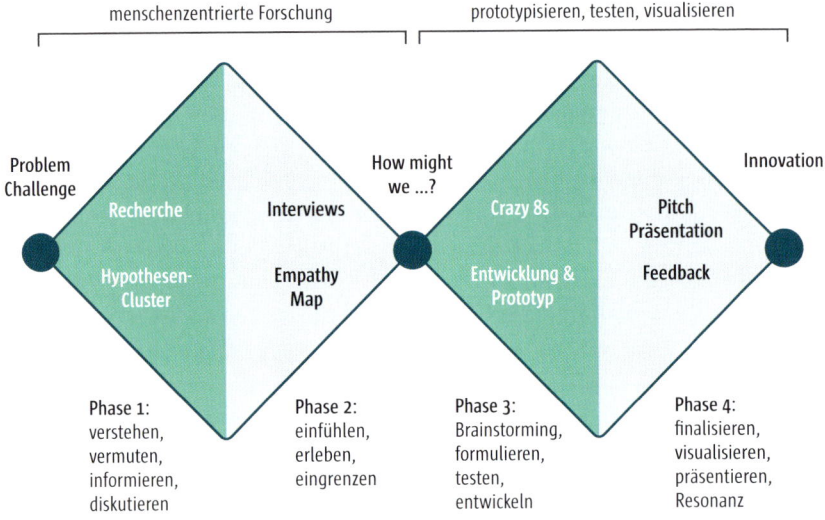

Abb. 4 „Double Diamond"-Grafik

meistens dann entsteht, wenn ein Problem zu groß und zu komplex erscheint, um es anzugehen. Designerinnen und Designer sind Profis im Problemlösen. Daher sind Designmethoden darauf spezialisiert, diesen Prozess von der Erkennung eines Problems bis zur Innovation sinnvoll zu begleiten. Der methodische Aufbau der Workshops basiert auf einem der bekanntesten Designmodelle, das vor allem in Human-centered-Praktiken häufig verwendet wird: das „Double Diamond"-Modell[34] (s. Abb. 4).

In diesem Arbeitsmodell sehen wir – wie der Name schon sagt – zwei Diamanten. Am Anfang der ersten Raute steht das Problem oder auch der Auslöser, am Ende der zweiten Raute die Lösung. Dieses Modell zeigt auf, wie das große, unmöglich scheinende Anfangsproblem in kleine Schritte ‚aufgedröselt' und vereinfacht wird. Schritt für Schritt wird das Unmögliche damit möglich. Im gesamten ersten Diamanten wird hierzu das Problem an sich untersucht:

- Stimmt die Annahme?
- Muss vielleicht etwas ganz anderes gelöst werden?
- Was bedeutet das Problem für Betroffene?

---

34 Vgl. Eissa 2017.

4 Zum theoretischen Hintergrund und Aufbau der „Prethinking the Futures"-Workshops

Erst nach dem ersten Diamanten kann das Problem geschärft werden. Vielleicht wird festgestellt, dass der eigentliche Störfaktor nur ein ganzer kleiner Teil des großen Ganzen ist. Oder die erste Recherche hat das Problem auf eine bestimmte Zielgruppe oder Situation heruntergebrochen, in der es besonders aktuell und präsent ist. An der Schnittstelle beider Rauten sehen wir also eine Problemdefinition. Mit den neuen Erkenntnissen über das eigentliche Problem geht es im zweiten Diamanten um die Umgestaltung des Status quo, das kreative Tüfteln und sinnvolle Innovieren. Anhand mehrerer Arbeitsschritte wird Teilnehmenden des Workshops in Teamarbeit ermöglicht, das neu gewonnene Problem zu bearbeiten. Ziel ist dabei immer eine visuelle Idee, die informiert, authentisch und sinnvoll ist. Diese bildet dann eine präsentierbare Lösung. Auch auf die genauen Arbeitsschritte und die Teamarbeit während der Arbeitsphase der Workshops gehen wir im Folgenden noch sehr viel genauer ein.

Der Double Diamond ist lediglich ein Gerüst, das einen sicheren Umgang mit überwältigenden Problemstellungen garantiert. Auch wenn am Anfang eines Designprozesses gemäß dem Modell noch nicht klar ist, wie am Ende eine Lösung entstehen soll: Wer sich auf jeden einzelnen Schritt mutig und offen einlässt, kann darauf vertrauen, am Ende ein konzertiertes Ergebnis auf dem Tisch liegen zu haben.

Die Auswirkung von Design auf das Mindset

Die positiven Auswirkungen von Designmethoden in den Work- und Mindshops auf das Mindset der Teilnehmenden haben sich bereits nach den ersten Durchführungen von „Prethinking the Futures" gezeigt. In ihrem Feedback nach den ersten Workshoppiloten gaben Teilnehmende an, sich motivierter und befähigter zu fühlen als vor dem Workshop. Das Schöpfen einer eigenen Idee in den Teams erzeugte sichtbaren Stolz und Tatendrang. Nicht selten wollen Teams nach den Workshops ihre Ideen selbst voranbringen und etwa ihrer Geschäftsführung vorlegen.

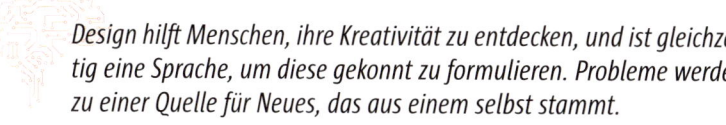

Design hilft Menschen, ihre Kreativität zu entdecken, und ist gleichzeitig eine Sprache, um diese gekonnt zu formulieren. Probleme werden zu einer Quelle für Neues, das aus einem selbst stammt.

II Anwendung: „Prethinking the Futures" – Design-Workshops für Zukunftskompetenz

Damit empfinden Teilnehmende nicht nur Autorenschaft über Innovation und Anteilnahme an der stattfindenden Transformation, sie sehen Probleme auch als lösbar an.
Einen weiteren, aber unerwarteten Wandel konnten wir in der Entscheidungsfindung und Kommunikation erkennen. Teilnehmende wollen oft noch – über den Workshop hinaus – über mögliche Ausarbeitungen ihrer Innovationen und der Ideen anderer Teams diskutieren. Die Scheu, neuen Kolleginnen und Kollegen kreative Konzepte offen mitzuteilen, sinkt massiv, und es wird immer schneller ein Konsens im Team gefunden. Der Druck, schnelle Entscheidungen im Team zu fällen, hat am Ende eine belohnende Wirkung. Das liegt vor allem daran, dass die Lösungen aus den Workshops nie wirklich ‚fertig' sind – stattdessen steht der unfertige Prototyp am Ende des Workshops. Im professionellen Design trägt das fertige Produkt eine Verantwortung. Denn jedes Produkt hat wirtschaftliche, ökologische und gesellschaftliche Konsequenzen. Damit können wir auch hier sehen, dass kein Design jemals fertig ist. Nicht zuletzt gibt es mittlerweile das vierzehnte iPhone, und es ist kein Ende der Weiterentwicklung in Sicht. Genau dieses rohe Stadium der visualisierten Idee hat in den Workshops einen konkreten Effekt: Es eröffnet ein Gespräch und senkt die Hemmschwelle für den Austausch von Meinungen und Visionen. Im Vergleich zur üblichen Kommunikation und Entscheidungskultur in vielen Unternehmen mit Silos und Hierarchien sorgt der Designprozess der „Prethinking the Futures"-Workshops für eine schnellere Konsensfindung und vereinfacht die abteilungsübergreifende Absprache.
Normalerweise können langwierigere Meetings, Abstimmungen, häufige Nachfragen und Rücksprachen eine Entscheidung endlos in die Länge ziehen. Dagegen stellt menschenzentriertes Gestalten wie im „Prethinking the Futures"-Workshop einen visuellen Entwurf in den Raum, an dem kollaborativ gearbeitet und weiterdiskutiert werden kann. Statt leerer Worte steht nun eine konkrete Visualisierung im Zentrum des Gesprächs. Gebündelt mit der Interdisziplinarität der Teams in den Workshops und dem experimentellen, informellen Tonus entsteht eine goldene Mischung.
Design ist also eine visualisierende Disziplin. In jedem Workshop steht am Ende daher etwas Physisches, Anschaubares im Raum. Natürlich ist der Diskurs in den Teams ein wichtiger Bestandteil des Formats. Vor allem im Recherche-Diamanten der Workshops wird im Team viel verbal kommuniziert und gemeinsam notiert. Bis hierhin ähnelt der Prozess einer unternehme-

4 Zum theoretischen Hintergrund und Aufbau der „Prethinking the Futures"-Workshops

rischen Brainstorming-Session. Doch wo sich im Alltagsgeschäft jeder zufrieden aus dem Meeting abmeldet, geht der Designprozess im Workshop noch deutlich weiter. Anstatt bei verbalen Absprachen und Notizen zu bleiben, visualisieren die Teilnehmenden schnell ihre Erkenntnisse. Immer wieder wird nach Bildmaterial gefragt, und der finale Pitch fordert das Team heraus, sich auf visuelle Stützen zu einigen. Durch die Fixierung der Idee in etwas Bildhaftem lässt sich dann leichter über Probleme, Gefühle und Bedürfnisse sprechen. Von hier aus kann das Team in Prototyp-Manier am gemeinsamen Entwurf arbeiten. Durch stetige Änderung und Korrektur am visuellen Objekt selbst kann jeder den Prozess nachvollziehen und seine Vision damit spiegeln oder hinzufügen. Der durch seine Kunst und Lehrtätigkeit am Bauhaus berühmt gewordene Maler und Fotograf László Moholy-Nagy beschreibt diesen gestalterischen Vorgang auch als einen „intuitiv[en] Prozess",[35] der normalerweise durch die „Grenzen der Sprache behindert"[36] werde. Moholy-Nagy geht weiter davon aus, dass Gestalter bei der schnellen Visualisierung von Ideen die unmittelbare Atmosphäre des Zeitgeistes einfangen. Diese unbewusste Resonanz hält er für gute Gestaltung unentbehrlich, da sie „den Keim der Zukunft schon in sich"[37] trage. Durch die durchgehende Visualisierung von Entwürfen entsteht eine Art der kollaborativen Skulptur einer Entscheidung, die transparenter, klarer und zugänglicher ist als Wort und Schrift. Der Prototyp wirkt als ein Motivator zu weiterer Kollaboration und verändert das Mindset gegenüber Entscheidungsprozessen. Das unfertige Produkt selbst wird hier zu einem neuen Kommunikationsweg. Es ist nun möglich, spielerisch, kollaborativ und vor allen Dingen schnell einen Konsens zu finden, der für alle Teilhabenden klar verständlich ist.

Design, wie es in den „Prethinking the Futures"-Workshops angewandt wird, ist zukunftspsychologisch wertvoll, da es in den Teilnehmenden relevante Fähigkeiten wie Empathie, Optimismus und Agilität trainiert. In der konkreten Anwendung von Designmethoden zeigt sich im direkten Feedback eine gesteigerte intrinsische Motivation und ein Wille der Kollaboration an Ideen.

---

35 Moholy-Nagy 2014, 57.
36 Moholy-Nagy 2014, 57.
37 Moholy-Nagy 2014, 57.

Es zeichnet sich die Entwicklung eines Mindsets ab, mit dem Probleme nicht als Störfaktoren, sondern als Potenziale angesehen werden.

Zuletzt schafft die Arbeit im Workshopformat den Raum für schnelle Entscheidungen, die auf der Basis visueller Stützen einfacher diskutiert werden. Diese Testlabor-Charakteristik ermöglicht eine neue Art der Konsensfindung anhand des unfertigen Prototyps und einen offenen Austausch.

5

Die Schritt-für-Schritt-Workshopanleitung

Grundsätzlich arbeiten in jedem Workshop ein oder mehrere interdisziplinäre Teams in einem gewählten Zeitraum gemeinsam an einem intern abgestimmten Problem, das es kreativ zu lösen gilt. Anstatt schwierige Themen zu wälzen, dienen „Prethinking the Futures"-Workshops dazu, eine Macher-Mentalität auszubilden, die der Unternehmenskultur und den Zukunftskompetenzen der Mitarbeiterinnen und Mitarbeiter zugutekommt. Hierzu verbinden wir ganz konkret Methoden aus dem Design, genauer dem Human-centered Design und dem partizipativen Design, für die Problemlösung mit individueller Selbstreflexion der eigenen Zukunft anhand eines Werkzeugs der Zukunftsnavigation. Wenn das IZZ selbst mit Workshops beauftragt wird, leiten wir den Termin mit kurzen Einführungen in die Zukunftspsychologie ein, um einige Inhalte, wie sie in diesem Buch näher ausgeführt werden, vorab zu vermitteln. Wir raten, auch beim Nachahmen von „Prethinking the Futures"-Workshops eine kleine Einleitung in die Ziele und Themen des Workshops zu geben, bevor sich die Teams für die gemeinsame Arbeit an den Arbeitsschritten nach dem Double Diamond-Modell finden. Die Ergebnisse der kreativen Teamarbeit werden am Ende jedes Workshops präsentiert. Nachdem alle Teilnehmende eine Chance hatten, ihre Ideen vorzustellen und sich selbst und der Workshop-Moderation Feedback zu geben, folgt die Teilnahme an einer Zukunftsnavigation. Was genau sich hinter der abschließenden Übung verbirgt, beschreiben wir am Ende der Schritt-für-Schritt-Anleitung des Workshops.

Mithilfe der folgenden Kapitel ist es Leserinnen und Lesern möglich, den Workshop selbstständig zu testen, einzuführen und transformatorisch in Unternehmen, Institutionen, Kliniken und Start-ups umzusetzen. Hierzu findet sich in dieser Publikation eine detaillierte Beschreibung aller Vorgänge und Rahmenbedingungen des Workshops inklusive einiger Anwendungsbeispiele,

II Anwendung: „Prethinking the Futures" – Design-Workshops für Zukunftskompetenz

Grafiken und Bildern unserer Workshop-Erfahrungen. Wir gehen im Anschluss an die folgenden Kapitel zusätzlich auf die Reproduzierbarkeit der Workshops ein und stellen einige Schritte vor, mit denen das Konzept zu einem karriere- und lebensbegleitenden Selbstläufer werden kann.

Vorbereitung

Jeder gute Workshop bedarf einer guten Vorbereitung. Und wenn Sie selbst einen „Prethinking the Futures"-Workshop durchführen wollen, liegt diese nicht bei uns, sondern bei Ihnen. Wie sich in den bisherigen Kapiteln angedeutet hat, müssen vor der Durchführung der Work- und Mindshops einige Entscheidungen getroffen werden:

- Welches Problem soll behandelt werden?
- Wer nimmt teil?
- Soll der Workshop online stattfinden?
- Wie viel Zeit können wir einräumen?
- Welche Materialen haben wir zur Verfügung?
- Wie laden wir Teilnehmer ein?

Einige dieser Fragen sind natürlich bei jedem Workshop relevant und im Rahmen der Möglichkeiten des Unternehmens oder der Institution leicht zu beantworten. Andere Fragen sind bei „Prethinking the Futures" jedoch mit besonderer Vorsicht zu behandeln. Wir geben in den folgenden Kapiteln einige Hinweise und Leitplanken, um einen möglichst wirksamen Work- und Mindshop vorzubereiten.

Problemfindung

Vor jedem Workshop ist es notwendig, ein relevantes Problem auszuwählen, das gelöst werden soll.

- Was beschäftigt Mitarbeiterinnen und Mitarbeiter momentan intern?
- Was gibt es für Konfliktpunkte mit Kunden oder in der Wahrnehmung der Firma?
- Gibt es interne Prozesse, die für Unmut und Stress sorgen?

Vielleicht gibt es bereits Hinweise, Beschwerden oder Flurgeflüster, woran akute Problemlagen eindeutig erkennbar sind. Es ist empfehlenswert, sich im Vorlauf des Workshops bereits mit der Problemfindung auseinanderzu-

5 Die Schritt-für-Schritt-Workshopanleitung

setzen und als Organisatoren des Workshops gemeinsam abzuwägen. Mit genügend Zeit und Organisation kann natürlich im Workshop mit den Teilnehmenden eine Problemstellung entwickelt werden. Doch die Mühe und der Wert einer präzisen und sinnvollen Formulierung eines aktuellen Problemthemas sind nicht zu unterschätzen – Reflexion zahlt sich hier aus! Je sicherer die Problemstellung formuliert und abgesprochen ist, desto einfacher gelingt den Teams der Einstieg in die Workshops. Diese müssen später immerhin im Alleingang an dieser Formulierung arbeiten. Dabei dürfen sie dieser aber auch widersprechen und müssen sie an der Schnittstelle der Double Diamonds überarbeiten. Korrektheit ist also sekundär.

Bei der Vorbereitung der Workshops mit neuen Kolleginnen und Kollegen haben wir immer wieder festgestellt, dass es oft nicht einfach ist, ein Problem sinnvoll und konkret zu benennen. Oftmals wird die Problemschilderung mit einem Zukunftsszenario verwechselt – Szenario-Workshops sind aber ein ganz anderes Thema. Wir wollen die Zukunft von den akuten Problemen her neugestalten und keine möglichen, utopischen Lösungen kreieren. Damit das Problem auch wirklich relevant ist und machbare Innovationen für eine bessere Zukunft (aber nicht in einer möglichen Zukunft) erzeugt, haben wir einige Grundregeln für die Formulierung eines Problems aufgestellt:

> **1. Präsens**: Mit unseren Designmethoden analysieren wir immer erst einen Status quo und schauen von dort aus in die Zukunft. Es ist daher wichtig, sich bei der Problemdefinition nicht mit zukünftigen Ängsten oder spekulativen Bedürfnissen zu beschäftigen, sondern mit einem akuten Problem. Die Formulierung des Problems ist am wirksamsten, wenn sie im Präsens geschrieben ist und es sich damit um etwas Gegenwärtiges handelt, idealerweise um etwas, das bekannt, beobachtbar und brisant ist.
>
> **2. Offenheit**: Es kann schwirig sein, eine Balance zwischen detaillierter Problemformulierung und Verallgemeinerung zu finden. Wie konkret oder abstrakt muss die zentrale Problemstellung sein? Wir raten dazu, das Problem nicht von vornherein zu sehr zu beschränken. Während der Teamarbeit wird ohnehin gefordert werden, das Problem weiter zu prüfen und zu unterteilen. Bei der ersten Formulierung ist es daher zu früh, um bereits beispielhaft und kleinteilig zu werden. Auf der anderen Seite kann es helfen, die betroffene Zielgruppe zu nennen und das Problem auf der Basis der unternehmerischen Interessen

zu betrachten. So gerät man gar nicht erst in Versuchung, sich Problemen von globalem Ausmaß, wie dem gesamten Klimawandel oder weltweite Menschenrechtsverletzungen, anzunehmen.

3. Aussagen: Jede Problemstellung ist im Grunde nur eine Hypothese. Sie ist kein Gesetz und wird während des Workshops hinterfragt werden. Daher kann es sich ruhig um eine prägnante Aussage handeln. Ein klarer Satz ist einfacher zu hinterfragen als eine vorformulierte Frage oder ein komplizierter Konjunktiv. Das Problem ist ja immer in den Augen von irgendjemandem real und damit niemals aus der Luft gegriffen. Scheu vor einer knackigen Formulierung einer Aussage als Problem ist also nicht angebracht.

Es folgen einige beispielhafte Problemstellungen, die natürlich immer von der Branche, der Organisationsform oder vom jeweiligen Themenschwerpunkt abhängen:

Gesundheitswesen: Es herrscht ein angespanntes Verhältnis zwischen Ärzten und Pflegepersonal, das den Arbeitsalltag erschwert.

Neue Arbeitsmodelle: Einige Mitarbeiter sind mit den Herausforderungen im Homeoffice überfordert, sprechen aber nicht öffentlich über ihre Sorgen.

Hochschule: Die hybride Mischung digitaler und physischer Vorlesungen erschwert die Planbarkeit und sorgt für Chaos.

Schule: Erfahrene, ältere Lehrer haben manchmal keinen Bezug zu neuen technischen Geräten, die für die Schüler alltägliche Gebrauchsmittel sind.

Unternehmenskultur: Flurgespräche, Cliquenbildung und Lästereien einiger Kollegen sorgen für ein unangenehmes Arbeitsklima.

Zusammenstellung der Teams

Die gemeinsame kreative Arbeit in ungewohnten Teams aus allen Bereichen der Organisation ist mehr als nur ein Mittel, um kreative Ideen unter Partizipation der Arbeitnehmerinnen und Arbeitnehmer herbeizuführen (s. Abb. 5). Die Teamarbeit in den „Prethinking the Futures"-Workshops ist der Ausgangspunkt für das authentische Training von Werten wie Vertrauen, Toleranz und Akzeptanz anderer Weltbilder. Wandel gemeinsam zu ge-

5 Die Schritt-für-Schritt-Workshopanleitung

Abb. 5   Gemeinsames Visualisieren und Diskutieren ist fester Bestandteil der Workshops.

stalten und daran zu wachsen, ist ein Lernprozess, der ohne die konstante Überarbeitung innerer Werte nicht funktioniert.

Unternehmen stellen für das Erlernen eines gesunden Miteinanders oftmals Prinzipien und abstrakte Regeln innerhalb ihrer Unternehmenskultur auf. Ohne praktische Anwendungsbeispiele oder kritische Hinterfragung sind diese jedoch selten sinnstiftend. Wenn Wertegrundlagen zu einer Checkliste an Prinzipen werden, verliert man letztendlich die emotionale Beteiligung und die Verantwortungsübernahme hinsichtlich der Unternehmenskultur: Es werden Checkboxen abgehakt, statt reflektiert zu handeln.[38] *Konkrethisch* bedeutet genau das Gegenteil: Werte müssen durch Leben und Erleben in einen Habitus übergehen. Ihr Unternehmen predigt Wertschätzung als Kultur? Dann fordern Sie Mitarbeitende auf, sich gegenseitig wertschät-

---

[38] Diese Einschätzung formuliert Laura Ferrarello in einem Gespräch mit Valeska Mangel (Ferrarello, persönliche Kommunikation, 08.03.2021).

zendes Feedback zu geben. Sie wollen Diversität? Dann braucht es diverse Teamarbeit.

Daher ist die Zusammenkunft verschiedener Charaktere aus diversen Hierarchieebenen eines Unternehmens für den konkrethischen Aspekt der Workshops von höchster Priorität. „Prethinking the Futures" ist ein sicherer Raum außerhalb der eigenen Abteilung, Arbeitsbereiche und Verantwortungen, in dem das kollektive Arbeiten getestet werden kann. In diesem interdisziplinären Kollektiv ermutigen die Moderatorinnen und Moderatoren der Workshops idealerweise immer wieder einen wertschätzenden Austausch. Das Erlernen von konstruktivem Feedback (geben und erhalten) ist nur einer der zahlreichen Workshop-Schritte, der die Teams zur Ausübung wichtiger Unternehmenswerte anhält.

Die Zusammenstellung der Teams ist bei der Vorbereitung der Workshops daher extrem wichtig. Grundsätzlich ist „Prethinking the Futures" ein barrierefreies Modell, das durch jede Person und Persönlichkeit bereichert wird. Auch das Reinigungspersonal einer Organisation oder etwa Kunden sind in den Teams willkommen. Je mehr Meinungen, desto bereichernder die Diskussion und umso authentischer die innovative Lösung. Umgeben wir uns nur mit Menschen, die unsere Perspektive teilen oder sich ihr gern anpassen, gestalten wir mit unseren Entscheidungen eine Welt nur für uns allein. Im Human-centered Design und in der Zukunftsnavigation geht es um eine Vision für alle Betroffenen. Wünschbarkeit wird durch diverse Stimmen ermittelt. Um die Work- und Mindshops möglichst effizient vorzubereiten, hilft es, sich bereits beim Versenden von Einladungen oder der Durchsicht der Anfragen Gedanken zu machen, wie ein möglichst bunt gemischtes Team aussehen würde. Möglicherweise braucht es hier Input aus der Personalabteilung oder den Abteilungsleitungen, die genau sagen können, wer im Alltag nicht mit wem arbeitet. Genau diese neuen Verbindungen sollten dann vorab in festen Teamkonstellationen erschlossen werden. Während der Workshops müssen sich die Teammitglieder dann nur noch zusammenfinden. Wer ihnen dann gegenübersitzt, liegt nicht weiter in ihren Händen. Während des Workshops kann es immer wieder vorkommen, dass Teams nicht harmonieren. Das ist im Grunde Teil der Übung. Da jedes Team eigenverantwortlich arbeitet, muss umso mehr auf die Bedürfnisse aller Teammitglieder Rücksicht genommen werden. Das bedeutet, dass jeder zu Wort kommen soll, lautere oder leisere Stimmen gehört werden und gemeinsam ein System entwickelt wird, das jedem den gleichen Sprechanteil ermög-

5 Die Schritt-für-Schritt-Workshopanleitung

licht. Manchmal braucht ein Team Tipps am Rande der gemeinsamen Arbeit, um wieder auf den richtigen Weg zu gelangen. Häufig lässt sich beispielsweise beobachten, wie einzelne Personen im Team nie zu Wort kommen oder sich nicht beteiligen. Auf der anderen Seite gibt es dominante Entscheider, die das Projekt bestimmen. Nicht selten fällt es Teams schwer, gemeinsame Entscheidungen in begrenzten Zeitfenstern zu treffen oder sich für ein Medium oder Konzept zu entscheiden. Wir selbst haben von Expertinnen und Experten im Team-Building gelernt, welche Strategien in diesen Fällen Wirkung zeigen. Moderatorinnen und Moderatoren sollten in der Lage sein, Spannungen in den Teams zu erkennen und Vorschläge einzubringen, wie diese sensibel und fair überwunden werden können.

> **Rollenverteilung:** Sollte genügend Zeit vorhanden sein oder sogar ein mehrtägiger Workshop stattfinden, hilft es, jeder Person eine Verantwortung zu geben. Dies gilt besonders in Teams, die durch fehlende Struktur zeitliche Probleme haben oder bei denen immer dieselbe Person den Ton angibt. Man kann zum Beispiel die Position des Projektmanagers vergeben, also einer Person, die festlegt und prüft, welche Aufgaben zu erledigen sind. Time-Keeper können in den Teams immer auf die Uhr schauen, sich so regelmäßig einbringen und zum Beispiel auch auf das Einlegen von Team-Timeouts achten.
>
> **Abstimmen:** Bei schwierigen Entscheidungen auf Zeit ist es oft schwer, jeder Meinung gerecht zu werden. So einfach es auch klingt: Manchmal ist eine demokratische Abstimmung der beste und effizienteste Weg, um jede Stimme gleichwertig zu behandeln.
>
> **Jedermanns oder jederfraus Baby:** Vielleicht kennen Sie das Gefühl, dass ein Herzensprojekt sich anfühlt wie ein eigenes Kind. Nicht zuletzt sind kreative Projekte auch schöpferisch. Daher hilft die Einleitung des einfachen Gedankenspiels als Zielsetzung: Jedes einzelne Teammitglied soll am Ende das authentische Gefühl haben, das Ergebnis sei sein oder ihr Baby. Ist es die Schöpfung der anderen, dann stimmt etwas nicht.
>
> **Gemeinsame und selbstbestimmte Pausen:** Nicht zu unterschätzen sind Pausen – und das gilt nicht nur für die persönliche Erholung. Ein Team, das gemeinsam zu Mittag isst oder frische Luft schnappt, bindet sich auf anderen Ebenen als ein Team, das nur im Workshopraum beisammensitzt. Moderatoren sollten Teams immer ermutigen, gemeinsam in die Pause zu gehen. Ob sie dort über ihr Privatleben, den Workshop oder ihren Berufsalltag sprechen, ist ganz egal.

Wichtig sind das lockere Umfeld und das weitere Kennenlernen. Zusätzlich ist es sinnvoll, die Pausen nicht vorzubestimmen, sondern Teams die Wahl zu lassen, wann und wie sie ihre freie Zeit gestalten. Hierzu braucht es natürlich genügend Zeit und es sollte in jedem Fall sichergestellt werden, dass Pausen genommen und eingehalten werden. Doch wenn Teams dazu angehalten werden, ihre eigene Auszeit zu bestimmen, sind die Teammitglieder automatisch sensibler gegenüber den Bedürfnissen der anderen: Zeichen der Ermüdung, Hunger oder der Wunsch nach Kaffee müssen wahrgenommen und erfragt werden. Vor allem bei mehrtägigen Workshops können nach einiger Zeit ein Zusammenhalt und eine Energie wie zu Klassenfahrt-Zeiten entstehen – und so auch Respekt und Vertrauen innerhalb der Teams.

Materialvorbereitung

Sie haben nach dieser ersten Übersicht sicherlich selbst schon ein gutes Bild der benötigten Materialien für einen „Prethinking the Futures"-Workshop vor Augen. Wir wissen, es wird in Teams gearbeitet, es wird kreativ und visuell, es wird präsentiert werden und mehr. Die materiellen Möglichkeiten hängen natürlich auch von den finanziellen und logistischen Möglichkeiten der Organisation ab und müssen immer individuell abgewogen werden. Sollte der Workshop online durchgeführt werden, gelten hier wiederum ganz andere Spielregeln. Tipps und Hilfestellungen bei der Entwicklung eines wirksamen Online-Konzepts für die Work- und Mindshops geben wir am Ende der praktischen Einführung in Kapitel II.5 Abschnitt „Die Durchführung eines digitalen Work- und Mindshops". Für die Visualisierung von Ideen ist es immer hilfreich, möglichst viele Optionen anzubieten. Besonders Menschen, die es nicht gewohnt sind, kreativ zu arbeiten, müssen manchmal eine Auswahl an Materialien vor sich liegen sehen, um sich neue Präsentationsformen vorstellen zu können. Außerdem ist es wichtig, immer die Möglichkeit zu haben, Gedanken für das gesamte Team deutlich und sinnvoll festzuhalten. Sofern es möglich ist, sollten hierzu auch die Wände oder Tafeln in den Workshop-Räumen genutzt werden. Je mehr Transparenz und Sichtbarkeit, desto besser. Reflektieren, diskutieren, visualisieren – und wieder von vorn: Die Designarbeit benötigt die visuellen Stützen für die Verbindung der einzelnen Arbeitsschritte.

5 Die Schritt-für-Schritt-Workshopanleitung

Wir bieten an dieser Stelle eine Liste an Materialien und Gegebenheiten, die sich für die einzelnen Arbeitsschritte und die Visualisierung der innovativen Ideen bewährt haben (s. Abb. 6):

- A3- oder A4-Papier und A2-Karton in mehreren Farben
- Schere, Kleber, Tacker und Klebestreifen
- Haftnotizen in verschiedenen Größen und Formen
- diverse Stifte und Marker
- nach Möglichkeit Zugang zu einem Drucker und Scanner
- Laptop, Smartphone oder Computer mit Internetzugang (gern auch Privatgeräte)
- Whiteboard oder Flipcharts
- Beamer oder Bildschirm für die Einleitung und Präsentation
- ein Gruppentisch pro Team

Abb. 6   Benutzung sämtlicher Materialien während der Teamarbeit

Zusätzlich zum Material für die Teilnehmenden macht es Sinn, eine kurze Präsentation für die Einleitung vorzubereiten. Hinweise für die Inhalte geben wir im folgenden Kapitel. Da der Workshop aus einer schrittweisen Abfolge von Arbeitsschritten besteht, der von den Teams eigenständig durchlaufen wird, sind vor allem eine klare Tagesagenda und die zeitliche Einteilung wichtig. Diese sollten vorab mit genügend Spielraum kalkuliert werden und auch visuell im Hintergrund immer wieder erscheinen können. Moderatoren benötigen nach Möglichkeit eine Stoppuhr oder einen digitalen Timer, um die Arbeitszeiten für sich und die Teams festzuhalten.

Zusätzlich zu visuellen Stützen und einer transparenten Agenda als Präsentation ist ein gedrucktes Handout für alle Teilnehmenden grundsätzlich ein gutes Medium, um alle Informationen bereitzustellen. Im Anhang des Buches finden Sie ein Beispiel, wie dieses Handout aussehen kann.

Durchführung

Ob als Probe-Veranstaltung, Auftakt der „Prethinking the Futures"-Weiterbildungsserie oder als zwischenzeitliches Experiment mit dem Potenzial zur Vervielfältigung: Nach der Vorbereitung des Workshops müsste nun ein erster Workshop stattfinden können. Die Materialen sind beschlossen und liegen vor, Teilnehmer wurden gefunden, haben zugesagt und sind einem Team zugeordnet. Moderatoren, vielleicht die Initiatoren, und vor allem die Teilnehmenden haben sich nun versammelt. Es kann losgehen! Die folgenden Kapitel beschreiben beispielhaft die Durchführung eines halbtägigen „Prethinking the Futures"-Workshops. Das beschriebene Modell ist das kürzeste Zeitmodell für eine erfolgreiche und angenehme Durchführung von „Prethinking the Futures" und beträgt vier Stunden, ob online oder in Person.

Das kürzeste Format mit den ‚Minimal-Zeiten' ist von den in der IT populären ‚Hackathons' inspiriert. In einem sogenannten Hackathon muss eine meist immense und knifflige Herausforderung in kürzester Zeit kollaborativ bewältigt werden. Das Format erfordert besonders radikale Entscheidungen. Einzelne Gedanken und Gruppenaktivitäten können unter Umständen – bzw. mit ziemlicher Sicherheit – nicht bis zum Ende ausgeführt werden. Gründlichkeit steht damit beim Erreichen irgendeines Ziels im Zweifelsfall hintenan. Das kann die Teilnehmenden unter Stress setzen, wirkt aber für einige auch erleichternd: Diskussionen können nicht kleinlich und endlos werden, und es gibt keinen Anspruch an Perfektion. Was hier entsteht,

5 Die Schritt-für-Schritt-Workshopanleitung

nennt die führende Motivationsforscherin und Psychologin Carol S. Dweck ein „Mastery-oriented Mindset", also eine Mentalität der Herausforderungs-Bewältigung.[39] In ihren Forschungen zum ‚Growth Mindset' (Wachstums-Mindset) hat Dweck zeigen können, dass eine enorme Herausforderung oft zu einem besonderen persönlichen und psychologischen Wachstum führt, da Erfolg eher nicht erwartet wird. Knobelaufgaben zum Beispiel suggerieren Schülern nicht, dass Erfolg ‚normal' ist, vielmehr ist jedes Ergebnis ein Erfolg. Und wer kennt es nicht? Auf einmal ist man ganz besonders angespornt, das Unmögliche möglich zu machen. In den „Prethinking the Futures"-Workshops sorgen die zeitlichen Beschränkungen und das experimentelle Arbeiten außerhalb der Komfortzone und der Kompetenzen der Teilnehmenden für einen ähnlichen Effekt. Niemand erwartet, dass am Ende perfekte Innovationen entstehen, und unter dem Zeitdruck jedes einzelnen Arbeitsschrittes wird dies in den Köpfen der Teilnehmenden immer unwahrscheinlicher. Die Erwartungen scheinen gering. Damit werden die Ergebnisse erfahrungsgemäß jedoch umso beeindruckender und überraschen meistens die Teams selbst.

Es ist also nicht verkehrt, den Work- und Mindshop an einem oder einem halben Arbeitstag durchführen zu wollen – die zeitlichen Angaben für jeden einzelnen Schritt machen dies durchaus möglich. Bei einem mehrtägigen Workshop ist die Atmosphäre selbstverständlich anders als bei einem mehrstündigen Hackathon. Alles hat Vor- und Nachteile. Wer mehr Zeit zur Verfügung hat, kann dafür nicht nur für alle Workshopinhalte, sondern auch für Teamauszeiten, Feedback und Zukunftsnavigation mehr Zeit einplanen. Bei mehrtägigen Workshops wachsen die Teams enger zusammen und nutzen die Materialien und ihr Umfeld intensiver. Bei wiederkehrenden Treffen stellt sich das bereits erwähnte Klassenfahrt-Gefühl mit enormen Effekten auf die konkrethischen Ziele ein. Die Ergebnisse sind oft bewährter und durchdachter. Die Wahl eines zeitlichen Rahmens hängt also ganz davon ab, welches Ergebnis mit dem Workshop-Konzept erzielt werden soll: schnel-

---

39 "So Elaine Elliott and I proposed that helpless and mastery-oriented students have different goals in achievement situations, and that these goals help create the helpless and master-oriented responses. We identified two different goals. The first is a 'performance goal'. This goal is about winning positive judgement of your competence and avoiding negative ones. In other words, when students pursue performance goals they're concerned with their love of intelligence: they want to look smart (to themselves or others) and avoid looking dumb. [...] The other goal is a 'learning goal': the goal of increasing your competence. It reflects a desire to learn new skills, master new tasks, or understand new things – a desire to get smarter." (Dweck 2000, 15)

le Entscheidungen für einen disruptiven Mindsetwandel oder eine längere Teamarbeitsphase mit Zeit für ausgefeilte Innovationen und einen unmittelbar prägnanten Perspektivenwechsel.

Da es immer leichter ist, mehr Zeit einzuplanen als die Workshopdauer zu reduzieren, gehen wir in den Beispielen von einem halbtägigen Workshop aus. Alle kommenden Zeitangaben zielen also auf die Durchführung des Konzepts in vier Stunden ab. Das Problemthema in der kommenden Schritt-für-Schritt-Anleitung des Workshops widmet sich dem Bereich Technologie und Digitalisierung:

Technologie: Die Digitalisierung überfordert langjährige und ältere Mitarbeiter.

Alle Beispiele, Grafiken und Bilder basieren auf Erfahrung aus realen Workshops zur selben Problemstellung.

Einleitung des Workshops

Grundsätzlich empfehlen wir, immer Zeit für eine umfassende Einleitung einzubauen. Es braucht ungefähr eine halbe Stunde, um das Konzept der Workshops, die Tagesagenda und einige Grundlagen vorzustellen. Die Moderatoren des Workshops sollten darauf vorbereitet sein, Inhalte dieser Publikation und Kernideen der drei Bereiche Konkrethik, Design und Zukunftsnavigation wiederzugeben. Die Einleitung dient noch nicht der Arbeitsanweisung. Vielmehr wollen wir das vorhandene Wissen und die Ziele von „Prethinking the Futures" als Konzept transparent an die Teilnehmenden weitergeben – die tiefgreifenden Transformationsziele auf mentaler und praktischer Ebene sind schließlich kein Geheimnis. Die Forschung der Zukunftspsychologie ist fester Bestandteil jedes Workshops. Alle Teilnehmenden sollten vor der Teamarbeit in Begriffe wie *Zukunftsnavigation*, *Konkrethik* oder *Prosilienz* eingeführt werden und diese verinnerlichen. Außerdem hilft ein kurzer Einblick in das Modell des Human-centered Designs, um die auf die Einleitung folgenden Arbeitsschritte besser einordnen zu können. Angehenden Workshop-Moderatoren sei daher geraten, sich die anfänglichen Buchkapitel genau und auch mehrmals zu Herzen zu nehmen. Die dort ver-

5 Die Schritt-für-Schritt-Workshopanleitung

mittelten Grundlagen der Zukunftsnavigation sind für eine Workshop-Einleitung unabdingbar.

Ein wichtiger Teil der Einleitung ist außerdem die Klärung der Erwartungshaltungen bei allen Beteiligten. Durch die Anmeldung und bzw. oder die Einladung zum Workshop weiß zu diesem Zeitpunkt jeder auf die eine oder andere Art und Weise, dass es um Zukunftspsychologie gehen wird und kreativ in gemischten Teams gearbeitet werden soll. Ohne eine genauere Erläuterung der konkreten Zielstellung des Workshops kann das auf die Teilnehmenden abschreckend wirken. Daher hilft es, eingangs kurz das Ziel zu beschreiben: Das Problemthema des Tages wird in den Teams diskutiert und innovativ gelöst werden. Hierzu folgen konkrete Arbeitsschritte, mit denen wirklich jeder am Ende ein garantiertes Ergebnis vorweisen kann. Es geht nicht darum, dass alle Teilnehmenden am Ende professionelle Gestalter werden, sie sollen kein Kleidungsstück nähen oder eine Bildretusche durchführen – nicht umsonst gibt es Studiengänge für professionelle Gestaltungslehre. Der Anspruch des Work- und Mindshops ist es, gemeinsam in interdisziplinären Teams an einem Problem aus dem direkten Arbeitsumfeld zu arbeiten. Die Teilnehmenden werden ihre Komfortzone verlassen und schnelle Priorisierungen vornehmen müssen, um ein Ergebnis zu erzielen. Dieses Ergebnis muss nicht professionell gestaltet, perfekt tauglich oder fertig sein. Es ist wichtiger, sich auf jeden einzelnen Schritt und das Team offen einzulassen und Spaß bei der Kreation von etwas Neuem zu haben, als ein fertiges Produkt nach vermeintlich professionellen Maßstäben zu erzeugen. Das gemeinsame Schaffen ist Mittel zum Zweck! Am Ende geht es um die Veränderung des eigenen Mindsets der Teilnehmenden. Die einzige Voraussetzung ist also die Offenheit für das Experiment.

> *Tipp:* In der Teamarbeitsphase werden Teilnehmende schrittweise eine innovative Lösung zu der Problemstellung, in diesem Fall der Überforderung durch digitale Technologien am Arbeitsplatz, entwickeln. Die praktischen Arbeitsschritte sind erprobt und zielführend. Es kann jedoch sein, dass Teilnehmende versuchen, einige Arbeitsschritte zu überspringen und schon frühzeitig eine Lösung zu entwickeln. Diese vor-

> *schnellen Schlüsse erzeugen jedoch oft ein großes Bias[40] im Team und beeinflussen das Mindset negativ. Um die Offenheit bei allen Teilnehmenden beizubehalten und potenziellen Übereifer der Teilnehmenden zu zügeln, hilft es, in der Einleitung noch nicht die finale Präsentation einer Innovation pro Team zu erwähnen. Wenn die Teilnehmenden zu Beginn nicht wissen, in welcher Form sie am Ende eine Idee präsentieren, können sie sich zunächst auf jeden Arbeitsschritt einlassen.*

Nach einer thematischen Einordnung des Workshoptermins liegt es an der Moderation, die Teilnehmenden bestmöglich auf den Ablauf vorzubereiten. Eine Agenda kann hier helfen, reicht aber meistens nicht aus. Es muss von Anfang an klar werden, dass es um die Arbeit in interdisziplinären Teams geht, dass hier verschiedene Arbeitsschritte selbstständig durchlaufen werden, dass wertschätzendes Feedback an die Teams und die Moderatoren stattfindet und dass der Workshop erst nach der selbstreflektierenden Zukunftsnavigation beendet ist.

Für eine wirksame und konkrethische Teamarbeit geben wir in der einleitenden Präsentation immer einen Satz an ‚Hausregeln' an die Teilnehmenden weiter. Hausregeln bestehen aus grundlegenden Verhaltensweisen, die benötigt werden, um eine achtsame Zusammenarbeit und eine gewisse Ruhe und Struktur zu sichern. Unsere Hausregeln greifen bereits einige Aspekte des Team-Buildings auf:

- **Wir wollen auf Augenhöhe arbeiten:** Dies ist eine Einladung zum Duzen!
- **Es gibt nie genug Zeit:** Wenn der Timer klingelt, geht es weiter.
- **Alle sollen an den Diskussionen teilhaben.** Hierzu braucht es Sensibilität gegenüber verschiedenen Ansichten und Lautstärken. Wir bieten Team-Building-Tipps an!
- **Jeder hat eine andere innere Uhr.** Wenn das Team müde aussieht, beruft es selbst eine Pause innerhalb der Arbeitszeiten ein.

---

40 Der Begriff *Bias* steht für die Verzerrung einer Realität durch nicht repräsentative Informationen oder Einschätzungen. In diesem Fall wie auch im allgemeinen Sprachgebrauch ist dabei oft ein kognitives oder systemisches Bias gemeint, das auf ein Muster von Falschannahmen hindeutet, die unsere Entscheidungen und Realitätsvorstellungen prägen. Daher sprechen wir auch von *Gender Bias* oder *Racial Bias*.

5 Die Schritt-für-Schritt-Workshopanleitung

Sobald der Rahmen der Veranstaltung klar ist, wird allen das Problem als zentrale Workshopaufgabe vorgestellt: Was ist das Ziel des Termins? Wie genau lautet das Problem? Warum wurde es gewählt? Es ist besonders wichtig, von vornherein zu betonen, dass diese Hypothese ein begründeter Vorschlag ist, aber Hinterfragung und Reflexion dennoch notwendig sind. Die Problemstellung sollte konkrethisch eindeutig sein, also auch im Sinne ihrer finalen Lösungskompetenz.

Sofern es keine Fragen gibt, endet die Einleitung mit der Zuteilung und Vorstellung der Teammitglieder. Sobald alle mit ihren Teammitgliedern zusammensitzen, stellen sich alle kurz vor, bevor es weitere Anleitungen gibt. Die Arbeitsschritte, anhand derer nun Konkrethik trainiert und eine innovative Lösung pro Team entwickelt werden, erläutern wir im folgenden Kapitel. In den Workshops empfehlen wir, jeden Schritt einzeln einzuleiten und eventuell anhand eines Beispiels oder einer groben Visualisierung zu verdeutlichen.

Die neun Arbeitsschritte in der Teamarbeitsphase

Der aktive Workshopteil besteht aus den bereits erwähnten Arbeitsschritten, die zu einer kreativen, aber auch informierten Lösung der gewählten Problemstellung führen. Nach der Einleitung der Work- und Mindshops und der Zusammenführung der interdisziplinären Teams bestehen die kommenden Stunden aus der Erarbeitung dieser innovativen Lösung. Inklusive der finalen Präsentation und dem Feedback sprechen wir hier von neun Arbeitsschritten. Um die Teams nicht zu überfordern, leiten wir diese Schritte nacheinander ein, also einen nach dem anderen. Obwohl es sich empfiehlt, in der Einleitung einen kurzen, visuellen Überblick über den gesamten Workshop zu geben, zwingt die schrittweise Einleitung in die konkreten Arbeitsschritte die Teilnehmenden, sich immer wieder aufs Neue auf die nächste Aufgabe einzulassen. Inhaltlich folgen alle neun Schritte dem Human-centered-Design-Ansatz – sie schauen gezielt auf die vom Problem betroffenen Menschen und deren Umfeld. Die Schritte zielen damit nicht primär auf Innovation um der Innovation willen ab, sondern auf die authentische Neugestaltung der gelebten Arbeitswelt.

Die Teilnehmenden sind natürlich selbst oftmals Teil dieser Gruppe betroffener Menschen, nennen wir sie *Zielgruppe*. Daher geben die Schritte auch den Teilnehmenden selbst die Chance, ihre Erfahrungswerte in die Teams einzubringen und zu diskutieren. Strukturell durchlaufen die neun Schritte das Double Diamond-Modell (s. Abb. 7). Sie können in die Phasen der Forschung (Diamant 1) und der Kreation (Diamant 2) eingeteilt werden. Wie bereits im Kapitel zur Einleitung der Workshops beschrieben, hat jeder Schritt seine eigene Zeitvorgabe.

In den folgenden Unterkapiteln gehen wir nun auf die neun Arbeitsschritte ein. In jedem Abschnitt wird ein Schritt beschrieben und erklärt, außerdem werden Tipps für die Einleitung und Bearbeitung gegeben.

Schritt 1: Recherche (mindestens 10 Minuten)

Die Initiatoren der Workshops haben sich im Voraus schon einige Gedanken zur Problemstellung gemacht und sicherlich triftige Gründe für ihre Auswahl. Die Teilnehmenden hören unter Umständen zum ersten Mal von der Problemstellung. Daher zielt der erste Schritt darauf ab, dass sich jedes Teammitglied individuell mit der Hypothese, die nun im Raum steht, auseinandersetzt. Jeder wird zunächst aufgefordert, selbstständig zu recherchieren. Je nach Zeitfenster können sich die Teilnehmenden online über Smartphone und Laptop oder in bereitgestellten Magazinen und ergänzender Literatur in die Problemstellung einlesen. Gibt es bereits Studien zum Thema? Was sagen aktuelle Zeitungsberichte? Gibt es Kontroversen zum Thema? Warum sollte man das Rad neu erfinden, wenn die Erfahrungswerte von Fachleuten, Wissenschaftlern und Kollegen nur einige Klicks entfernt

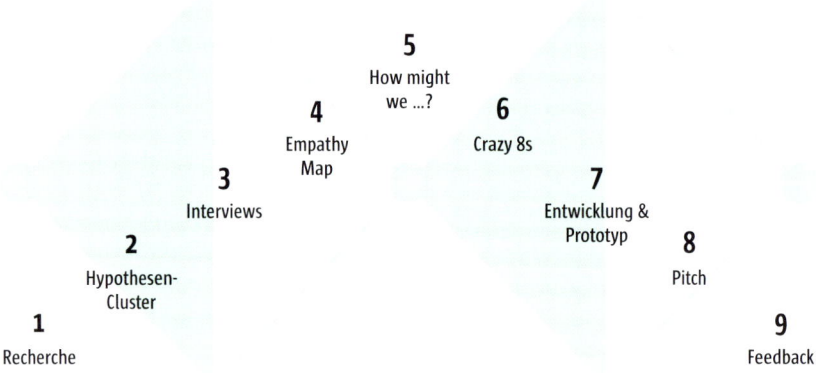

Abb. 7   Die neun Arbeitsschritte entlang des Double Diamond-Modells

5 Die Schritt-für-Schritt-Workshopanleitung

sind? Nachdem jeder sich etwas einlesen konnte, sollte immer noch etwas Zeit übrigbleiben, um die ersten Funde im Team auszutauschen. Sofern die Möglichkeit besteht, empfehlen wir, einige Statistiken, Bilder oder Überschriften auszudrucken. Alternativ können die Hauptquellen notiert und Erkenntnisse mit Haftnotizen oder Flip-Charts vom Team festgehalten werden. Alles ist in zehn Minuten sicher nicht zu schaffen, aber es geht eben um die beispielhafte Verwendung externer und hilfreicher Quellen.

Optional: Da dieser Schritt kaum Teamarbeit erfordert, besteht die Möglichkeit, ihn vor dem Workshoptermin einzuleiten. Wer für die „Prethinking the Futures"-Workshops einen hohen Zeitdruck hat, den Schritt aber nicht auslassen will, kann bereits in den ersten E-Mails an die Teilnehmenden eine ‚Hausaufgabe' stellen. Dies setzt natürlich voraus, dass das Problem vorab kommuniziert wurde – ein Schritt, den wir für empfehlenswert halten. So können sich alle mental auf den Workshop und genau diesen Schritt vorbereiten sowie bereits mit einigen individuellen Vorstellungen zum Problemthema in den Termin gehen. Sollte die erste Recherche als Hausaufgabe vorab eingefordert werden, muss die Erwartungshaltung klar kommuniziert werden. Daher sollten Sie die Teilnehmenden bitten, ihre wichtigsten Erkenntnisse als Bildschirmfoto oder Notizen festzuhalten. Auch Bilder, Daten und Zitate sind für die Recherche hochrelevant. Nicht jeder wird die Zeit und Muße haben, die Recherche vorab zu betreiben. Während der gemeinsamen Teamarbeit kann alles Gespeicherte jedoch Gold wert sein und immer wieder von den Teams aufgerufen werden.

> *Tipp:* Wer überlegt, den Workshop langfristig durchzuführen, kann sich handliche Bluetooth-Drucker anschaffen, mit denen die Teams mobil und spontan Material ausdrucken können. Herkömmliche Bluetooth-Drucker funktionieren mit einer tintenlosen Thermaltechnologie und nutzen dasselbe Papier wie Kassenbelege. Damit sind sie kostengünstig und bringen eine weitere visuelle Komponente in die Workshops.

Schritt 2: Hypothesen-Cluster (mindestens 15 Minuten)

Unabhängig von vorhandenen Informationen und Statistiken zum zentralen Problemthema hat jedes Teammitglied eine eigene Wahrnehmung und womöglich reale Erfahrungen zum Thema. Ob mit Recherche oder ohne, jeder wird von Anfang an direkt eigene Urteile im Kopf haben. Die zusätzlichen Erkenntnisse aus Artikeln, Studien und Büchern vertiefen die eigene Meinung in der Regel weiter. Im Hypothesen-Cluster geht es nun darum, die eigenen Vermutungen aufzuschlüsseln. Jedes Teammitglied soll sich einbringen und die eigenen Geschichten und Beobachtungen mitteilen. Dabei kann jedes Team beginnen, alles mit Haftnotizen, Flip-Charts und Postern zu notieren, was ihm zum Problemthema in den Sinn kommt: Was läuft bei diesem Problem schief? Was ist tatsächlich stressig, ineffizient, respektlos oder nervig am Problem? Wer trägt dazu bei oder ist betroffen? Welche Faktoren spielen hier eine Rolle? Es geht darum, das Problem zu differenzieren. Wenn alle Eindrücke auf dem Tisch liegen, geht es weiter: Wie hängen diese Faktoren und Aspekte des Problems zusammen? Die Teams sollen diskutieren, wie einzelne Teilprobleme des großen Ganzen miteinander verwoben sind. Alles, was sich gegenseitig irgendwie bedingt, kann als Cluster zusammenhängend markiert oder sortiert werden. So entstehen zusammenhängende Sub-Probleme, die vielleicht zum zu lösenden Problem führen oder damit in Verbindung stehen.

Der Austausch der eigenen Erfahrungen ist hier besonders wichtig. Am Ende entsteht ein ‚kleinteiliges', komplexeres Bild der anfänglichen Hypothese. In den letzten Minuten sollen die Teams nach Möglichkeit schon eine grobe Richtung festlegen: Welche Faktoren sind besonders wichtig? Welche Sub-Probleme sind für unser Team interessant? Kill your darlings! Nicht jeder Bereich kann vertieft werden, aber es gibt immer mindestens ein oder zwei Felder, die herausstechen und besonders erstaunlich, interessant oder relevant erscheinen. Es ist nicht falsch, sich auf das spaßigste Thema zu fokussieren, aber es kann eine Priorität im Team abgesprochen werden, die im weiteren Verlauf als Haupt-Problempunkt betrachtet wird. So blickt jedes Team nach diesem Schritt auf ein Cluster aus Haftnotizen und verschiedenen Sub-Problem-Gruppierungen, die miteinander in Verbindung gebracht wurden. Innerhalb dieses Clusters gibt es eine Gruppe oder eine Notiz, die als Priorität markiert wurde.

Tipp: Dies wird der vorerst letzte Arbeitsschritt sein, bei dem die Teammitglieder ihre eigene Meinung einbringen können. Im weiteren Verlauf wird es darum gehen, diese eigene Wahrnehmung auf die Probe zu stellen. Es kann also hilfreich sein, von vornherein zu kommunizieren, dass dies der Ort für Spekulationen ist – aber gleichzeitig auch der letzte. So laufen Teilnehmende weniger Gefahr, sich zu sehr auf die eigene Perspektive zu versteifen, und sind nicht enttäuscht, wenn sich diese am Ende als falsch herausstellen sollte.

Schritt 3: Interview (mindestens 30 Minuten)

Es gilt nun, sich von den Vermutungen und der eigenen Erfahrung zu lösen und das gewählte Sub-Problem auf die Probe zu stellen. Es geht darum, die Komfortzone der eigenen Wahrnehmung zu verlassen und sich offen für die Empfindungen anderer zu zeigen – einer der wichtigsten Aspekte des Human-centered Designs. In der Zukunftspsychologie nennt man dies *Resonanzkultur*. Dieser Schritt erfordert von allen ein wenig Mut, Kreativität und Bereitschaft. Durch die erste Recherche und Diskussion sollte sich schon langsam ein gefächertes Bild der Problemlage entwickeln. Auch die betroffene Zielgruppe ist für die Teams an diesem Punkt schon etwas greifbarer. Vielleicht existiert sogar schon eine detaillierte Auswahl an Personen, die im Fokus des gewählten Sub-Problems stehen. Diese Zielgruppe ist unter Umständen auch im Team selbst vertreten, hält sich sicherlich aber auch außerhalb des Workshop-Raumes auf. Es geht nun darum, sich Mittel und Fragen zu überlegen, mit denen diese außenstehenden Mitglieder der Zielgruppe interviewt und auf das Problem sinnvoll angesprochen werden können.

Hier kommt also die Außenwelt ins Spiel, d.h. die Realitäten und die Meinungen anderer. Dies können Kunden sein, Kollegen oder gar Passanten vor dem Gebäude. Die Teams sind innerhalb dieser Zeit nicht an den Raum gebunden. In kurzen Umfragen oder Feedback-Gesprächen können ganz konkrete Antworten generiert werden. Das Team muss sich allerdings gut überlegen, wen es befragen will und wie es die Personen erreicht. Das scheint in einem kurzen und vor allem spontanen Zeitraum vielleicht erst einmal unmöglich – oft ist es aber leichter als gedacht. Überall trifft man Menschen, die einem kurz eine oder zwei Fragen beantworten oder ihre Stimme abgeben. Auch Telefongespräche oder Chats mittels Smartphone sind möglich. Wer sich traut, seinen Social-Media-Account einzusetzen, kann auch hier schnelle Umfragen oder Postings hochladen und Resonanz erzeugen (s. Abb. 8). Wenn wirklich niemand erreichbar oder bereit ist, etwas Input

II Anwendung: „Prethinking the Futures" – Design-Workshops für Zukunftskompetenz

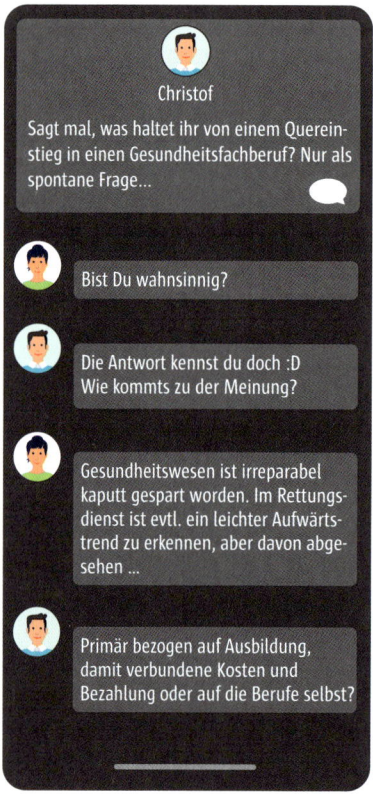

Abb. 8   Beispiel einer schnellen Umfrage mittels Social Media in einem Online-Workshop

zu geben, können auch Online-Reportagen helfen. Filmmaterial oder Dokumentationen, die reale Menschen der Zielgruppe befragt haben, können auch für neue Eindrücke und Perspektiven sorgen. Es geht darum, Originaltöne zu sammeln und die betroffenen Personen in ihrem Alltag zu verstehen. Eine weitere Herausforderung ist es, zu überlegen, welche Hinweise genau benötigt werden: Was wollen oder müssen die Teams wissen, um ihr jeweiliges Sub-Problem weiter zu erkunden und zu hinterfragen? Der erste Impuls ist immer, eine Frage so zu formulieren, dass die Antwort unterbewusst zu unseren Gunsten ausfällt. Menschen sind ganz natürlich von der eigenen Meinung beeinflusst. Um dies zu umgehen, hilft es, sich gezielt Fragen zu überlegen, bei denen negative und positive Antworten gleichermaßen möglich und logisch sind. Die Fragen der Teams sollten also so objektiv sein, dass auch ein Widerspruch der Team-Hypothese ganz ohne ein Gefühl der Wertung geäußert werden kann. Das lässt sich im Selbsttest relativ einfach feststellen. Wenn man einmal versucht, die Fragen aus verschiedenen Blickwinkeln zu beantworten, merkt jeder selbst, ob eine unterbewusste Steuerung vorliegt.

Für die Interviews braucht es immer etwas mehr Zeit. Neben der Organisation bewegen sich die Teilnehmenden unter Umständen frei im Gebäude oder außerhalb. Dann sollte jeder genau wissen, wann er zurück im Raum sein muss. Bei längeren Workshops kann auch ein ganzer Nachmittag eingeplant werden, um gegebenenfalls aktiv nach Interviewpartnern zu suchen und Eindrücke zu sammeln. Die Erkenntnisse und Beobachtungen aus den Interviews können anschließend schriftlich festgehalten und kurz im Team besprochen werden.

Tipp: *Oft gibt es auch spezialisierte Hotlines, Online-Chats und Initiativen, die sich mit der Zielgruppe täglich beschäftigen. Ein Anruf bei externen Ansprechpartnern kann mit den richtigen Fragen ebenfalls zu sehr hilfreichen Erkenntnissen führen. Für Problemstellungen im Bereich Nachhaltigkeitsthemen kann sich zum Beispiel ein Anruf bei der lokalen WWF-Stelle lohnen. Bei einer Problemstellung rund um das Thema Pflegeinnovation in Deutschland gibt es diverse Beratungshotlines mit entsprechender Expertise, wie das Pflegetelefon des Bundesministeriums für Familie, Senioren, Frauen und Jugend.*

Schritt 4: Empathy Map (mindestens 15 Minuten)

Mit den Erkenntnissen und Einblicken aus den Interviews geht es nun darum, eine stereotypische Persona der gewählten Zielgruppe zu erstellen. Eine Persona stellt in diesem Kontext einen fiktiven Charakter dar, der so abgebildet ist, dass die relevanten und nuancierten Emotionen, Probleme und Gedanken beispielhaft deutlich werden. Es geht dabei vor allem um ein empathisches und authentisches Abbild der Zielgruppe und weniger um harte Fakten. In diesem Schritt ist Platz für eine kreative Aufarbeitung der gewonnenen Eindrücke aus der Recherche, den Hypothesen und vor allem den Interviews. Dabei gibt es im Team viel Raum für kritische Debatten, um die

II Anwendung: „Prethinking the Futures" – Design-Workshops für Zukunftskompetenz

wichtigsten Elemente des Lebens der Persona sinngemäß zu entwickeln. Bei der Erstellung dieser fiktiven Repräsentation der Zielgruppe hilft die Empathy Map (s. Abb. 9). Hierbei handelt es sich um ein Diagramm, mit dem verschiedene Wahrnehmungsbereiche der Zielgruppe abgedeckt werden. Die Moderation hat hier die Aufgabe, das Empathy-Map-Diagramm zu vermitteln oder vorzubereiten.

1. Was beobachtet die Persona regelmäßig in Bezug auf das Problem?
2. Was hört er/sie von außen über sich oder im Problemfall?
3. Was sagt er/sie zum Problem bzw. in der Situation?
4. Was fühlt die Persona, wenn das Problem aufkommt?

Es hilft, eine fiktive Person mit konkreten Namen und Steckbrief zu entwickeln. Beim Ausfüllen der Empathy Map kann auch überlegt werden, in welchem Ton und mit welchen Worten die Persona ihre Erfahrung schildern würde. In fiktiven Zitaten können hier also einige Perspektiven und Emotionen der Persona am besten erfasst werden.

Alle eingetragenen Punkte können am Ende noch als Fazit in Treiber und Barrieren eingeteilt werden. Also kurz und knapp: Was hindert die Persona

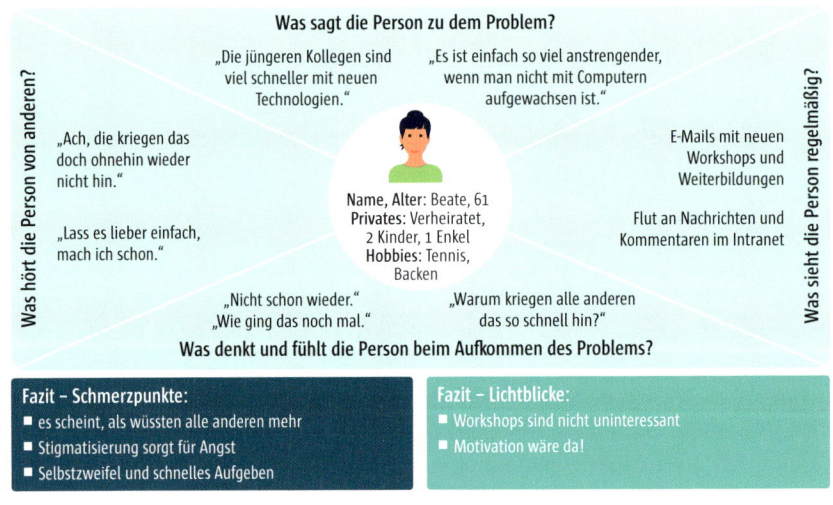

Abb. 9 Das Empathy-Map-Modell inklusive Beispieleinträgen zum anfänglichen Problemthema

5 Die Schritt-für-Schritt-Workshopanleitung

im Alltag an ihrer Zufriedenheit in Bezug auf das gewählte Problem? Was sind Treiber und Motivatoren für die Persona, was hilft ihr vielleicht bereits bei der Kompensierung des Sub-Problems?

Tipp: *Visuelle Stützen und Bildmaterial wie Screenshots und fiktive Fotos als Beispiel der Persona oder ihres Umfelds helfen beim Diskurs und der empathischen Beziehung zur Zielgruppe enorm. Je mehr Details auch zum Privatleben der Persona das Team beschließt, desto einfacher ist es später, sich in die Zielgruppe hineinzuversetzen.*

Schritt 5: How might we …? (mindestens 10 Minuten)

Die Teams wissen nun, was es allgemein an Informationen zum Problem gibt, welche Erfahrungen sie selbst haben und welches Sub-Problem besonders relevant oder interessant ist. Das Sub-Problem wurde auch schon mit der Zielgruppe besprochen und damit wurden Erkenntnisse aus erster Hand gewonnen, die die Meinungen im Team eventuell widerlegen oder bestätigen. Zusätzlich haben die Teams sich ein handliches, emotionales Bild der Zielgruppe gemacht, mit dem diese immer wieder vor Augen geführt werden kann. Damit sind wir nun am Ende des ersten Diamanten des Double Diamond-Modells und beenden die ‚Recherche-Phase'. Hier soll nun alles auf den Punkt gebracht werden:

- Was sind die großen Herausforderungen bei der Lösung des gewählten Sub-Problems?
- Wer ist betroffen und wie?
- Was muss erreicht werden?

Diese Fragen sollen die Teams für sich nun in kurzen Sätzen beantworten. In diesem Designschritt entwickelt jedes Team für sich eine Art individuellen Spickzettel, in dem die Erkenntnisse aus der Recherchephase deutlich werden. Zunächst können die Teams die Haupt-Herausforderungen in kurzen Bulletpoints sammeln. Es kann durchaus sein, dass Teams, die mit demselben Problem gestartet sind, am Ende des Workshops dennoch komplett verschiedene Richtungen eingeschlagen haben. Ein gemeinsamer Ausgangspunkt bedeutet noch lange kein gleiches Ergebnis! Dies liegt daran, dass jedes Team die Problemstellung anders interpretiert und für sich individuell neu definiert. So kann es in diesem Schritt vorkommen, dass die Problemstellungen der Teams nicht mehr dieselben sind. Daher sollten hier mindestens drei Bulletpoints gefunden werden, die detailliert dokumentieren, was für das Team die Kern- und Angelpunkte des Problems sind. Diese Barrieren gilt es bei der Kreation weiterhin im Blick zu behalten. Mit Haftnotizen oder Postern können diese plakativ zusammengefasst werden.

Das Hauptaugenmerk dieses Arbeitsschritts liegt aber nicht auf den Herausforderungen, sondern auf dem so genannten „How might we …?"-Satz (Wie würden wir …?). Dieser Satz ist also nicht nur eine Zusammenfassung der abgeschlossenen Recherche-Phase, sondern auch eine Richtlinie, an der sich in der kommenden Kreativphase orientiert werden kann. In einem Satz kann jedes Team nun alles zusammenbringen und für sich selbst eine prägnante Anleitung für die kommende Kreativphase schreiben.

Der Satz ist in etwa wie folgt strukturiert: *Wie würden wir … [was muss verändert werden?] für [wer ist betroffen?] tun/erbringen/beitragen/ändern …, um [was zu erreichen?]?*

Beim Füllen der Lücken muss jedes Wort auf die Waagschale gelegt werden. Dabei müssen die Teams daran erinnert werden, dass ihr Problem längst nicht mehr dieselbe Hypothese wie noch am Anfang der Workshops ist – es geht um das gewählte Sub-Problem und den Teilaspekt des großen Ganzen. Obwohl es schwierig ist, den Ausgangspunkt zu ignorieren, ist es extrem wichtig, den „How might we …?"-Satz auf das gewählte und für relevant empfundene Unterthema abzustimmen. Wieder einmal gilt: Kill your darlings! Es geht um die konkrete Persona, die konkreten Probleme, die konkreten Wünsche und Interviewergebnisse. Nicht alles kann im nächsten Diamanten gelöst werden. Diese kurze Zusammenfassung bezieht sich auf die genauen Erkenntnisse der Teams bis zu diesem Punkt und sollte diese auch nuanciert wiedergeben. Je genauer, desto besser.

Gestalterinnen und Gestalter haben eine regelrechte Hassliebe zu diesem Satz entwickelt, da es extrem hilfreich ist, ihn zu formulieren – und gleichzeitig extrem schwierig, ihn gut und sinnvoll zu schreiben. Bestenfalls ist keine Aussage zu allgemein oder sie kehrt zum Anfangspunkt zurück und versucht nicht, bereits das große Ganze zu lösen.

5 Die Schritt-für-Schritt-Workshopanleitung

Beispiel: „How might we …?"-Satz

- **Anfangsproblem:** Die Digitalisierung überfordert langjährige und ältere Mitarbeiter.
- **Ausgewähltes Sub-Problem:** Langjährige Mitarbeitende fühlen sich durch immer neue digitale Arbeitsprozesse und Geräte abgehängt und isoliert. Sie fragen ungern nach – aus Angst, belächelt zu werden.
- **„How might we …?"-Satz:** Wie würden wir die Einführung in neue Geräte und digitale Arbeitswerkzeuge für langjährige Kollegen und Kolleginnen zugänglicher und einladender gestalten?

Tipp: Wenn ein Team Probleme hat, seine spezifische Fragestellung auf einen „How might we …?"-Satz herunterzubrechen, kann es helfen, statt der Herausforderungen die so genannten fünf W-Fragen (Wann? Wie? Wo? Wer? Warum?) zu beantworten.

Schritt 6: Crazy 8s (mindestens 20 Minuten und ein guter Zeitpunkt für eine anschließende Pause)

Willkommen im zweiten Diamanten! Ab hier werden die Kreativität und der Einfallsreichtum jedes Einzelnen gefordert. Wie der Name schon sagt, sind die ‚Crazy 8s' dazu da, verrückt zu sein – genauer: Es geht um acht verrückte Ideen (s. Abb. 10). *Verrückt* klingt vielleicht erstmal überzogen oder naiv. Aber genau diese Freiheit, losgelöst und endlos zu denken (also verrückt), ermöglicht es Menschen, die in ihrem Alltag wenig kreative Freiräume haben und diese Fähigkeit kaum trainieren können, sich einzubringen und Ideen zu entwickeln. Wir wollen Kreativität nicht als einschüchternde Barriere aufbauen, sondern als Instrument der gedanklichen Befreiung. Für Abstriche bleibt später noch genug Zeit. Und es ist immer wieder erstaunlich, welche Ergebnisse und innovativen Ansätze die Crazy 8s aus den einzelnen Teilnehmerinnen und Teilnehmern herauslocken.

Ganz konkret haben die Teilnehmenden in diesem Schritt entweder ein gefaltetes Blatt Papier mit acht Feldern, eine Tabelle oder acht Haftnotizen vor sich. Die Teams müssen nun eigenverantwortlich acht Minuten mit einer Uhr oder ihrem Handy stoppen. In diesen acht Minuten soll nun jeder für sich allein die acht Felder mit potenziellen Lösungen und Konzepten für das recherchierte und im „How might we …?"-Satz zusammengefasste Problem

II Anwendung: „Prethinking the Futures" – Design-Workshops für Zukunftskompetenz

Abb. 10 Crazy-8s-Aufbau – 8 Minuten, 8 Ideen!

füllen. Der letzte Spickzettel aus der Recherche dient von hier an als Ausgangspunkt und Problemformulierung, auf die jede Idee abzielt, und auch die Empathy Map kann im Hintergrund immer wieder anvisiert werden. An der Grundsituation und dem Sub-Problem hat sich nichts geändert. Dennoch geht es darum, in den acht Feldern mit Offenheit und Fantasie auf die Recherche zu antworten. Die Teammitglieder sollten sich gegenseitig dazu motivieren, wirklich alle Felder in der kurzen Zeit zu füllen. Unter Druck entstehen Diamanten! So kommen auch die Intuition und das Bauchgefühl zum Tragen. Qualität ist hier – so gesehen – erst einmal Nebensache. Wenn Teilnehmende Schwierigkeiten haben, sich konkrete Medien, Produkte oder Services zu überlegen, können sie auch an bereits funktionierende Konzepte aus anderen Ländern oder an futuristische Trends und Visionen denken.

5 Die Schritt-für-Schritt-Workshopanleitung

Vielleicht gibt es auch in ganz anderen Arbeitsbereichen und Problemfeldern interessante digitale Technologien, Apps oder Dienstleistungen, die eine Inspiration für das konkrete Sub-Problem des Teams sein können. Neben Notizen können auch Scribbles helfen, die jeweiligen Ideen in den acht Feldern festzuhalten. Am Ende hat ein Team aus nur drei Personen beispielsweise schon 24 Ideen zur Verfügung.

Nach acht Minuten hat das Team noch genug Zeit, um sich einen Weg zu überlegen, die Ideen zu besprechen. Ziel ist es, nach diesem Schritt ein bis drei Felder zu markieren, die das gesamte Team als interessant und wirksam empfindet. Es lohnt sich, als Team die Zeit klug zu nutzen und selbst ein sinnvolles Format für die Besprechung zu finden. Es kann nicht auf jedes Feld und jede Idee lange eingegangen werden. Und auch die Entscheidung für die besten zwei oder drei Ideen ist manchmal langwierig. Im Zweifelsfall kann hier auch zu einer demokratischen oder einer stillen Abstimmung geraten werden. Als Alternative zum verbalen Diskutieren und Auswählen der Favoriten können Teams ihre Crazy 8s auch aufhängen und im Stillen lesen. Mithilfe von Stickern kann jede Person ihre Lieblinge markieren. Die Idee mit den meisten Stickern gewinnt.

Es kann gut sein, dass sich Ideen ähneln oder miteinander verbinden lassen. Für die Kombination und Weiterentwicklung der Ideen wird in den nächsten Arbeitsschritten Zeit eingeräumt werden. In diesem Schritt sollen hingegen erst einmal nur die Potenziale erkannt werden.

Tipp: Wer etwas mehr Zeit für die Crazy 8s hat, kann das Format auf Wunsch weiter ausbauen. Es muss nicht immer einfach darum gehen, acht Felder irgendwie zu füllen und dabei das Sub-Problem zu beantworten. Wer mehr konkrete Konzepte aus dem Team herauskitzeln möchte, kann die ‚Crazyness' anhand verschiedener Parameter steuern. Wie wäre es zum Beispiel, wenn auf dem ersten Blatt mit acht Feldern alle Ideen nachhaltig sein müssen? Vielleicht folgt dann ein Crazy 8 mit acht Feldern, und alle Konzepte müssen auf das Handy übertragbar sein. Oder es gibt ein extra Crazy 8, aber alle Ideen müssen sich im öffentlichen Raum abspielen. Das Problem wird natürlich immer gelöst. Wer will und mehr Zeit hat, kann das ‚Wie' dieser kreativen und fantasiereichen Antworten noch weiter verfeinern.

Schritt 7: Visualisierung und Prototyp (mindestens 30 Minuten)

Mit den bisher gesammelten und beschlossenen Geistesblitzen geht es nun an die Ausgestaltung. Das Team hat hier etwas mehr Zeit, um sich zu überlegen, wie eine Lösung genau aussehen und funktionieren kann. Die Empathie des Teams wird hier stark gefordert. Es muss sich nicht nur in die Zielgruppe eingefühlt werden, um eine sinnvolle Lösung zu erarbeiten – wir sprechen ab hier nicht mehr von verrückten Ideen, sondern von sinnvollen und machbaren Lösungen. Im Human-centered Design würden Gestalterinnen und Gestalter jetzt auch beginnen, die technische Machbarkeit und finanzielle Umsetzbarkeit zu prüfen. Das müssen Teilnehmende in „Prethinking the Futures" natürlich nicht. Stattdessen geht es darum, als Team etwas genauer zu überlegen, wie die Idee von Anfang bis Ende ablaufen würde und was Nutzer visuell sehen können.

Die Ideen müssen weiterentwickelt und unter Umständen der gelebten Realität der Betroffenen, vielleicht auch der Teilnehmenden selbst, nähergebracht werden. Dabei gilt es zunächst, gründlich zu diskutieren, welches Medium für eine Lösung in Frage kommt. Welche Kanäle und Materialien machen Sinn für die Zielgruppe? Welche Farben und Schlagworte sind wichtig? Gibt es einen Namen oder einen Slogan? Wie wird jemand auf die Innovation des Teams aufmerksam und wie wird sie genau genutzt werden? Anhand aller vorhandenen Materialien – Pappe, Papier, Kleber, Sticker, Marker, Flip-Charts oder Haftnotizen – können die ersten Versuche vorbereitet und getestet werden.

Bei der Visualisierung der Idee hilft es oft, sich die Werbung für die erfundene Neuheit zu überlegen.

- Was stände auf alles auf einem Plakat?
- Wie sähe ein Werbefilm aus?
- Wenn es einen Zeitungsartikel über das neue Produkt oder die neue App etc. gäbe, was würde darin stehen?

Je nachdem, wie schnell die Teams sich auf ein fertiges Konzept und eine visuelle Darstellung der Idee einigen, und je nachdem, wie lang der Workshop ist, können Teams ihre Idee auch erneut mit der Zielgruppe testen. Im Design würde es immer mindestens einen Prototyp der finalen Idee geben. Dabei geht es darum sicherzustellen, dass das Konzept auch wirklich alle Fragen und Herausforderungen der Recherche sinnvoll beantwortet. Mit genügend Zeit könnte also vielleicht eine bereits interviewte Person erneut kontaktiert werden, um die Idee vorzustellen oder gar physisch auszuprobieren. Fragen wie „Wenn Sie dieses Konzept als Werbung irgendwo sehen, was würden Sie sagen?" können sehr viel Aufschluss über die Tauglichkeit der Idee geben.

Egal, ob das Konzept am Ende getestet wurde oder nicht, jedes Team kann eine Idee weiterentwickeln und visuell darstellen. Ob es ein Poster gibt, ein gebasteltes Modell, ein Rollenspiel mit den Teammitgliedern, eine digitale Präsentation oder eine Geschichte zum Vorlesen: Es sollte eine Möglichkeit geben, die fertige Idee zu kommunizieren. Bei der Form der Darstellung sind keine Grenzen gesetzt. Als Nächstes geht es nämlich schon um die Präsentation der eigenen Innovation gegenüber den anderen Teams und den Moderatoren.

Es muss also nicht nur an der Idee gefeilt und gebastelt werden, sondern auch Zeit für die Vorbereitung der Präsentation eingeplant werden. Die Teams sollten sich fragen: Wie kann die Idee am besten vermittelt werden? Gibts es Erkenntnisse aus der Recherche, die wir zeigen wollen? Was ist eine schlüssige Storyline? Die Präsentation ist nur ca. drei Minuten lang und die Zeit wird erneut gestoppt. Dabei müssen Teams auch verstehen, wie das Konzept für die Hörerschaft am verständlichsten verpackt werden kann.

Tipp: In all der Hektik der letzten Züge hilft es, sich als Team eine Minute Auszeit zu nehmen, um zu schauen, ob alle Teammitglieder mit der Entwicklung zufrieden sind. Falls es Stimmen gibt, die bei der Visualisierung und Weiterentwicklung nicht wirklich gehört werden konnten, braucht es diese ruhige Minute eventuell, um letzte Ideen und Kritik der Teammitglieder wahrzunehmen. Das finale Konzept wird durch diverse Stimmen und Fragen immer profitieren.

Schritt 8: Pitch-Präsentation (max. 3 Minuten pro Team)

Und nun zum Grande Finale! Alle Teams sollten bereit sein, ihre vorbereitete Präsentation abzuliefern (s. Abb. 11). Die Zeit ist wieder mal knapp: Drei Minuten pro Präsentation sollen reichen. In der Design- und Businesswelt nennt man diese Art der kurzen Präsentation auch *Elevator-Pitch*. Die Idee: Man steigt mit einer tollen und superinnovativen Idee auf der untersten

II Anwendung: „Prethinking the Futures" – Design-Workshops für Zukunftskompetenz

Abb. 11 Das Team präsentiert die finale Idee: Ein regelmäßiges Event zu Digitalisierungsthemen

5 Die Schritt-für-Schritt-Workshopanleitung

Etage in einen Fahrstuhl und der oder die CEO des Unternehmens steigt dazu. Nun hat man für die Dauer der Fahrt bis in die Chefetage Zeit, um die eigene Idee zu verkaufen. Der Chef oder die Chefin muss am Ende nicht nur wissen, warum die Idee sinnvoll ist und was das Ziel der Innovation ist, sondern auch von der Funktion überzeugt sein.

Zeitdruck ist hier also erneut Teil der Aufgabe, und die Zeit muss reichen, um eine klare Geschichte zu erzählen. Jedes Team kann erklären, was das Sub-Problem war, welche relevanten Erkenntnisse sich gezeigt haben und welches Konzept dem entgegenwirken kann. Der Pitch ist die Frucht der bisherigen Arbeit und des bisherigen Aufwands. Wenn das Team von der Idee selbst überzeugt und stolz auf die eigene Leistung ist, ist hier der richtige Ort, um diese Begeisterung zu teilen. Nicht nur die Leistungen der Teams und die finalen Prototypen oder Konzepte werden in den Präsentationen deutlich, sondern auch das allgemeine Verständnis für das erschlossene Problemthema und die Zielgruppe. An dieser Stelle geht es nicht mehr nur um die Vorstellung der einzelnen kreativen Ideen und Lösungen, die Pitches sind der erste Moment, in dem alle Teams ihre Arbeit miteinander teilen und wird damit zum ersten kollektiven Austauschmoment.

Während die Teams präsentieren, können die anderen Teams und die Moderatoren sich Notizen zu möglichen Fragen, Ergänzungen oder Inspirationen machen. Vielleicht gibt es auch bereits Anknüpfungspunkte verschiedener Konzepte, die in Zukunft zu einer weiterführenden Kollaboration führen können. Das Vorstellen der Ideen kann von hier aus nicht nur zu einem Pool an Lösungen und Erkenntnissen führen, sondern auch zu gemeinsamen Projekten über den Workshop hinaus.

Schritt 9: Feedback (ca. 10 Minuten pro Team)

Last but not least: Konstruktives Feedback ist ein Muss. Feedback ist auch zukunftspsychologisch hochrelevant. Unsere Reaktion auf die Äußerung anderer Menschen – sei es sprachlich, durch unsere Mimik oder unsere Haltung – hat enormen Einfluss auf die Atmosphäre. Daher nennt man dies auch *Feedbackkultur*. Jemand, der sich bestätigt oder ernstgenommen fühlt, reagiert vollkommen anders als jemand, der sich ignoriert, nur halbherzig wahrgenommen oder abgetan fühlt. Es ist wie ein Ping-Pong-Spiel, das wir erfolgreich gestalten können, wenn wir es wollen. Positive Resonanz und positives Feedback sind herausragende Tür- und Herzöffner. Das bedeutet

nicht, auf Kritik und die eigene Meinung zu verzichten, aber diese können auch wertschätzend formuliert und durch entsprechende Gesten verstärkt werden. Feedback ist demnach eine Quelle von Energie und Antrieb.
Es sollte daher ausreichend Zeit für das Austauschen von Anregungen, Fragen und Kritik eingeplant werden. Ob nach jedem Pitch oder am Ende gemeinsam, alle Teams verdienen Feedback zu ihren Konzepten. Mindestens zwei Meinungen oder Fragen müssen pro Pitch unbedingt geäußert werden. Da alle Teams meistens mit demselben Thema starten und oft selbst vom Problem betroffen sind, gibt es auch immer ein gemeinsames Interesse an den Erfahrungen der anderen Teams. Für die erfolgreiche Entwicklung einer tatsächlichen Innovation braucht es zudem auch skeptische Stimmen, die einige Aspekte hinterfragen. Oftmals haben Teams an viel mehr gedacht oder recherchiert, als am Ende in der kurzen Zeit erklärt werden konnte. Daher ist Kritik hier auch eine Plattform, um nicht verwendetes Material und Wissen zu verwerten und zu argumentieren. Nicht selten wird so eine gemeinsame Diskussion losgetreten, durch die viele Erkenntnisse ergänzt werden. Im gemeinsamen Austausch werden Ideen verbunden, weiter geprüft oder weiterentwickelt. Es macht Sinn, dieses wertvolle Feedback mit dem Smartphone aufzunehmen oder als Moderator zu notieren.
Natürlich ist es wichtig, darauf zu achten, dass das Feedback immer sensibel und angebracht ist. Jeder müsste in der Lage sein, eine Meinung zu einem der anderen Teams zu formulieren und sich offen für Erklärungen und potenzielle Fehler zu zeigen. Die Teams können sich wiederum Notizen zu den Anregungen machen, dies für den Fall, dass ihre Idee tatsächlich umgesetzt wird. Sollte das Feedback zu weit gehen oder zu lange dauern, liegt es an den Moderatoren, die Diskussion zu navigieren oder zu vertagen. Vielleicht gibt es auch einen Kontakt, an den im Nachhinein weitere Anmerkungen gesendet werden können.
Nachdem die Teams ihre Ideen diskutieren konnten, sollte immer auch eine Chance bestehen, Feedback an die Moderation oder den Workshop allgemein zu geben. Da der nächste und letzte Schritt die individuelle Zukunftsnavigation ist und hier jeder für sich arbeiten wird, kann dieses Feedback auch an dieser Stelle schon gesammelt werden. In jedem Fall muss die Durchführung der Work- und Mindshops regelmäßig hinterfragt und von Teilnehmenden auf Sinn und Nutzen kontrolliert werden. „Prethinking the Futures" geht mit der Zeit und ist damit selbst permanentem Wandel ausgesetzt. Die Offenheit für Änderungen am Gesamtkonzept ist daher ebenfalls Teil

5 Die Schritt-für-Schritt-Workshopanleitung

von „Prethinking the Futures". In diesem Fall wird diese Offenheit von den Moderatoren zum Ausdruck gebracht. Die Änderungswünsche können anschließend notiert und umgesetzt werden.

> **Tipp:** *Vor allem schüchternen Teilnehmerinnen und Teilnehmern kann es helfen, ein anonymes Feedbacktool einzubauen. Das Programm „Mentimeter"[41] ermöglicht es beispielsweise, in einem Livestream anonymes Feedback zu geben. Das Programm ist online frei verfügbar und kann individuell gestaltet werden. Die Moderatoren können über ihre Präsentation bis zu zwei digitale Folien aufrufen, auf denen offene oder geschlossene Feedback-Fragen vorformuliert wurden. Über einen QR-Code oder Link kann nun jeder im Raum über sein eigenes Smartphone oder Laptop auf die Fragen zugreifen und Antworten eingeben oder auswählen. Die Ergebnisse sind live sichtbar und anonym. So kann eine neue Gesprächsgrundlage und ein sicheres Feedback generiert werden.*

Die Zukunftsnavigation (mindestens 15 Minuten)

Wie zu Beginn unserer „Prethinking the Futures"-Anleitung erwähnt und wie anhand aktueller Forschung (OECD) belegt, sind Reflexion und Antizipation treibende Fähigkeiten für das Lernen der Zukunft. Daher reicht es nicht aus, konkrethisch zu handeln, zu innovieren und in gemischten Teams Probleme anzugehen. Es braucht auch ein kontinuierliches, reflexives Training der eigenen Wahrnehmung – ein Mindset-Training. Ganz gezielt sollen Teilnehmende der Work- und Mindshops sich daher mindestens einmal selbst auf die Probe stellen und ihre eigenen Zukunftsvorstellungen konkret reflektieren. Nach der Teamarbeit haben Teilnehmende der „Prethinking the Futures" Work- und Mindshops daher immer reichlich Zeit, um sich individuelle Gedanken zu ihren Erwartungen und Visionen für die eigene Zukunft zu machen. Wir nennen dies eine Zukunftsnavigation anhand des bereits erwähnten Zukunftskompasses.

Das IZZ hat in einer Studie feststellen können, dass die konkrete Formulierung der eigenen Agenda essenziell für die Stärkung der Zukunftsfähigkeit

---

41 Informationen zum Programm finden sich auf https://www.mentimeter.com/ (abgerufen am 18.01.2022).

ist. Besonders junge Menschen mit einer klaren Vision für ihr eigenes Leben, ihren Lifestyle oder ihre Karriere sind oft sicherer im Umgang mit Unsicherheiten und Innovationen:

> „Wer eine Idee von seinem Ziel entwickeln kann, wem es gelingt, sich mit relevanten Informationen zu versorgen, um das Ziel zu begreifen, und wem es gelingt, eine Landkarte zur Zielerreichung mit Raststätten, also Zwischenstopps zu entwickeln, der wird in der Lage sein, zukünftige Veränderung – im Rahmen des Möglichen – tatsächlich zu managen."[42]

Eine starke und durchdachte persönliche Agenda hilft dabei, Neuem mit Optimismus zu begegnen und so umzufunktionieren, dass sie den eigenen Zielen dient, anstatt Überforderung auszulösen. Über die eigene Agenda im Leben und die eigene Zukunft macht man sich jedoch eher selten ernsthaft Gedanken. Noch viel seltener beschäftigt man sich wirklich intensiv mit der eigenen Wahrnehmung und den eigenen Zukunftswünschen und schreibt sie dabei auf. Das wollen wir mit dem Instrument des Zukunftskompasses als feste Komponente aller „Prethinking the Futures" Work- und Mindshops ändern. Je häufiger dabei eine Zukunftsnavigation anhand des Zukunftskompasses stattfindet, desto prosilienter werden die Teilnehmenden. Sie passen ihre eigene Agenda im Leben, im Beruf, für sich und ihre Familien an. Sie sind offen für Neues, denn es hat Vorzüge für ihre eigenen Ambitionen. Sie sehen das Positive im Wandel und sind auf ihre ganz eigene Weise ein Teil des Fortschritts. Teilnehmende wachsen durch die Zukunftsnavigation und haben ein gesundes Selbstbild, das sie kontrollieren und gestalten können. Sie sind bereit für alle möglichen Zukünfte – und das immer und immer wieder. Das Erlernen des Navigierens in die Zukunft ist damit selbst eine Form der Zukunftsgestaltung und beruht auf der imaginären Vorstellungskraft.

Nach der praktischen Teamarbeit stellen die Moderatoren in jedem Work- und Mindshop daher Fragebögen bereit, die ausgewählte Fragen aus dem Zukunftskompass beinhalten. In dieser Publikation stellen wir nur einige mögliche Fragen zur Verfügung. Diese können nach dem Modell des Zukunftskompasses frei kombiniert und eingesetzt werden.

In Abbildung 12 werden die möglichen Lebensbereiche und unterschiedlichen Betrachtungswinkel (Perspektiven) des Zukunftskompasses vorge-

---

42 Druyen 2018, 92f.

5 Die Schritt-für-Schritt-Workshopanleitung

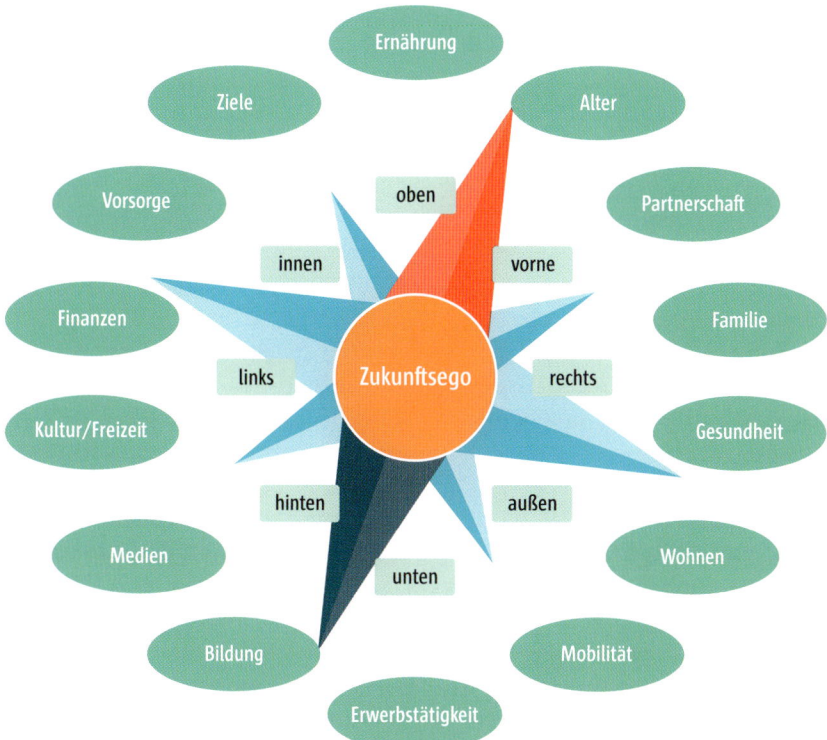

Abb. 12 Zukunftskompass-Modell für die „Prethinking the Futures" Work- und Mindshops

stellt. Nach dem Zukunftskompass-Modell kann jeder Lebensbereich aus den acht zukunftsgewandten Perspektiven abgefragt werden. Die Standpunkte ‚von innen' und ‚von außen' bedeuten zum Beispiel, dass alle Fragen sowohl vom eigenen Leben her als auch aus der Sicht von externen Personen – also wie man sich von anderen betrachtet fühlt oder welchem Bild man entsprechen möchte – gestellt werden. Jeder Blickwinkel und Lebensbereich ergibt unterschiedliche Frageformate, die Möglichkeiten sind somit divers.

Für „Prethinking the Futures" haben wir die schier endlosen Möglichkeiten der Fragengenerierung aus dem Zukunftskompass in einer Vorauswahl etwas eingeschränkt. Um den Initiatoren der Workshops diesen finalen Schritt zu erleichtern, stellen wir eine Vorauswahl zielgerichteter Fragen vor, die von den Teilnehmenden eigenverantwortlich bearbeitet werden können. Ziel soll es sein, dass alle Teilnehmenden sich mit den Fragen schriftlich und individuell beschäftigen und diese für sich selbst richtig und wohlüberlegt beantworten.

Die Lebensbereiche aus dem Zukunftskompass wurden auf die Dimensionen des Workshops abgestimmt und auf vier Lebensbereiche reduziert: Wohnen, Innovation, Beruf und Gesundheit. Aus diesen vier Bereichen können für jeden Work- und Mindshop jeweils eine oder mehrere Fragen abgeleitet werden. Um Fragen aus einem Lebensbereich abzuleiten, wird dieser (z.B. Wohnen) von einer der insgesamt acht Perspektiven betrachtet. Im direkten Anschluss an das Erfolgserlebnis der interdisziplinären Problemlösung wirkt dieser zukunftsnavigatorische Fragebogen anhand des Zukunftskompasses wie ein Katalysator. Die schöpferische Energie und der gestalterische Optimismus fließen direkt in die Zukunftsnavigation mit ein. Die antizipative Imagination der eigenen Zukunft und zukünftiger Probleme wird durch eine neugefundene Macher-Mentalität begleitet, die die eigene Agenda bestärkt und eventuell sogar positiv beeinflusst. Wer genügend Zeit hat, kann auch vor und nach dem dynamischen Workshop in den Teams eine Selbstbefragung anhand des Fragebogens einbauen. So werden Veränderungen in der eigenen Haltung und Perspektive auch schriftlich belegt.

Es sollten mindestens 15 Minuten für einen Fragebogen eingeplant werden. Es geht hier um eine Übung für das eigene Mindset und die persönliche Haltung. Die eigene Zukunft und Agenda sind für einige eine intime Frage. Die Teilnehmenden haben daher idealerweise auch die Möglichkeit, sich außerhalb des Kursraumes an einem Ort ihrer Wahl mit den Fragen auseinanderzusetzen. In jedem Fall müssen die Antworten aber schriftlich festgehalten werden. Hier empfiehlt sich daher auch ein digitaler Fragebogen, der auf dem eigenen digitalen Gerät im Workshop begonnen und gegebenenfalls zu Hause in aller Ruhe beendet werden kann.

Beispiel-Fragen (mehr Optionen im Anhang)

- Wie und wo werde ich in 10 Jahren wohnen? Welche Bedürfnisse muss mein Lebensraum in der Zeit erfüllen?
- Was wäre für mich die schlimmste denkbare Entwicklung von innovativen Technologien in 10 Jahren?

5 Die Schritt-für-Schritt-Workshopanleitung

- Meine berufliche Karriere wird in 10 Jahren von einer mir wohlwollenden Person aus meinem engen Umfeld betrachtet. Was wird diese Person über meine Leistungen und Entwicklung berichten?
- Wie wird die Digitalisierung meine Gesundheit in 10 Jahren beeinflussen? Welche neuen Technologien werden für meine Gesundheit eine Rolle spielen?

Wie am Ende mit den ausgefüllten Fragebogen der Teilnehmenden umgegangen wird, liegt in der Entscheidung der Moderatoren. Wir empfehlen, sie den Teilnehmenden zu überlassen. Wie eine Zeitkapsel können sie den Teilnehmenden so immer wieder helfen, die eigene Agenda zu prüfen und zu überarbeiten. Eine Wiederholung der Befragung ist sehr empfehlenswert. Die eigene Prosilienz kann nur so dauerhaft gestärkt werden. Wer dennoch ein Interesse an den Resultaten hat, kann sich nach der Zukunftsnavigation erneut Zeit für eine Feedbackrunde nehmen. Besonders die eigene Wahrnehmung und Empfindung der Teilnehmenden gegenüber der Befragung an sich sind dabei immer spannend und hochrelevant.

Der Fragebogen kann gedruckt als Teil des Handouts oder oder als digitaler Fragebogen selbstbestimmt während der Arbeit oder der Freizeit ausgefüllt werden. Im Anhang finden Sie eine exklusive Liste vormodellierter Zukunftskompass-Fragen nach den acht Fragekategorien, die Ihnen bei der eigenen Gestaltung eines Fragebogens für die „Prethinking the Futures" Work- und Mindshops zur Verfügung stehen.

Die Durchführung eines digitalen Work- und Mindshops

Ein Workshop, bei dem sich Menschen aus verschiedenen Abteilungen und mit verschiedenen Interessen in einem Raum gemeinsam für eine geteilte Mission treffen, hat eine ganz eigene Dynamik und Atmosphäre. Dennoch wissen wir heute alle, dass das Global Office nicht nur Zukunft und Gegenwart ist, sondern dass eine digitale Möglichkeit der Zusammenkunft aus gesundheitlichen und mobilen Gründen von nun an immer eine Option sein muss. Wir haben den Workshop sowohl physisch, in einem Kursraum mit gedruckten Handouts und Beamer-Präsentationen, als auch digital vor dem eigenen Rechner von daheim umgesetzt. Beide Variationen führen zu zweckerfüllenden Ergebnissen, benötigen jedoch eine unterschiedliche Vorbereitung und andere Materialien.

II Anwendung: „Prethinking the Futures" – Design-Workshops für Zukunftskompetenz

Bei einem Onlinetermin für einen „Prethinking the Futures" Work- und Mindshop braucht es Programme und Instrumente, mit denen Teams sinnvoll und kreativ zusammenarbeiten können. Gleichzeitig braucht es ein Anruf-Format, mit dem eine Einleitung und Feedback im Kolloquium sowie individuelle Arbeitszeiten in der zukunftsnavigatorischen Phase möglich sind. Jedes Unternehmen und jede Institution nutzen hier oft eigene Software. Die meisten digitalen Meeting-Programme halten für diese Bedingungen ‚Breakout-Räume' bereit, mit denen innerhalb eines digitalen Meetings separate Chats für ausgewählte Gruppen stattfinden können. Die Einrichtung eines entsprechenden Meetings mit den passenden Breakout-Räumen ist für einen online durchgeführten Work- und Mindshop Teil der Vorbereitung und wird von den Moderatoren getestet. Für die kreative Zusammenarbeit empfiehlt sich eine Software, die auf der Basis geteilter Moodboards einen visuellen Zugang zu den Gedanken der Teilnehmenden schafft. Anstatt vor dem Rechner Notizen zu scribbeln, die dann im Verlauf des Workshops verlorengehen, können Teilnehmende mit Programmen wie ‚Miro' oder ‚Mural' digitale Haftnotizen und Markierungen erstellen. Die Arbeitsschritte können in diesen digitalen Boards organisiert und vorbereitet werden. Wir haben für unsere digitalen Work- und Mindshops bereits eine sinnvolle Vorlage gefunden, die nach einmaliger Erstellung immer wieder dupliziert werden kann. Die Vorlage beinhaltet eine Übersicht der konzeptuellen Inhalte und Anleitungen – als visuelle Stütze während der Einführung und als Ersatz für ein gedrucktes Handout. Außerdem hat jede Vorlage ein Board pro Team, in dem die einzelnen Arbeitsschritte mit entsprechenden Zeichnungen und Materialien bereits vorbereitet wurden. Auch die Arbeitszeiten und ein Raum für Notizen sind hier bereits verzeichnet.

5 Die Schritt-für-Schritt-Workshopanleitung

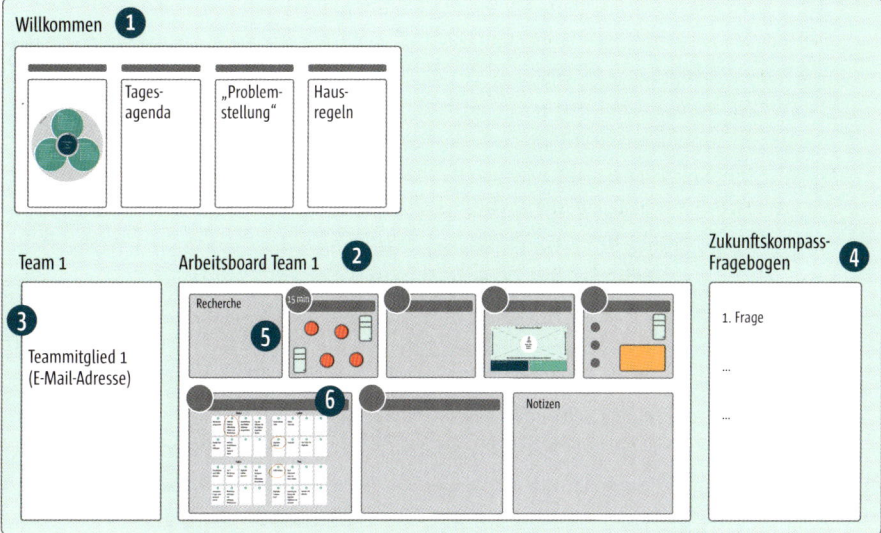

Abb. 13 Vorlage für ein digitales Board für ein Team im Online-Workshop (hier mit der Software Miro)

Digitales Board im Online-Workshop (s. Abb. 13)

(1) Im Willkommensboard können alle Teilnehmenden grundlegende Informationen über „Prethinking the Futures" und die Agenda des Tages mitlesen und nachsehen. Auch Teile der Einleitung, wie die Lernziele und konzeptuelle Inhalte, sowie die anfängliche Problemformulierung werden hier schriftlich kommuniziert.

(2) Das Arbeitsboard steht im Zentrum und enthält Vorlagen für jeden Designschritt, inklusive eines Notizboards. Jeder Schritt enthält einen kurzen Paragraphen mit einer Einleitung in den nächsten Schritt, wie er auch durch die Moderatoren des Workshops erklärt wird.

(3) Damit jeder weiß, mit wem er oder sie arbeitet und wie die Teilnehmenden in ihren Teams digital erreichbar sind, gibt es vor jedem Board ein Kontaktblatt mit den Namen und E-Mail-Adressen, gegebenenfalls Pronomen oder der Abteilung der jeweiligen Teammitglieder.

(4) Der Fragebogen für die Zukunftsnavigation kann für jeden griffbereit im Board abgebildet werden. Am Ende eines Work- und Mindshops können die Fragen aus dem Board entnommen und beantwortet werden. Der Fragebogen sollte jedoch immer auch per E-Mail versendet werden.

II Anwendung: „Prethinking the Futures" – Design-Workshops für Zukunftskompetenz

(5) Jedes Team sollte selbst ein Auge auf die Zeit haben. Daher hilft es, die Zeiteinteilung transparent bei jedem Schritt zu notieren und auch Pausenzeiten vorzuschlagen.

(6) Vor allem bei hohem Zeitdruck oder Teilnehmern mit wenig Erfahrung mit digitalen Boards hilft es, Haftnotizen und Marker bereits farblich kodiert im Board abzulegen. So sind sie sofort griffbereit, wenn die Ideen fließen.

Beim Onlineformat ist der gesamte Work- und Mindshop automatisch transparenter. Alle Teilnehmenden können theoretisch von Beginn an jeden Designschritt überblicken und wissen, was sie erwartet. Das ist nicht immer ideal. So können vor allem Vorurteile entstehen oder vorschnelle Schlüsse gezogen werden. Viel öfter hört man bereits bei den ersten Schritten: „Ach, aber ich kenne die Lösung doch jetzt schon!" Um dem vorzubeugen, können die Boards von der Moderation auch erst verdeckt und schrittweise offengelegt werden. Jeder soll auch im digitalen Raum mit frischen Augen und Offenheit an die nächste Arbeitsphase herantreten. Im digitalen Raum müssen Überraschungen dabei sehr viel achtsamer geplant werden.

Und nicht nur die Möglichkeiten innerhalb der Arbeitsprogramme und Meeting-Optionen machen einen Unterschied zu physischen Work- und Mindshops: Auch die Hausregeln sind im Fall eines Online-Workshops anders als in einem analogen Raum, in dem man individuelle Gespräche einfach führen kann und die Mitmenschen in voller Präsenz erlebt. Online ist jeder Mensch zweidimensional und meistens nur als Büste erkenntlich. Es gibt hinderliche Optionen wie die Funktion, das eigene Bild einfach abzustellen oder sich stummzuschalten – all das verändert das Miteinander, vor allem bei der Teamarbeit und Teamkommunikation, stark. Es ist zum Beispiel viel leichter für leisere Stimmen, einfach nicht zu sprechen. Es ist schwierig, den richtigen Moment zu finden, um sich zu ‚entstummen' und bei einer Debatte im digitalen Meeting dazwischenzusprechen. Wir haben über die Jahre daher neue Hausregeln und Tipps erstellt, die das Miteinander online für alle sensibler gestalten sollen. Dabei nutzen wir auch Funktionen aus den genutzten Softwares und Meeting-Einstellungen.

Stille Einleitung: Kaum jemand kommt in ein Meeting und ist sofort bereit loszulegen. Man braucht viel mehr Zeit, um sich zu orientieren, und öffnet den Link zum Anruf oft so kurzfristig, dass man abgehetzt im Meeting erscheint. Der Weg zum Raum fehlt als mentaler Übergang von einer Situa-

5 Die Schritt-für-Schritt-Workshopanleitung

tion in die nächste. Zu Beginn eines virtuellen Treffens können Ruheminuten daher sehr angenehm sein. Wir empfehlen, im Chat von Anfang an anzukündigen, dass in den ersten drei bis fünf Minuten noch nicht gesprochen wird, sondern dass sich jeder orientieren oder ein Getränk holen kann.

Handzeichen-Emoticons: Bei den meisten Meeting-Softwares gibt es die Möglichkeit, eine digitale Hand zu heben oder ein anderes Emoticon einzublenden. Es hilft, diese bewusst zur Verfügung zu stellen und etwa zu Beginn zu erklären: Wer die Hand hebt, soll vom Team oder der Moderation an nächstmöglicher Stelle dazu eingeladen werden, seine oder ihre Meinung mitzuteilen. Auch weitere Symbole können sinnvoll genutzt werden, zum Beispiel als Signal, dass jemand kurz den Raum verlassen muss und gleich wieder da ist.

Menschliche Handgriffe zu Hause: Insbesondere bei längeren Workshops sollte jeder kurz von der Kamera verschwinden, auch mal ein Paket annehmen oder einen Tee kochen dürfen. Es ist für das Team-Building wichtig, diese Freiräume zu erlauben und die Kamera auch durchaus laufen zu lassen. Im Sinne von geteilten Pausen und Bedürfnissen vermenschlichen diese kleinen ‚Zwischenfälle' den Workshop immens. Auch bei längeren Pausen sollten Teams ermutigt werden, den Bildschirm eingeblendet zu lassen. Und sei es nur der Hund, der im Hintergrund durchs Bild läuft – kleine Einblicke sind wichtig, um trotz Virtualität ein Teamgefühl entstehen zu lassen.

Stoppuhren: Das Stoppen der Zeiten während der Workshops ist digital deutlich leichter und einheitlicher. Es gibt innerhalb der meisten Kollaborations-Softwares wie Miro feste Stoppuhren. Diese sind für alle sichtbar und auch deutlich vernehmbar. Auch ein Handy-Alarm kann von allen Meeting-Teilnehmern gehört werden.

Chat-Feedback: In einem virtuellen Meeting-Programm gibt es über den Chat ganz neue Möglichkeiten, schriftlich und verbindlich Feedback einzusammeln und Meinungen einzuholen. Um konstruktive Kritik online verbindlicher zu gestalten, kann man Teilnehmenden anbieten, alle eingegebenen Kommentare gleichzeitig auf einen Klick im Chat abzusenden. So kann jeder etwas schreiben und ohne die Beeinflussung durch andere die eigene Meinung schriftlich teilen.

Abstimmungen: Auch für eine Stimmabgabe bei schwierigen Entscheidungen (beispielsweise den Crazy 8s) gibt es spezielle Online-Tools. Es braucht nicht unbedingt eine Abstimmungs-Funktion in den virtuellen Boards, schon die Nutzung von Stickern und Emoticons hilft, im Stillen Ideen zu bewerten.

Moderatoren können zum Beispiel vorab Smileys in die Crazy-8s-Boards legen, die im Anschluss an die kreative Aufgabe von allen Teammitgliedern auf ihre favorisierten Felder gezogen werden können.

Ordnung: Vor allem wenn die Teilnehmenden unerfahren in der Nutzung der Programme sind, hilft es, vorab alles so auszulegen, dass Fehler und versehentliche Bewegungen vermieden werden. Dazu gehören sowohl die Vorbereitung der Breakout-Räume als auch die Fixierung aller Elemente in der Board-Vorlage, die von den Teilnehmenden nicht verschoben werden müssen.

Obwohl sich an der Grundstruktur der Work- und Mindshops nichts verändert und die Präsentation über das Teilen des Moderationsbildschirms sogar erleichtert wird, gibt es einige Details, auf die die Moderation im virtuellen Raum besonders achten sollte. Vor allem während der Teamarbeitsphasen in den Breakout-Räumen gibt es hier nicht die Möglichkeit, im Raum zu beobachten, ob ein Team Unterstützung oder zusätzliche Team-Building-Maßnahmen benötigt. Moderatoren müssen stattdessen die digitalen Breakout-Räume besuchen und sich als stille Zuhörer ein Bild der Teamarbeit machen und eventuell Tipps anbieten.

Obwohl es immer so scheint, als würde alles im digitalen Raum so viel schneller und effizienter ablaufen, braucht auch dieser Workshop Zeit. Es müssen genug Erholungszeiten eingebaut werden, um das digitale Arbeiten am Bildschirm zu verarbeiten und die unter Umständen neuen Tools zu verinnerlichen. Eine Bearbeitungszeit des gesamten Workshops sollte vier Stunden daher nicht unterschreiten. Die minimalen Zeiten der einzelnen Arbeitsschritte bleiben damit unverändert. Die Empfehlung bleibt bei vier Stunden mit reichlich Pausen oder verteilt auf zwei Seminare an verschiedenen Tagen. Bildschirmbasierte Programme sind zu ermüdend und nicht ausgereift für die langwierige Teamarbeit. Darauf ist bei der Organisation also unbedingt zu achten.

Arbeiten in und mit Virtual Reality

Ortsungebundenes Arbeiten ist auf dem Vormarsch. Die Möglichkeiten des digitalen Kollaborierens, ob professionell oder privat, hören bei virtuellen Anrufen und Videocalls nicht auf. Virtualität kann in verschiedenen Dimensionen erlebt werden – wortwörtlich! Seit Langem gibt es neben Laptop und Smartphone zum Beispiel auch Virtual-Reality- und Mixed-Reality-

5 Die Schritt-für-Schritt-Workshopanleitung

Brillen. Mit diesen immersiven Technologien können Nutzer, statt auf einen zweidimensionalen Bildschirm zu schauen, Teil einer dreidimensionalen, digitalen Welt werden.

Das IZZ – Institut für Zukunftspsychologie und Zukunftsmanagement nutzt seit Jahren die neuesten Technologien der virtuellen Realität (VR) zur Erprobung neuer Arbeitsweisen und Mindsets. Gemeinsam mit dem Unternehmen Doob unter der Leitung von Vladimir Puhalac hat das IZZ schon im Jahr 2017 die ersten virtuellen Schritte gewagt. Mitarbeitende des IZZ können sich beispielsweise als ihre Avatare im IZZ VR-Institut treffen. Anhand dieser ersten Erfahrungen im hauseigenen, virtuellen IZZ wurden neue Dimensionen der mobilen Kollaboration über physische Grenzen hinaus denkbar.[43]

Der virtuelle Raum, der durch VR-Brillen betreten werden kann, ist nicht derselbe wie ein physischer oder digitaler Raum. Bei der Arbeit als Avatare in VR geht es uns auch nicht um eine direkte Umfunktionierung des Analogen in die Virtualität. Stattdessen ergeben sich in VR ganz neue Vor- und Nachteile, die neue Arbeitsbedingungen kreieren. Zunächst der offensichtlichste Vorteil: Anhand von fantastischen oder realen Avataren und des entsprechenden Equipments kann jeder, egal von welchem Ort der Welt aus, in denselben virtuellen Räumen mit anderen zusammenkommen. Das Global Office bekommt durch Virtual Reality eine ganz neue Bedeutung. Im Gegensatz zu einem Meeting im digitalen Chat sehen sich die Avatare als ganzheitliche Personen in realer Größe und können sich frei bewegen. Dadurch ist VR mit mehr körperlicher Betätigung und räumlicher Vorstellung verbunden. Große Projektionen sind in VR zum Beispiel weitaus eindrucksvoller als auf einem zweidimensionalen Bildschirm. Teamarbeit im VR-Raum ermöglicht ein aktives Austauschen und Gestikulieren. Niemand sitzt steif vor dem Rechner und sieht Büsten seiner oder ihrer Kollegen. Stattdessen ist VR ein interaktiver Raum.

---

43 Auf der Website des IZZ (www.izz.sfu.ac.at) finden Sie mehrere Artikel und Videos zur Verwendung der Avatar-Technologie.

II Anwendung: „Prethinking the Futures" – Design-Workshops für Zukunftskompetenz

Die ersten gemeinsamen Schritte in der virtuellen Welt hat das IZZ mit dem Unternehmen Doob im eigenen IZZ VR-Institut unternommen.

Über die VR-Software „Arthur" können spielend leicht virtuelle Vorträge und auch Teamarbeit in individuell gestaltbaren Räumlichkeiten stattfinden.

Mittlerweile gibt es Software wie „Arthur", mit der das Arbeiten in VR spielerisch leicht gestaltbar wird. Räumlichkeiten können mit wenigen Klicks für die jeweiligen Meetings, Workshops und Vorträge gestaltet werden. Folien für gemeinsame Brainstorming-Sessions, bestimmte Tagesaufgaben und Organisations-Tools können einfach in die virtuellen Räume eingepflegt werden. Auch virtuelle Haftnotizen sind kein Problem. Damit entstehen Bedingungen, die sogar die Möglichkeiten realer Meeträume oft übersteigen – ein Schlaraffenland für das gemeinsame Arbeiten, sei es ein Vortrag, Symposium oder eben ein „Prethinking the Futures"-Workshop.

VR birgt auf der anderen Seite natürlich noch einige Herausforderungen. Nicht nur finanziell ist das Equipment noch nicht für jede Organisation zugänglich. Auch technisch und organisatorisch braucht es eine Einführungs- und Eingewöhnungszeit. Nicht alle Mitarbeitenden können ein VR-Set zu Hause haben und bedienen. Für eine sinnvolle Nutzung muss VR darüber hinaus zum Habitus werden. Es dauert, bis das Instrument selbstverständlich und sinnvoll genutzt werden kann, ohne den Störungseffekt des ‚Neuen' oder eine gewisse Orientierungslosigkeit zu erzeugen. Nur wenn der erste spielerische Effekt und die technischen Hürden regelmäßig überschritten worden sind, normalisiert sich die virtuelle Zusammenkunft. Während sich das Arbeiten in VR langsam in der Unternehmenswelt verbreitet, wird immer weiter an Mixed-Reality-Technologien gefeilt. Hier wird es in Zukunft immer häufiger die Möglichkeit geben, die eigenen Räumlichkeiten

5 Die Schritt-für-Schritt-Workshopanleitung

und die Virtualität miteinander zu verschmelzen. Entgegen dem verbreiteten Schwindelgefühl, das VR-Billen auslösen können, und der Abschirmung zur Außenwelt durch VR können Mixed-Reality-Brillen beides: Sie legen die virtuellen Räume, Zeichnungen, Modelle, Avatare und Vorträge auf die eigenen Wände zu Hause. Damit ist eine einfachere Integration von VR in den Alltag möglich, und die unbegrenzten Dimensionen der Virtualität sind plötzlich Teil der eigenen Umgebung.

Sobald die virtuellen Arbeitsräume systemisch genutzt und normalisiert werden, ermöglichen sie eine neue Art des barrierefreien und ortsungebundenen Miteinanders. Was im Gaming schon lange Früchte trägt, bewährt sich damit allmählich auch in der Arbeitswelt. VR ist hochgradig motivierend und hilft neurologisch beim Fokussieren. Zukunftspsychologisch ist die virtuelle Welt eine schein-physische Welt ohne Grenzen. Hier ist jeder losgelöst von den Barrieren der eigenen Räumlichkeiten, von allzu vertrauten Umfeldern mit vorbelasteten Assoziationen und Ablenkungen. Keine Nachrichten auf dem Handy können einen erreichen oder E-Mails nebenbei auf dem Bildschirm auftauchen. Die menschliche Imagination ist in dieser Blase losgelöster und frei.

Neben den einfachen und individuell gestaltbaren Mitteln für die virtuelle Teamarbeit hat VR aktuell besondere Vorteile für das kreative Arbeiten wie in den „Prethinking the Futures" Work- und Mindshops. VR bietet ganz neue Visualisierungsmöglichkeiten! Dreidimensionale Malereien und Modellierungen können mit diversen Materialien, von Graffiti-Lack bis zu Wasser, mit nur einer Handbewegung mitten im (virtuellen) Raum erzeugt werden. Diese fantastischen neuen Möglichkeiten machen die Gestaltung von Produkten und das Festhalten von Notizen für wirklich jeden einfach und erzeugen eindrucksvolle visuelle Resultate, die als Bilder gespeichert werden können. So wird in jedem eine neue Kreativität entfacht. Und für diese Art der 3D-Modellierung braucht es im Gegensatz zu professionellen Softwares keinerlei Vorkenntnisse oder komplexes Wissen.

Virtuelle Realitäten, ob gemischt oder voll eingetaucht, sind ein fester Teil der Zukunft. Wie genau sie vor allem in Organisationen genutzt werden können, zeichnet sich momentan bereits ab. Neue Softwares wie Arthur machen es jedem möglich, ein ideales Arbeitsumfeld für jedes Szenario zu bauen. Für „Prethinking the Futures" ist VR damit eine sinnvolle Ergänzung und geht weit über die Möglichkeiten eines digitalen Work- und Mindshops via Videochat hinaus. Mehr als in einem Breakout-Raum in einem immer gleichen Bildschirm können sich Teams in virtuellen Realitäten aktiv austauschen. Ihnen stehen neue, anregende Instrumente zur Verfügung, die nicht zuletzt auch Kreativität und Kommunikation auf eine neue Weise trainieren.

Nachbereitung: Die Tücken interner Innovationsschmieden

Egal ob virtuell oder im Kursraum, als Avatar, im Team-Chat oder vor dem Flip-Board, am Ende jedes „Prethinking the Futures" Work- und Mindshops entsteht eine Menge Material. Womöglich gibt es Workshop-Fotos oder Videos von Präsentationen. Wir empfehlen, Notizen oder ein Transkript einzuplanen sowie die Haftnotizen oder digitalen Boards als Fotos zu speichern oder für einige Zeit aufzubewahren. Alle Teilnehmende erhalten ihre ausgefüllten Zukunftskompass-Fragebögen zum Mitnehmen oder für die interne Archivierung. Die große Frage am Ende jedes Termins: Wie geht es weiter? Wohin mit den Dokumentationen und den Fotos der finalen Pitches?

Während die Zukunftsnavigation den Teilnehmenden selbst dienen soll, können die innovativen Konzepte und Ideen der gesamten Organisation zugutekommen. Vielleicht hat ein Team eine neue App für die interne Kommunikation entwickelt oder eine Veranstaltungsreihe für die Unternehmenskultur entworfen. Diese stehen am Ende des Workshops im Raum und die Teams präsentieren sie mit Stolz und Hoffnung. Sie haben nun die Hoffnung, etwas verändern zu können, und zwar immer wieder. Mitsprache endet nicht mit dem Einbringen der eigenen Ideen, so informierend und sinnvoll sie auch sind. Diese Ideen müssen Gehör finden. Es wäre fatal, die Ideen einfach nur zu sammeln. Den Teilnehmenden muss gezeigt werden, dass ihre kreativen Leistungen beachtet und genutzt werden.

Doch eben an dieser Schnittstelle zwischen der Entwicklung einer sinnvollen Idee im eigenen Unternehmen und der Weiterentwicklung zu realen Innovationen zeigt sich oft, dass kaum eine Organisation einen Prozess für die interne Ideenentwicklung hat. Es gibt zwar ein weitreichendes Angebot an Coachings und Weiterbildungen, doch viel häufiger werden Kreativität und Innovation eingekauft oder mit externen Beratungsunternehmen und auf Führungsebene diskutiert. Wer als Teil einer Organisation selbst eine Idee hat, weiß selten wie und wo sie strategisch und pragmatisch eingebracht werden kann:

5 Die Schritt-für-Schritt-Workshopanleitung

> „Ich bin manchmal ein bisschen traurig, wenn man Ideen hat und damit eigentlich permanent vor eine Wand rennt. Alle haben selber so viel zu tun, dass sich keiner mit Ideen auseinandersetzen kann." – Teilnehmerin der WeCare4Us-Studie am Universitätsklinikum Essen[44]

Dabei gibt es kaum etwas Wichtigeres als inhäusigen, kreativen Input als proaktives Feedback zu aktuellen Mängeln und Wünschen. Gerade wenn sich Gefühle von Isolation in Silos und einer generellen Überforderung durch Wandel deutlich machen, sind schöpferische Ideen der eigenen Mitarbeiterinnen und Mitarbeiter Gold wert. Wenn in einem Unternehmen kreative Ideen und kritische Stimmen intern öfter Gehör finden, fühlen sich Mitarbeitende direkt stärker in Entscheidungsprozesse eingebunden. Ein wirksames System für die Einbindung interner Ideen ist in jeder Branche ein essenzielles Instrument für eine gesunde Kultur, hierarchieübergreifenden Respekt und unternehmensweites Wir-Gefühl. Viele Consultingfirmen und Agenturen haben daher bereits regelmäßige Diskussionsformate kreiert, in denen Mitarbeitende aus jeder Etage Vorträge über neue Ideen und innovative Geschäftsmodelle halten können. Die besten Ideen werden in diesem Rahmen entsprechend gefördert und monetär belohnt. So entsteht eine interne Innovationsschmiede mit potenziellen Geschäftsmodellen der Zukunft. Das ist ein großer Motivator und kreativer Ansporn für alle Mitarbeitenden.

Im Gegensatz zu diesen offenen Diskussionen und Vorträgen sind „Prethinking the Futures"-Workshops so strukturiert, dass ein direktes Zusammenarbeiten in diversen Teams stattfindet, die Teilnehmenden in eigener Regie ihre Zukünfte reflektieren und informiert Lösungen mit Eindrücken außerhalb der eigenen Vermutungen und Komfortzonen gestalten. Diese Grundstruktur schafft einen viel größeren Mehrwert für die Unternehmenskultur sowie die Mitarbeitenden-Förderung und verlangt von Teilnehmenden weitaus mehr als nur einen Gedankenblitz. Die Ergebnisse der Workshops bringen durch die ausgiebige Recherche und Erfahrungen der eigenen Mitarbeitenden im Unternehmen eine unverwechselbare Qualität mit sich: Sie sind für die Organisation authentisch maßgeschneidert. Der Stolz über die eigenen Ideen und die Vorstellung der Lösungen und Erkenntnisse der

---

44 Die WeCare4Us-Studie wurde von Thomas Druyen und Valeska Mangel gemeinsam mit der Universitätsmedizin Essen durchgeführt. Detaillierte Informationen zur Studie finden sich auf https://pflegedienst.uk-essen.de/projekte/wecare4us/ (abgerufen am 19.12.2022).

II Anwendung: „Prethinking the Futures" – Design-Workshops für Zukunftskompetenz

Teams ist am Ende jedes Workshops entsprechend groß. Die am Ende jedes Workshops entstandenen wertvollen Ergebnisse dürfen nicht verlorengehen und können sinnvoll genutzt werden. Die Mitarbeitenden haben immerhin etwas entwickelt, das – nach ihrem Wissen – ihrer Tätigkeit oder ihrem Berufsfeld helfen würde. Jetzt muss diese Innovation weiterverarbeitet werden! Die Teilnehmenden müssen wissen, was aus ihren Ideen wird und vor allem, dass ihr hart erarbeiteter Input wertgeschätzt wird. Die beste Wertschätzung ist dabei die Realisierung. Doch das geht nur mit einem klaren Konzept für die Umsetzung interner Ideen – und die gibt es wie gesagt nur selten.

„Prethinking the Futures" ist mehr als ein Workshop. Das Konzept der Workshops fordert Organisationen auf, sich mit einer partizipativen Innovationsentwicklung in den eigenen vier Wänden auseinanderzusetzen. Innovationen sind nicht zuletzt der Antrieb von Wandel. Wer sich also verändern will oder mit der Veränderung unserer Zeit gehen möchte, kommt an der Einbindung von Innovationen nicht vorbei. Unternehmen werden in den Workshops daher mit internen Anreizen aus der eigenen Belegschaft konfrontiert und quasi wachgerüttelt. Die Unternehmen müssen also überlegen, wie sie mit den Workshop-Ergebnissen umgehen wollen. „Prethinking the Futures" gibt der Innovationsfindung einen strukturierten Raum. Doch dieser muss von einem getrennten Format aus einen Weg in die Realität ebnen. Die Möglichkeiten hierzu unterscheiden sich in jeder Organisation. Nicht immer ist eine Umsetzung der in den Workshops entwickelten Ideen möglich. Daher raten wir, als minimal invasive Herangehensweise zumindest eine Form der Archivierung zu schaffen, in der die Ergebnisse jedes Workshops gesammelt und geteilt werden können. Das Gedankengut der Teams darf nicht verlorengehen und muss unbedingt transparent der gesamten Organisation zur Verfügung stehen. Was hinter geschlossenen Türen entsteht und dort verbleibt, lässt alle anderen tatsächlich außen vor – das Gefühl von Exklusivität ist der Killer jeglicher intrinsischen Motivation. Transparenz ist daher im Anschluss an „Prethinking the Futures"-Workshops von höchster Priorität. In einem Archiv können Fotos, schriftliches Feedback oder Videoaufnahmen je nach Einwilligung der Teilnehmenden festgehalten werden. Die Ablage aller Ergebnisse muss mindestens das Ziel der internen Verbreitung haben. Je nach Möglichkeiten der Organisation sollte der Einsatz der gewonnenen Innovationen natürlich weit darüber hinausgehen. Wenn wichtige Hinweise aus der eigenen Mitarbeiterschaft vorliegen, dürfen sie nicht

5 Die Schritt-für-Schritt-Workshopanleitung

an einem gesammelten Ort versanden. Stattdessen liegt es jetzt in der Verantwortung der Auftraggeberinnen und Auftraggeber, der ausgebildeten Lotsen oder der Weiterbildungsabteilung, die gesammelten Vorschläge nicht nur zu organisieren, sondern sinnvoll zu integrieren. Es ist beispielsweise denkbar, die Ideen interner Forschungsabteilungen, der Produktentwicklung oder der Geschäftsleitung innerhalb regelmäßiger Rücksprachen vorzustellen. Es bieten sich viele Wege an, die Ideen zu verbreiten: einfache Kommunikationswege wie ein interner Newsletter, die Einbindung in Veranstaltungen wie einem Jahresrückblick oder eine regelmäßige digitale Show der Ideen – die Möglichkeiten sind vielfältig! Nach unserer Erfahrung ist die persönliche Verbundenheit mit der Idee des eigenen Teams am Ende eines Workshops so hoch, dass sogar die Unterstützung bei einer Umsetzung der gewonnenen Vorschläge durch Teilnehmende aus den Workshops möglich wäre.

In jedem Fall müssen diejenigen, die am meisten Nutzen aus den Lösungen der Workshops ziehen können und die die nötige Entscheidungsgewalt über ein weiteres Umsetzen der Idee haben, in die Verantwortung gezogen werden, sich mit den Innovationen der Mitarbeitenden auseinanderzusetzen. Dazu gehört auch, den Workshop-Teilnehmenden ein Feedback zukommen zu lassen, in dem der Einfluss und die Auswirkungen ihrer Ideen deutlich werden. Ohne weitere Rückmeldung erzeugen die Workshops das Gegenteil ihrer Mission – Demotivation und Hoffnungslosigkeit. Wer jedoch nachträglich noch einmal Aufmerksamkeit für die kreative Arbeit erhält und im besten Fall weiß, dass die eigenen Innovationen dem Gesamtunternehmen helfen konnten, der ist intrinsisch motiviert und proaktiv. Wenn die eigenen Ideen Teil der Organisation werden, wird man selbst Teil von ihr – Kreativität, die gehört wird, ist ein Weg zur Selbsterfüllung als fester Bestandteil eines Unternehmens.

Lotsen-Schulung: „Prethinking the Futures" für jedermann

Wie sich in den vorliegenden Kapiteln und der Anleitung zum „Prethinking the Futures" Work- und Mindshop bereits mehrfach angedeutet hat, ist dieses Konzept nicht für eine einmalige Anwendung gedacht, sondern als Serie – es bildet ein Konzept für die langfristige Entwicklung von Zukunftsfähigkeit. Das ist der ausschlaggebende Punkt, der „Prethinking the Futures" von einem einmaligen Innovationsworkshop abhebt. So sinnstiftend, authentisch und relevant die entstehenden innovativen Beiträge aus der eigenen Mitarbeiterschaft der Organisation auch sind – „Prethinking" ist ein konkrethisches Mindset und ein Veränderungstreiber. Damit sind auch die finalen Ideen ein Mittel zum Zweck. Alles am Konzept dient der Gestaltung der eigenen Zukunft – und diese beginnt im Kopf.

Wir sehen „Prethinking the Futures" also als langfristiges Konzept und als ein stets wiederkehrendes Training, das für ein Umdenken bei den Teilnehmenden sorgt. Doch dazu muss es erst einmal Wege geben, einen Work- und Mindshop immer wieder intern durchführen zu können. Jedes Unternehmen und jede Institution haben hier unterschiedliche Möglichkeiten. Diese Publikation dient zu einem großen Teil auch der Verbreitung unserer Erfahrung, Anleitungen und Tipps, damit Sie einen leichteren Zugang zu den Workshops haben. Nachahmen ist hiermit ausdrücklich erlaubt! Gleichzeitig wissen wir selbst zu gut, dass die Vor- und Nachbereitung jedes einzelnen Work- und Mindshops zeitintensiv sein kann. Nach einem ersten Test und Piloten-Workshop müssen die Moderatorinnen und Moderatoren wieder dem Tagesgeschäft nachgehen bzw. zurück zum eigenen Arbeitsbereich. Auch wir selbst können nur eine begrenzte Anzahl an Workshops anbieten. Doch wie kann das Konzept zum Beispiel innerhalb der eigenen Weiterbildung langfristig funktionieren?

Für diesen Zweck haben wir die Funktion von internen Lotsen entwickelt. „Prethinking the Futures"-Lotsen sind Experten für die Work- und Mindshops und kennen nicht nur diese Publikation, sondern haben den Workshop selbst mehrmals durchlaufen. Vielleicht finden sich auch in jedem Workshop erneut Lotsen, die einen Folgetermin organisieren. Lotsen wissen, worauf zu achten ist und wie die Organisation idealerweise abläuft. Sie können die Workshops jederzeit moderieren und entsprechend dem Feedback und den sich wandelnden Anforderungen in sich wandelnden Zeiten anpassen. Lotsen sind entweder ehemalige Teilnehmende aus einem ersten Piloten-Workshop, Leser dieses Buches oder Zukunftspsychologie- und Gestaltungs-Enthusiasten. Vielleicht sitzen sie bereits in einer pädagogischen Abteilung oder beschäftigen sich intern mit dem Fortbildungsangebot. Vielleicht sind auch die Moderatoren des ersten „Prethinking the Futures"-Testlaufs bereits die langfristig aktiven Lotsen. Ob als neue Position in der Organisation oder als Teilzeit-Aktivität: „Prethinking" trägt die meisten Früchte, wenn jemand das Konzept langfristig betreut.

5 Die Schritt-für-Schritt-Workshopanleitung

Für die Einweisung eines ausgewählten Lotsen-Teams bieten wir, das IZZ und die opta data Zukunfts-Stiftung, neben dem für alle Mitarbeitenden offenen Piloten auch einen geschlossenen „Prethinking the Futures"-Hackathon für Lotsen an. In einer Lotsen-Schulung werden nicht nur die Inhalte dieser Publikation, sondern direkte Workshop-Erfahrungen, Fragen und weitere hilfreiche Tipps innerhalb weniger Stunden geklärt. Auch hier gilt: Learning by doing. Wie auch in dieser Publikation ist für die Lotsen besonders der Blick hinter die Kulissen – hinter jeden Schritt des Work- und Mindshops – hochrelevant. Am Ende sollen sie in der Lage sein, Team-Building-Tipps zu vermitteln und die Zukunftsnavigation als programmatische Impulse weiterzugeben.

Aber was genau meinen wir mit *langfristig*? Was unterscheidet Lotsen von Lehr- und Weiterbildungsbeauftragten in einer Organisation? Viele Unternehmen und Organisationen können es sich vielleicht nicht leisten, ein dauerhaftes Lotsen-Team zu entbehren, das die Workshops permanent organisiert, Teams rekrutiert und Probleme außerhalb der normalen Organisation bearbeitet. Besonders im Gesundheitssektor, wo Antizipation, Reflexion und eine aktive Mitarbeit des gesamten Personals an akuten Problemen wichtiger denn je ist, ist die Auslastung des Personals viel zu hoch für eine weitere permanente Aufgabe.

Die Lotsen arbeiten daher nicht regelmäßig, sondern nach Bedarf – „Prethinking the Futures" sollte immer wiederkehren. Sie sind kompetent und durch die eigenen Work- und Mindshop-Erfahrung geschult, doch wird ihre Kompetenz nicht jeden Tag oder jede Woche gefordert. Es gibt kein festes Zeitfenster, in dem der Work- und Mindshop wiederholt werden muss, um Wirkung zu zeigen. Nicht zuletzt braucht es für die Durchführung jedes Termins eine Problemstellung, die akut und relevant ist. Und so viele Probleme sich auch in einem Unternehmen oder einer Institution auftun – akute Fragen tauchen nicht im Wochentakt auf. Wir schätzen bei der langfristigen Organisation vor allem Authentizität. Ganz im Sinne des Human-centered-Ansatzes ist „Prethinking the Futures" ein organisches und agiles Konzept. Die Work- und Mindshops sind ein Instrument, internen Krisen achtsam und frühzeitig zu begegnen – sie sind prosilient. Bahnen sich tiefgreifende Fragen oder Probleme an, ist „Prethinking the Futures" als richtungsweisendes Mittel der interdisziplinären Zusammenkunft zur Stelle. Wir trainieren die Zukunft nicht auf Knopfdruck, wir trainieren sie nach realen Bedürfnissen. Je öfter wir die Erfahrung machen, dass potenzielle

II Anwendung: „Prethinking the Futures" – Design-Workshops für Zukunftskompetenz

Ängste frühzeitig durch Antizipation, Reflexion und Kreativität ausgehebelt wurden, desto mehr Vertrauen und Selbstsicherheit können wir aufbauen. Lotsen müssen also keine Sorge haben, jede Woche oder jeden Monat einen neuen Work- und Mindshop auf die Beine stellen, ein Problem finden und Teilnehmende rekrutieren zu müssen. Ihre Expertise ist ihre Superkraft, nach Bedarf findet sie Einsatz. „Prethinking the Futures" ist eine Kernkompetenz in sich, die auch den Lotsen Auszeiten aus dem Tagesgeschäft ermöglichen, jedoch ohne zu sehr in die eigene Routine einzugreifen. Viel wichtiger als einen regelmäßigen Termin zu finden ist es, sich für die lange Sicht einen Weg zu überlegen, wie interne Diskussionen, Reibungen und Probleme zum rechten Zeitpunkt ihren Weg zu den Lotsen finden können. Jeder einzelne Mensch in einer Organisation sollte Zugang zu mindestens einem Weg haben, Lotsen über seine Sorgen und Probleme zu informieren. Das kann so simpel wie ein Kummerkasten und so komplex wie eine Open-Source-Website im Intranet sein.[45] Lotsen sind wachsam für Probleme und haben „Prethinking the Futures" und Zukunftspsychologie als Antwort parat.

Die Problemfindung der Lotsen über eine direkte Kommunikation mit der Mitarbeiterschaft kann helfen, die Mitsprache jeder einzelnen Abteilung und die Stimmen einer Organisation zu fördern. „Prethinking the Futures" wird zu einer Fehlerkultur, die ganz konkretisch Probleme mit interdisziplinärem Handeln in direkte Verbindung setzt. So wird die Tatenlosigkeit reduziert und mental ausradiert. Beschweren bedeutet, etwas in Bewegung zu setzen. Verantwortlichkeit wird wieder greifbar, und Selbstwirksamkeit zieht sich wie eine Bewegung, wie eine nie endende Petition durch die Organisation.

Kreativworkshops für die mentale Gesundheit

„Prethinking the Futures" haben wir bereits in diversen Formaten und mit diversen Institutionen vom Bildungssektor bis hin zu Pflegeabteilungen durchgeführt. Darunter gab es Online-Hackathons, Lotsen-Schulungen, mit Lotsen geleitete Piloten-Workshops, mehrtägige Work- und Mindshops

---

45 Ein gelungenes Beispiel ist der politische Service von decidim.org für kommunale Entscheidungen in der Zivilbevölkerung. Über das Portal können sich Bürgerinnen und Bürger beschweren sowie Wünsche äußern, die sie gegenseitig auf- oder abwerten. Hoch bewertete Probleme finden so Gehör und werden den Ministerien transparent vorgelegt.

5 Die Schritt-für-Schritt-Workshopanleitung

sowie mehrere kurze Termine hintereinander. In jedem Fall sehen wir, dass „Prethinking the Futures" Wirkung zeigt. Wir sehen es in den Augen und der Haltung der Teilnehmenden, in ihrem Feedback und in ihren Taten. Immer wieder beobachten wir, wie die Teilnehmenden eine neue Einstellung gegenüber der Zukunft und neue Kommunikationsmuster entwickeln. Fernab von ihren gewohnten Arbeitsweisen und ihrem Arbeitsalltag sind sie losgelöst und durch die kreative Arbeit befreit. Die gemischten Teams erlernen und praktizieren Flexibilität und Resonanzkultur. Es wird sehr deutlich, dass die Konkrethik die unterschiedlichen Kompetenzen der Teilnehmenden aktiviert. Die Konkrethik ist erfolgreich, wenn die Beflügelung des eigenen Schaffens und Reflektierens neue Energie und Optimismus schafft.

Aber was genau tut sich bei der Mentalität der Teilnehmenden in den Work- und Mindshops? Aus der Zukunftspsychologie wissen wir, dass es bestimmte Tätigkeiten gibt, die unsere Psyche resistenter machen – mit dem Ziel eines gesteigerten Gefühls der Erfüllung. Bereits Aristoteles wusste, dass eine innere Zufriedenheit das beste Immunsystem gegen Tiefschläge, Stress und Ängste ist. Die gesamte Zukunftsnavigation ist darauf ausgerichtet, mentale Gestaltung als eigenes Kraftfeld zu entwickeln. Wir wollen ein Selbstbewusstsein schaffen, das nur durch die Zufriedenheit mit den eigenen Möglichkeiten im Leben und durch die Kontrolle und Mitsprache an dessen Gestaltung entstehen kann.

Wir initiieren durch den Zukunftskompass-Fragebogen am Ende jedes Workshops die Reflexion der eigenen Wünsche und zukunftsgewandten Ängste. Die Ausformulierung dieser Hürden stehen in den Work- und Mindshops in direkter Verbindung zu den kurz vorher gewonnenen Problemlösungs-Fähigkeiten in interdisziplinärer Teamarbeit. Die eigene Agenda für eine zufriedene Zukunft zu sehen und dabei Schattenseiten zu antizipieren und zu akzeptieren, ist ein Meilenstein für eine innere Ausgeglichenheit. Gepaart mit der Bestätigung, dass man selbst sehr wohl in der Lage ist, mitzugestalten, mitzusprechen und mit den Mitmenschen Probleme anzugehen, entsteht ein ganz neues Selbstbewusstsein. Und das können wir hier wörtlich nehmen: Teilnehmende werden sich der Rolle ihres Selbst bewusst. Sie kennen sich selbst besser und sie wissen, sie können ihre Ziele erreichen.

Es braucht Diversität, Mitspracherecht und Freiräume!

Es braucht Diversität, Mitspracherecht und Freiräume – doch die Zukunft ist in der Tat gestaltbar. Sie wird uns nicht vorgesetzt, denn sie ist nicht da, es sei denn, wir entwerfen sie. Die Fokussierung auf die Zukunft und deren Gestaltung fördern Ruhe und Entschlossenheit. Wir erlangen diesen Fokus durch Zeit für Antizipation und Reflexion.[46] Dieser mentale Prozess hat einen wertvollen Effekt auf die eigene Gesundheit.

Durch eine regelmäßige Projektion der eigenen Erkenntnisse häufen sich die Visionen für die eigene Zukunft, und die eigene Agenda wird selbst wie ein Prototyp weiter geformt. Visionen werden ausgefeilter oder bieten alternative Lebensvorstellungen an. Diese kontinuierliche Bearbeitung der eigenen Lebensvorstellung schärft nicht nur die eigene Vision, sie erzeugt auch die unterbewusste Erkenntnis, dass es unterschiedliche Arten der Lebensführung gibt. Was ich in einem Zukunftskompass-Fragebogen vor zwei Jahren angegeben habe, ist heute vielleicht nicht mehr auf meiner Agenda. Dennoch war meine Vision nie schlecht – sie hat sich bloß gewandelt. Auf einmal ist Wandel gar nicht so negativ. Was hier passiert, ist die Kreation von Alternativen, und keine davon ist eine Dystopie. Vielmehr generiert die Erfahrung der zukunftsnavigatorischen Selbstbefragung gleich mehrere wünschbare Alternativen. Wie eine Reihe toller Geschichten oder Theateraufführungen schulen sich Teilnehmende selbst darin, zu erkennen, dass das Scheitern einer Vision kein Weltuntergang ist, sondern vielmehr eine Tür zu neuen Visionen darstellt. Es entsteht ein Adaptionsvermögen. Sollte ein Lebensentwurf scheitern, sind Teilnehmende des Zukunftskompasses bereit, sich eines neuen Entwurfs anzunehmen. Entgegen dem weitverbreiteten Trugschluss, dass das Antizipieren verschiedener Probleme und Barrieren der Zukunft zu Resilienz führt, wissen wir, dass wir nicht Probleme, sondern Visionen antizipieren müssen. Resilienz entsteht nicht durch eine elaborierte Prognose oder ein Wissen um potenzielle Hürden in der Zukunft. Wer sich an die Hürden der Zukunft und deren Vorhersage klammert, der ist leicht enttäuscht, wenn etwas ganz anderes eintrifft. Es handelt sich also vielmehr um ein Mindset, das alternative Realitäten kreiert und erlaubt. Da der Begriff der Resilienz längst seine Wirkung verloren hat und die präventive Grundlage dieser entscheidenden Mentalität nicht mehr verkörpert, sprechen wir auch von *Prosilienz*. Es ist also die Ermittlung dieser

---

46 Es ist wissenschaftlich erwiesen, dass nur 15 Minuten der Selbstreflexion das Stresslevel und den Bluthochdruck – vor allem am Abend nach einem vollen Arbeitstag – bereits messbar senken (vgl. Bono u.a. 2013, Tabelle 3).

5 Die Schritt-für-Schritt-Workshopanleitung

alternativen Lebensvorschläge anhand der Fragen des Zukunftskompasses, die Prosilienz und innere Stabilität auch in traumatisierenden Zeiten trainiert.[47]

Dennoch sind weder der „Prethinking the Futures"-Workshop noch eine regelmäßige Zukunftsnavigation allein ein Geheimrezept, mit allen Überforderungen und Ängsten unmittelbar fertig zu werden. Ein Work- und Mindshop ist keine Magie. Was „Prethinking the Futures" bieten kann, ist das Vorbeugen von Stress und Zukunftsängsten. Die Zukunftsnavigation wirkt hiermit wie ein Fitnesstraining für die mentale Gesundheit, die präventiv Verhaltensmuster für Transformationsprozesse verankert.

Die Etablierung der „Prethinking the Futures"-Workshops ist nicht nur ein wichtiger Schritt innerhalb eines transformativen Prozesses in einem Unternehmen. Es ist auch ein Bekenntnis zum Wert mentaler Gesundheit und zu Fähigkeiten wie Kreativität und Empathie. Die Aufnahme von „Prethinking" ist eine Chance, Hierarchien fluider zu gestalten und verschiedene Stimmen zu Wort kommen zu lassen. Die Work- und Mindshops bergen ein großes Potenzial für die Entwicklung einer gesunden Kommunikation und Fehlerkultur in einer Organisation. Und ganz nebenbei entsteht ein unerschöpflicher Pool an internem Wissen und Projekten, auf die Mitarbeiterinnen und Mitarbeiter genauso stolz sein können wie Führungskräfte und Vorstände.

---

47 Eine Rückbesinnung auf die Bedeutung des Resilienz-Begriffes finden wir in Judy D. Whipps' Essay „Humanities as a Source of Resilience in Jane Addams's Community Activism": „Natürlich haben die Künste einen Wert an sich, aber die Begegnung mit den Künsten ermöglicht es uns auch, uns eine andere Welt vorzustellen und unsere Erfahrungen neu zu gestalten. In diesem Sinne können die Künste uns ‚dazu bewegen, eine Art von Ordnung wiederherstellen zu wollen, zu reparieren, zu heilen' (zitiert aus Greene 1995, 123), sowohl kulturell als auch persönlich." (Whipps 2019, 139, Übersetzung von mir – VM)

Vertiefung und Ausblick: Die Zukunft des Handelns

1

Wie kommt die Zukunft zustande?

Thomas Druyen

Wie wir sehen, unterliegen wir permanenter Veränderung. Aber am liebsten haben wir es dennoch, wenn alles so bleibt, wie es ist. Das ist wohl eine der größten Paradoxien der Menschheit. Wir sind Zukunftswesen und haben das auch Jahrtausende unter Beweis gestellt. Jetzt aber kommt die Zukunft schneller über uns und mit uns als jemals zuvor. Darauf müssen wir uns einstellen und lernen, sie endlich vorausschauend zu prägen und zu gestalten. Das meinen wir, wie schon oft gesagt, mit *Prethinking*. Dieses Kapitel ist etwas philosophisch. Aber es bedarf eines Blicks über den Tellerrand hinaus, um die ultimative Notwendigkeit der bewussten Vorausschau und der Zukunftsnavigation zu erkennen.

Also, was ist die Zukunft? Niemand hat sie jemals verlässlich vorhergesehen, und niemand wird sie jemals präzise vorhersagen können.[48] Vor diesem Hintergrund vollmundig über die Zukunft der Menschheit zu sprechen, ist eine Selbstüberschätzung. Zugleich lautet das Fazit einer realistischen Bestandsaufnahme: Würden wir die klaren Anzeichen wahrscheinlicher Zukunftsverläufe ernster nehmen, hätten wir uns schon längst fundamental geändert. Für diese Bereitschaft gibt es zwar immer mehr Anzeichen, aber in der alltäglichen Lebens- und Weltgestaltung spielt sie immer noch eine nebu-

---

[48] Die folgenden Überlegungen sind eine aktuelle Überarbeitung des Kapitels „Von der Zukunft" aus dem Band „Krieg der Scheinheiligkeit. Plädoyer für einen gesunden Menschenverstand" (Druyen 2012, 202ff.).

III Vertiefung und Ausblick: Die Zukunft des Handelns

löse Rolle. Der Begriff der Zukunft bleibt ein Mysterium voller Facetten, die es je nach Verfügungsgewalt erlauben, das Unvorhersehbare im eigenen Sinn zu deuten. Seit Jahrtausenden opfern wir Menschen für ideale Vorstellungen einer Zukunft, die nie eingetreten ist. Im Zeichen dieses Phantoms wurde für jeden von uns ein Konto auf der Illusionsbank eröffnet. Dort hinterlegen wir unentwegt Hoffnungen, Träume, Spekulationen, um mit den fiktiven Hoffnungszinsen von morgen unsere Enttäuschung von heute zu tilgen. Tim Jackson, britischer Fachmann für nachhaltige Entwicklung, beschreibt die Ausprägung dieses Phänomens in der Konsumgesellschaft:

> „Und sollten wir diese Sehnsucht jemals vergessen oder preisgeben, steht eine Phalanx gewiefter Werber, Marketingexperten, Investoren und Politiker parat, um uns davon zu überzeugen, Geld, das wir nicht haben, für Dinge auszugeben, die wir nicht brauchen, um Eindrücke, die nicht von Dauer sind, bei Menschen zu hinterlassen, die uns nichts bedeuten."[49]

Statt uns in weiteren Illusionen zu verlieren, sollten wir uns die Frage stellen, wer von diesen abstrakten Zukunftsspielen profitiert.
Diejenigen, die im Namen der Zukunft unsere Verhältnisse bestimmen und aus vermeintlichen Sachzwängen ableiten, was von uns gefordert wird, verfolgen eigene Interessen. Ob es Regierungen, Konzerne oder andere mächtige Gruppen sind, in der Kolonisierung der Zukunft liegt der einflussreichste Hebel, die eigenen Ansprüche zu sichern. Zukunftsentwürfe sind auch preiswerte Entlastungen für Versprechen, die man sowieso nicht hält. Besonders gefährlich werden sie als das Auf- und Verschieben von Problemen, die später anderen Generationen auf die Füße fallen. Dies belegen keine Beispiele besser als die uferlose Umweltzerstörung und die weltweite Länderverschuldung. Allein die USA schieben ein unvorstellbares Schuldenpaket von fast 31 Billionen Dollar vor sich her. Die Zukunft wird nicht nur von allen als Goldesel missbraucht, sondern auch als Müllkippe für Kollateralschäden des Eigennutzes und des strategischen Versagens. Die damit verbundene Belastung kommender Generationen wird als erdrückende Hinterlassenschaft in die Zeit vorausgeschickt, wo sie irgendwann mit der Gewalt eines Asteroideneinschlags detonieren wird.
Die Unverfrorenheit dieser Scheinheiligen, die Sprengsätze von heute erst morgen hochgehen zu lassen, steht in einem eklatanten Missverhältnis zu

---

[49] Jackson 2011, 72.

1 Wie kommt die Zukunft zustande?

ihrer Unfähigkeit, die gegenwärtigen Probleme zu lösen. Den meisten Bürgerinnen und Bürgern ist längst bewusst, dass wir einerseits schleunigst zu einer realistischen und dringenden Lösung der Krisen der Gegenwart zurückkehren müssen. Andererseits benötigen wir eine belastbare Vision, wie es mit der Weltgesellschaft weitergehen soll. Was auch immer die Zukunft bringen mag, bedroht ist nicht in erster Linie die Erde, sondern die Menschheit. Wir verhalten uns wie Alkoholiker, die Geld für eine Lebertransplantation zurücklegen und gleichzeitig weitertrinken.

Selbstverständlich kann man konkrethisch mit dem Begriff der Zukunft arbeiten, wenn Planungen, Wahrscheinlichkeitsberechnungen und die Zukunftsnavigation als seriöse Grundlagen ernstgenommen werden. Jeder Mensch und jede Gruppe ziehen Ansporn und Energie aus der Beschäftigung mit den Optionen des Möglichen. Aber warum wird die Ignoranz gegenüber dem Wahrscheinlichen immer noch verziehen? Sowohl die Flutkatastrophen der letzten Jahre als auch die verheerenden Unfälle in Atomkraftwerken waren vorhersehbar, wenn sie auch in den konkreten Fällen alle negativen Erwartungen übertroffen haben. Nicht zuletzt sind auch die COVID-Pandemie, der russische Eroberungskrieg, die verschlafene Digitalisierung und die Energienot immense Ereignisse, die zuvor erwartbar und sogar angekündigt waren.

Auf vielen Gebieten stehen uns solide Vorhersagen zur Verfügung, deren Details vielleicht umstritten sein mögen, deren Grundaussagen über das bestehende Bedrohungs- und Veränderungspotenzial aber von wissenschaftlicher, politischer und öffentlicher Seite im Großen und Ganzen geteilt werden. Kernbereiche dieser ungelösten Szenarien sind die Schuldenexzesse, die Begrenztheit unserer Rohstoffvorräte, die Verschmutzung von Luft, Grundwasser, Flüssen und Meeren, der Wassermangel, die Verwüstung fruchtbaren Bodens, die Klimaveränderungen, das ungleiche Bevölkerungswachstum, der Bildungsmangel und vor allem die untragbare Armut. Die Wahrscheinlichkeit kriegerischer Konflikte um Öl, Wasser, Gas, Rohstoffe und den Cyberspace steigt unaufhörlich. Aussichtslose Lebensperspektiven forcieren den Strom der Flüchtlinge und verstärken die Gefahr der Sklaverei. Krieg, Kriminalität und Terror sind Alltagserscheinungen. Dennoch sind sie in ihren wirklichen Ausmaßen kaum zu erfassen.

Man muss kein Prognosegenie sein, um vorherzusagen, dass die uferlose Überschreitung von Konfliktlagen Tumulte erzeugen wird. Beim Individuum wissen wir, dass hoffnungslose Überforderung zu Apathie, Depression

III Vertiefung und Ausblick: Die Zukunft des Handelns

und suizidaler Gleichgültigkeit führt. Angesichts der uns umgebenden Irrationalitäten erscheint es unausweichlich, unserer gesamten Zivilisation die gleichen Symptome zu attestieren. Denn wie naiv muss man sein, um anzunehmen, dass der Lebensstil der Wohlstandsenklaven in der westlichen Welt, in Teilen Osteuropas, Afrikas und Südamerikas auch auf eine Zahl von neun Milliarden Menschen übertragbar wäre? Schon jetzt finden kaum mehr als zwei Milliarden Personen Platz an diesem reich gedeckten Tisch. Vor allem demografische Vorhersagen zielen in die Zukunft. Und in Bezug auf die kommenden Jahrzehnte besitzen sie eine hohe Präzision, da die Berechnungen der Altersstrukturen, der Generationsverteilungen und der geografischen Auswirkungen mit Fluktuationen von Menschen arbeiten, die alle bereits geboren sind.

Einer meiner Arbeitsschwerpunkte als Soziologe ist seit dreißig Jahren der demografische Wandel. Schon in den 1960er-Jahren hat die Wissenschaft darauf hingewiesen, dass eine akute Altersproblematik ansteht, da im Verhältnis zu den immer älter werdenden Personen zu wenig junge nachkommen. Der demografische Wandel ist wissenschaftlich und publizistisch hervorragend ausgeleuchtet.[50] Die politischen Repräsentanten waren informiert. Man kannte also die Zukunft – eine der wenigen Sachlagen, zu der konkrete Vorausschau möglich war, und dennoch wurde umfassend verdrängt, ignoriert und gelogen. Schuldhafte Ignoranz und mangelndes Problembewusstsein haben dazu geführt, dass mögliche Maßnahmen zu spät und immer noch halbherzig angegangen werden. Allen älteren Bürgerinnen und Bürgern tönt es noch heute in den Ohren: Die Renten sind sicher!

Überalterung – oder besser: Unterjüngung – ist eine Entwicklung, die sich in allen westlichen Nationen und in Japan seit Jahrzehnten dramatisch vollzieht. Es geht um den Rückgang der Geburten, der ab einer bestimmten Wohlstandsschwelle als massive Dynamik in allen prosperierenden Ländern eintritt. Wie viel Zukunftskompetenz hätte man hier erarbeiten können, und welche Chancen für eine weitblickende Zukunftsnavigation hat man achtlos liegen lassen! Und bei diesen Gegebenheiten geht es weniger um mangelndes Wissen über die Zukunft als um eine schamlose Ignoranz gegenüber der Gegenwart und der vorliegenden Basis verlässlicher Aussichten. Hier wird offensichtlich, dass wir uns nicht nur den konkreten Bedrohungen stellen müssen, sondern auch den Gefahren einer nicht einschätzbaren

---

50 Vgl. hierzu Druyen 2003.

1 Wie kommt die Zukunft zustande?

Verdrängung. Wir leben in sich selbst organisierenden Systemen. Familien, Unternehmen, Städte und Nationen versuchen, Fehlentwicklungen durch Rückkopplungen zu kompensieren. Diese Rückkopplungen an sich abprallen zu lassen und die Konsequenzen des eigenen Handelns zu verschleiern, widerspricht aller Vernunft.

Die Zukunft ist das Ergebnis unseres gegenwärtigen Handelns. Diese Einsicht wird von einer Fülle von Büchern mit wissenschaftlicher Gradlinigkeit und glaubwürdigen Begründungen bestätigt.[51] Deshalb sollte man diesen Satz nicht als selbstverständlich abtun, sondern ihn an den eigenen Lebensverhältnissen überprüfen. Die Zukunft wird immer wieder neu im Spannungsfeld zwischen Bildungsbereitschaft und Krisenprävention entschieden. Sie ist das Resultat systemischer Vernetzungen, und die lassen sich auch nicht von Giganten im wirtschaftlichen oder politischen Bereich nach eigenem Gutdünken manipulieren. Im Gegenteil: Wer die Zukunft als Schutzbunker der persönlichen Interessen behandelt, macht sich selbst zum Saurier, dessen Schicksal über kurz oder lang besiegelt ist.

Die Zukunft ist das Ergebnis unseres gegenwärtigen Handelns.

Eine ethische und humane Forderung, die sich seit Jahrhunderten gegen die jeweiligen Tatsachen Gehör verschaffen will, erschallt unüberhörbar immer lauter: Der Mensch steht im Mittelpunkt. Gerade das Aufbegehren in vielen Teilen der Welt gegen menschenverachtende Regime, gegen die einseitige Herrschaft des Kommerzes oder für die längst überfälligen Rechte der Frauen werden zu unmissverständlichen Forderungen nach Veränderung. Der Wille, sich endlich aus der Umklammerung heuchlerischer Vormundschaft zu befreien, platzt aus allen Nähten. Nicht nur Bienen und Ameisen haben ein gemeinsames Ziel. Gerade die Menschen sind durch die Struktur ihrer Innerlichkeit auf Engste miteinander verbunden.

Solange wir die Kontrolle der Außenwelt anderen überlassen, die nicht die Interessen des Ganzen vertreten, werden wir marginalisiert und gegeneinander in Stellung gebracht. Es gilt, die Fahnen der Empörung zu hissen und unmissverständlich klarzumachen, dass wir uns nicht länger mit Zukunftsillusionen abspeisen lassen. Machen wir uns den Satz von George Bernhard Shaw zu eigen und brechen wir auf, eine neue Welt zu errichten:

---

51 Vgl. z.B. Diamond 2005, Smith 2010, 37, Leggewie/Welzer 2009, Welzer 2019 und Lobo 2019.

III Vertiefung und Ausblick: Die Zukunft des Handelns

> „Man gibt immer den Verhältnissen die Schuld für das, was man ist. Ich glaube nicht an die Verhältnisse. Diejenigen, die in der Welt vorankommen, gehen hin und suchen sich die Verhältnisse, die sie wollen, und wenn sie sie nicht finden können, schaffen sie sie selbst."[52]

Trotz solcher wohlklingenden Sätze muss man sich fragen, wer tatsächlich in der Lage und willens ist, sich zu verändern und seine Zukunft in die eigenen Hände zu nehmen. Der Radius des Wandels ist für diejenigen, die in extremer Armut gefangen sind, furchtbar begrenzt. Wenn der letzte Ausweg in einer unerreichbaren Zukunft liegt, steckt man endgültig bis zum Hals im Elend. Während für die Hungernden schon das Erreichen des Abends eine Herausforderung darstellt, sind die Begüterten und Mächtigen weitgehend mit der Verlängerung ihrer Gegenwart beschäftigt, um keinesfalls ihren Status quo zu verlieren. Es bleiben circa drei Milliarden Weltbürger übrig, die zumindest theoretisch die Chance besitzen, sich in Zivilgesellschaften neu aufzustellen. Gelingt es dem normalen Menschen, allmählich Einsicht in die systemische Vernetztheit des Lebens zu gewinnen, kommt eine unaufhaltsame Transformation in Gang. Dann treten an die Seite der Menschenrechte, die man anderen zu gewähren hat, jene Menschenpflichten, die auszuüben man selbst bestimmen kann. Wer die Folgen seines Nichtstuns abwartet, hat den Löffel bereits abgegeben. Nur wenn wir an der Bestimmung der zukünftigen Ereignisse aktiv teilnehmen, sind wir auf den Zug der Veränderung aufgesprungen.

Die skizzierten Bedrohungspotenziale sind keine zukünftigen Ereignisse, die uns wohlmeinende Politiker, Politikerinnen und großzügige Bestsellerautoren ersparen können. Als medial aufbereitete Horrorszenarien wirken sie wie Rauchbomben, die den Blick auf die Vielzahl der Krisenquellen eher vernebeln, als Aktivitäten zu motivieren. Der universelle Glaube an Wachstum und Geldvermehrung hat sich zu einem allgemeingültigen Credo verdichtet, ohne das eine Brücke in die Zukunft undenkbar erscheint. Selbst ernsthafte Versuche der Problembewältigung unterliegen der markanten Einschränkung, dass es sich um profitable Lösungen handeln muss. Aber: Das ökonomische Dogma evoziert ein systemisches Desaster. Die Zahl der technisch möglichen und sozial oder ökologisch machbaren Lösungen wird künstlich auf eine viel kleinere Menge profitabler Alternativen reduziert. Und diese vorsätzliche Verknappung der Auswege dient nur jenem kleinen

---

52 https://gutezitate.com/zitat/136173 (abgerufen am 02.04.2023).

1 Wie kommt die Zukunft zustande?

Teil von Privilegierten, die dominanten Zugang zu den sogenannten Märkten haben und endlose Investitionen tätigen können. Drei Viertel der Menschheit werden durch dieses bewusste Ausschlussverfahren zu einer Secondhand-Existenz verurteilt. In diesem Zusammenhang noch den Begriff der Menschenrechte in den Mund zu nehmen, kann als Verhöhnung des gesunden Menschenverstandes gewertet werden. Lassen wir uns nicht länger hinters Licht führen: Die furchteinflößenden Zukunftsfiktionen sind nichts anderes als ein Spiegel der gegenwärtigen Herrschaftsverhältnisse. Es handelt sich eben nicht nur um Sachzwänge, sondern um die Resultate von menschengemachten Entscheidungen – unter weitgehendem Ausschluss der Öffentlichkeit. Die Geißel der Zukunft ist eine Blaupause der Gegenwart. Dies bedeutet, nicht länger statt des angekündigten Guten das konsequent Falsche zu realisieren, sondern das offensichtlich Schlechte und Verhängnisvolle umgehend und konkrethisch abzustellen. In der Beseitigung der Armut liegt in diesem Sinne eine vorrangige Aufgabe. Obwohl die finanziellen, technischen und logistischen Voraussetzungen zur Lösung dieser Problematik im Überfluss vorhanden sind, fehlt zur Umsetzung die Willens- und die Durchschlagskraft. Ökonomisches Kalkül und moralische Notwendigkeit stehen in einem unausgesprochenen Wettstreit, in dem die Minderheit der Profiteure die Fäden zieht und die Mehrheit mit immer neuen Versprechungen in Schach hält.

Banal gesagt: Über die Zukunft entscheiden nur wenige. Wie kann das sein und was machen die anderen?

Wie wir wissen, ist die Fähigkeit zum Mitgefühl bei den allermeisten Menschen tief verwurzelt und lebendig – und damit auch die Einsicht in gegenseitige Abhängigkeiten. Diese gemeinschaftliche moralische Grundlage wird durch eine profit-, herrschafts- und religionsorientierte Logik ständig und bewusst unterlaufen. Das Abschließen von Wetten auf die Zukunft in der Finanzwirtschaft ist ein repräsentativer Beleg für die völlige Ausschaltung der Verantwortung. Solange wir im Meer der Gleichgültigkeit einigen egomanen Kapitänen das Ruder überlassen, bleibt die geistige Sklaverei selbst gewählt. Unsere Hoffnung auf Zukunft wird zweckentfremdet, um uns an der Nase herumzuführen. Wenn wir wirklich etwas ändern wollen, für uns selbst und die uns umgebenden Kreise, liegen die Angriffsflächen

III Vertiefung und Ausblick: Die Zukunft des Handelns

einzig und allein in der Gegenwart. Die Frauen im Iran setzen beispielhaft und heroisch dort an. Ihr unvorstellbarer Mut, das Unmögliche zu wagen, wird zum Hammer des Handelns. Ihr Schicksal ist Teil unserer Zukunft. Die Gemeingüter dieser Welt, vom Frieden bis zur Toleranz, von der Würde bis zum Anderssein, von den Bodenschätzen bis zur Bildung, gehören allen Bewohnern dieses Planeten. Solange sich materielle und konkrethische Eigentumsrechte aus willkürlicher Machtaneignung und monetärer Verfügungsgewalt ableiten, bleiben mehr als fünf Milliarden Menschen ausgeschlossen. Die Ausweglosigkeit ihrer Zukunft wird dadurch verschleiert, dass der Begriff der Globalisierung suggeriert, wir würden in einer gemeinsamen Welt leben. Das ist medial und geografisch richtig, steht jedoch in krassem Widerspruch zu den weit auseinanderliegenden Lebensbedingungen. Für große Teile der Weltbevölkerung unterscheiden sich die Umstände ihres Alltags wenig von Zeiten, die anderenorts 200 bis 300 Jahre zurückliegen. Solange rund 2,6 Milliarden Menschen alltäglich ihre Notdurft in Eimern, Plastiktüten, auf Äckern oder öffentlichen Plätzen erledigen müssen, wirken futuristische Hochglanzszenarios wie Smart Cities oder Weltraumtourismus unerträglich zynisch.

Noch immer ist die eine, gemeinsame Welt nicht annähernd Realität. Sie muss erst gedacht und gewollt, erkämpft und schrittweise realisiert werden. Noch sind wir in einer unüberschaubaren Vielfalt unterschiedlicher, miteinander vernetzter Welten gefangen, die jede für sich einen Weg in die Zukunft finden muss. Gemeinsam können wir die Verantwortung übernehmen, um diese vielen kleinen Schritte zu befördern. Noch gibt es eine kleine Gruppe von Herrschenden und ein Massenheer von Untertanen. Für die einen ist die Weltraumforschung von konkretem Zukunftsinteresse, für die anderen ist es die Frage einer verfügbaren Toilettenspülung. Die Zukunft steckt zwischen beiden Extremen. Zwischen Eigennutz und Nächstenliebe, zwischen Skrupellosigkeit und Verantwortung, zwischen Gier und Weitsicht müssen wir eine neue Stufe in der Zivilisationsentwicklung erklimmen. Der latente Hauptkrieg, der in der Gegenwart wütet, liegt in der gewaltigen Diskrepanz unterschiedlicher Lebensqualitäten. Um diesen fatalen Irrweg zu verlassen, müssen wir unser Denken verändern. Die Bereitschaft, sich stets weiterzuentwickeln, sich als Teil unterschiedlicher Systeme zu begreifen, Urteile zu fällen und Entscheidungen zu treffen, dokumentiert den Wandlungswillen. Hektische und insulare Aktivitäten, deren Folgen wir nicht überschauen, erzeugen Unvorhersehbarkeit und Abhängigkeit. Jeder Krieg,

1 Wie kommt die Zukunft zustande?

jede Katastrophe und jede Krise schaffen neue Feindschaften, die eine friedlichere Koexistenz in der Zukunft belasten.
Nach menschlichem Ermessen sind in den kommenden Jahrzehnten weitere Auseinandersetzungen vorgezeichnet, die durchaus auch Atom- oder Weltkriege einschließen. Zugleich wartet die gesamte Menschheit auf ein Zeitalter der Eintracht. Seit ewigen Zeiten besteht der Traum einer Welt ohne kriegerische Konflikte. Der indische Literaturnobelpreisträger Rabindranath Tagore sah schon vor Jahrzehnten, dass sich in der Stärke der Waffen die Schwächen der Menschen zeigen. Jahrtausende der Feindschaft sind jedoch nicht einfach abzuschütteln. Sehnsüchtig erwarten wir ein neues, universelles System, das für alle gültige moralische Werte vereinbart. Ein alternatives Angebot für die Zukunft als individueller Kompass ist die Konkrethik, die in Kapitel I.3 bereits erläutert wurde. Dabei geht es keineswegs um eine Abrechnung mit der Vergangenheit, sondern um gegenseitiges Zuhören und Verstehen. In diesem Sinne liegen in der Vergebung und Versöhnung die größten Zukunftskompetenzen.
Einen spektakulären, geradezu legendären Versuch haben wir mit der südafrikanischen Wahrheits- und Versöhnungskommission vor Augen. Ideale Befriedung wird es im menschlichen Zusammenleben wohl nie geben, und eine Verankerung der Versöhnungsbereitschaft im gesunden Menschenverstand kann weder verordnet noch zwanghaft erzeugt werden. Aber eine wertorientierte Mehrheit, die sich als Akt der Freiheit und der Mündigkeit zusammenrauft, kann Berge versetzen. Diese individuelle und universale Tugend ist stärker und verbindender als alle Herrschaftsansprüche. Sie bedarf des Mutes und der Zivilcourage und ist das signifikanteste Zeichen eines Neuanfangs. Nur ein Chor versöhnungsbereiter Völker kann die Stimmen der Machthaber und Vorteilsnehmer übertönen und den Reflex der Rache, der Skrupellosigkeit und des Größenwahns überlagern.
Leichter gesagt als getan – darum brauchen wir konkrethische Ziele und einen veränderungsfähigen Geist. Jetzt bin ich etwas hoch geflogen, aber dieser Helikopterblick hilft uns hoffentlich, ein Big Picture zu gewinnen. Aber wenn wir das Schachbrett nicht kennen, auf dem gespielt wird, können wir keine richtigen Züge machen. Kommen wir zurück auf den Boden der gegenwärtigen Perspektiven: Noch nie gab es so viele Visionen und Zukünfte. Der Mars ist erreichbar, der Weltraum voller Rohstoffe, Künstliche Intelligenz dirigiert die Datenströme, das Metaversum ermöglicht eine zweite virtuelle Existenz, Krebs kann besiegt werden, die Zahl der Hundertjäh-

III Vertiefung und Ausblick: Die Zukunft des Handelns

rigen steigt immer weiter. Und wir haben erstmals eine Jugend, die digital und mit Künstlicher Intelligenz aufwächst und technische Möglichkeiten wie Smartphone, Virtual-Reality-Welten, Avatare oder Gamingsysteme völlig natürlich nutzt und als organische Lebensbestandteile verinnerlicht. All diese Veränderungen sind das Ergebnis exponentiellen Wachstums und uns erst in den letzten zwanzig Jahren bewusst und ermöglicht worden.

Was für eine gigantische Beschleunigung! Die Zukunft kommt schneller als jemals zuvor – und dies wird so weitergehen, wahrscheinlich nur schneller.

Die Zukunft kommt schneller als jemals zuvor!

Diese rasende Entwicklung ist gleichzeitig eine riesige Überforderung unseres Geistes, unserer Gefühle und unserer Kompetenzen. Wir haben uns noch nicht neu kalibriert, angepasst und ausgerichtet.

Die Jugend, die in diese neue Welt hineingeboren wurde, hat dies spielerisch vollzogen. Aber alle älteren Generationen, die überwiegend mit linearen Prozessen sozialisiert wurden, müssen diese neue Herausforderung erlernen. Es geht darum, schneller als jemals zuvor Entscheidungen zu treffen, Fehler zu machen, um daraus blitzschnell zu lernen und mit anderen Menschen kollegial, über viel Unterschiede hinweg, teamfähig zu werden. Es klingt albern, aber der Mensch 3.0 ist erforderlich. Um dies in überschaubaren Schritten und in unterschiedlichen Gruppen zu verstehen, zu erlernen und umzusetzen, haben wir die „Prethinking the Futures" Work- und Mindshops entwickelt.

Eine große Widersprüchlichkeit sollten wir uns noch klarmachen. Wenn es immer schneller geht, wenn immer mehr Veränderung stattfindet und sich ungeahnte Möglichkeiten im Guten wie im Schlechten auftun, tillt unser Gehirn, es dreht durch, es klinkt aus. Es ist so, als leben wir plötzlich in einem Land, dessen Sprache wir nicht verstehen und auch nicht sprechen. In dieser Situation bedrohen uns die vielen Zukünfte fatal und unser Handlungsrahmen wird immer kleiner bis zum Stillstand – no go. Daher ist es unabwendbar, sich diese neue Sprache der beschleunigten Veränderung anzueignen. Wir nennen das *Mindsetwandel* oder nach Albert Einstein: Probleme kann man niemals mit derselben Denkweise lösen, durch die sie entstanden sind. Zukunftspsychologie, Zukunftsnavigation, Prethinking, Vorausdenken und Voraushandeln sind Methoden, um die Denkweise der Zukunft zu üben und zu verinnerlichen.

2

Die Funktion der Unvorhersehbarkeit

Thomas Druyen

Wir sind am Ende unserer klassischen Erkenntnisfähigkeit angekommen. Wir brauchen ein neues Mindset. Um dieses zu entwickeln, beschäftigen wir uns hier mit der Zukunftsnavigation.

Es wurde offensichtlich, dass sich unsere Welt durch die exponentiellen Technologien und die Künstliche Intelligenz immer schneller verändert und wir nicht mehr richtig mitkommen, weil das Unvorhersehbare, das Neue und Überraschende unsere mentalen und organisatorischen Kompetenzen überfordert. Es stellt sich aber dennoch die Frage, ob das Unvorhersehbare nicht doch vorhersehbar war und ob wir lernen können, das Unvorhersehbare vorherzusehen, uns das Unvorstellbare vorzustellen und das Undenkbare zu denken.

Wir brauchen ein neues Mindset.

Meiner Ansicht nach müssen wir den klaren Zeichen der Zeit wesentlich mehr vorausschauende Aufmerksamkeit und folgenabschätzende Achtsamkeit widmen. Waren die Finanzkrise im Jahr 2008, das Desaster des Ukrainekrieges oder der Herrschaftsanspruch der chinesischen Führung wirklich nicht erkennbar? Signalisieren die Umweltkatastrophen, die Armutseskalation oder der Schuldenwahnsinn nicht eindeutig, dass unsere gegenwärtigen Lösungsstrategien falsch sind? Solange wir das Unvorhersehbare lediglich als Fehlentwicklung, Tragödie oder Verhängnis deuten, erliegen wir immer wieder der Illusion, dass die Zukunft eine Verlängerung des Status quo sein sollte. Unser fataler Hang, im Rückblick eine einzige wahre Wirklichkeit zu konstruieren, verstellt uns den Blick auf die tatsächliche Unübersichtlichkeit komplexer Verhältnisse. Und vor allem steckt darin die diskriminierende Zurückweisung all derjenigen Interpretationen von Wirklichkeit, die nicht die unseren sind, die uns nicht gefallen und die uns nicht passen.

Die Geschichtswissenschaft ist ein fantastisches Koordinatensystem unserer historischen Wahrnehmung. Jedes historische Ereignis besaß das Potenzial einer Fülle von Möglichkeiten, die, aus welchen Gründen auch immer, nicht zum Tragen gekommen sind. Aus west- und ostdeutscher Perspektive ahnen wir zum Beispiel, dass in 100 Jahren das Ende der DDR – je nach Kontext – vollkommen unterschiedlich interpretiert werden wird. Die Deutung der Geschehnisse ist abhängig von den dann herrschenden Macht- und Gesellschaftsverhältnissen, von den jeweils aktuellen Fragen und Konzepten. Wie hilft uns diese Erkenntnis im jetzigen Moment? In der Regel resultiert unsere Zukunftserwartung aus einer Analyse der Vergangenheit. Wir projizieren Wissen und Emotionen in die vor uns liegende Zeit und glauben, über Gewohnheiten und verlässliche Maßstäbe zu verfügen. Was wir damit geschaffen haben, ist ein Bezugsrahmen für auftretende Ereignisse. Auch das Unvorhergesehene wird im Rahmen des Bekannten interpretiert und instrumentalisiert. Daraus entsteht die Dynamik unseres Lebens. Nüchtern betrachtet laufen wir den Geschehnissen immer einen Schritt hinterher. Und dennoch umgeben sich die politischen Meinungsführer mit einer Aura der Zukunftskompetenz. Dieser Anspruch ist scheinheilig und ein Selbstbetrug. Die Realität zeigt uns unwiderruflich, wer wem hinterherläuft. Eine vernünftige Haltung zeichnet sich demgegenüber durch ein gewisses Maß an Demut und Bescheidenheit aus. Damit ist aber nicht nur eine charakterliche Haltung gemeint, sondern die ganz konkrete Überzeugung, sich mit der Unvorhersehbarkeit des Lebens auseinandersetzen und sie in ihrer Existenz anerkennen zu wollen. Die Annahme, dass wir gerade das erwarten sollten, was wir uns momentan noch nicht vorstellen können, führt zu einer feinfühligen Wahrnehmung von Anzeichen und Signalen. Vertrauen wir daher auf den klugen Satz des Aristoteles: „Es ist wahrscheinlich, dass etwas Unwahrscheinliches passiert."

Solange bestimmte Interessen den Weg der Problemlösung vorzeichnen, wird diese einseitige Willkür eine Vielzahl möglicher Alternativen auslöschen. Will man die Armut beseitigen, kann nicht jedes Land und jede Or-

2 Die Funktion der Unvorhersehbarkeit

ganisation ein eigenes Zaubermittel erfinden. Sicherlich ist es unverzichtbar, in Katastrophenfällen zu helfen – alle, so gut sie können. Aber zentrale, globale und effektive Lösungen wird es nicht geben, solange unzählige Interessenten die Unterstützung im eigenen Sinne selbst definieren. Die Verwüstungen im Ahrtal oder auf Haiti haben bewiesen, dass selbst ein warmer Regen der Mildtätigkeit die Zahl der Opfer nicht senkt, wenn es keine orchestrierte Frühwarnung gibt. Die vermeintlichen Erfolgsrezepte des 20. Jahrhunderts wie humanitäre und politische Interventionen bewirken in unserem Zeitalter zunehmend das Gegenteil, wenn sie nicht koordiniert sind. Diese Geschehnisse des Unvorhergesehenen sind nicht die Ausnahme, sondern die Regel. Die Zeichen der Zeit konkrethisch zu deuten, wird zu einer Überlebenskompetenz. Es geht darum, die Gegenwart mit einer gewollten Zukunft abzugleichen – und sich nicht die Zukunft in den Konturen der Vergangenheit auszumalen. Lieber jetzt eine Täuschung zugeben und entsprechend konsequent handeln, als ängstlich oder ignorant auf überkommenen Überzeugungen zu beharren und die Glaubwürdigkeit grundsätzlich immer weiter aufs Spiel zu setzen.

Daher ist es existenziell, sich mit vorhersehbaren Problemlagen und Tendenzen unmittelbar und konkret auseinanderzusetzen. Bereits unser Alltag bietet eine endlose Kette von – oft ungenutzten – Gelegenheiten zum Handeln. Beziehungskrisen, Unstimmigkeiten in der beruflichen Kommunikation, Missverständnisse unter Freunden oder familiäre Zerwürfnisse – immer gibt es Anzeichen und verletzte Gefühle, die ein präventives Verhalten ermöglichen. Warum versäumen wir so oft die Gunst der Stunde? Warum laufen wir stattdessen immer wieder der eigenen Unzulänglichkeit hinterher? So kennen wir es aus unserem persönlichen Umfeld. Übertragen wir diese Haltung auf eine globale Ebene, ergeben sich beängstigende Dimensionen. Der US-amerikanische Schriftsteller Nicholson Baker hat mit seinem Buch „Menschenrauch. Wie der Zweite Weltkrieg begann und die Zivilisation endete" (2009) eine denkwürdige Dokumentation vorgelegt, die das ganze Ausmaß fehlender Geistesgegenwart aktenkundig macht. Jetzt aber steht die Frage im Vordergrund, ob wir nicht in der Gegenwart, auch wenn sie schon von vielen Fachleuten analysiert und interpretiert worden ist, Hinweise zur Reduzierung des Unvorhersehbaren finden. Die historische Größenordnung des gewählten Beispiels zeigt, dass die unterlassene Deutung des Augenblicks kriegstreibende Folgen haben kann, mitunter von epochalem Ausmaß. Das Ungewöhnliche an Bakers Buch sind seine Fragestellung

III Vertiefung und Ausblick: Die Zukunft des Handelns

und die Anordnung des gefundenen Materials. Er arbeitet eben nicht wie ein Historiker, der vom Ergebnis her argumentiert, sondern umgekehrt. Er stellt Zeitungsartikel, Augenzeugenberichte und Sätze aus Büchern zusammen, die aus einem Zeitraum von 1892 bis 1941 stammen. So erhalten wir die Gelegenheit, die Zeit des Grauens von ihren Anfängen her wahrzunehmen. Der Gedanke ist brillant und die Umsetzung verstörend. Natürlich ist auch diese Auswahl eine Art der Interpretation. Mit einem anderen Darstellungsziel hätte man andere Perspektiven befördern können. Entscheidend für unseren Zusammenhang ist die hypothetische Frage, ob die ultimative Katastrophe hätte verhindert werden können.

Bakers Werk bestätigt die Vermutung, dass wir dazu neigen, erst dann zu handeln, wenn konkrete Fehlentwicklungen bereits eine nicht mehr zu leugnende Eigendynamik entwickelt haben. Dass wir mitunter Dinge nicht sehen, nicht sagen und nicht tun, ist keine Überraschung. Das Ausmaß dieser Hemmung sollte uns jedoch alle aufrütteln. An den Anfang seines Buches stellt Baker ein Zitat des Dynamit-Fabrikanten Alfred Nobel aus einem Gespräch mit der Friedensaktivistin Bertha von Suttner im Jahr 1892:

„Meine Fabriken werden vielleicht dem Krieg noch früher ein Ende machen als Ihre Kongresse. An dem Tag, da zwei Armeekorps sich gegenseitig in einer Sekunde vernichten können, werden wohl alle zivilisierten Nationen zurückschaudern und ihre Truppen verabschieden."[53]

Jeder Leser muss selbst entscheiden, inwieweit die Logik von Herrn Nobel dem guten Klang seines Namens gerecht wird. Hochrüstung als Mittel der Friedenspolitik zu interpretieren, mag unternehmerisch schlüssig sein. Faktisch wird eine Fülle vorhersehbarer und unvorhersehbarer Gelegenheiten für kriegerische Gewalttätigkeit produziert. Es ist immer wieder interessant festzustellen, wie Aussagen von hervorstechenden Persönlichkeiten im Trubel der Verehrung unbeachtet bleiben. Baker gibt uns eine Fülle von Kostproben, aus der ich drei Beispiele herausgreifen möchte. Am 18. September 1930 vermittelte Albert Einstein Berliner Reportern folgenden Eindruck:

„Es gebe keinen Grund zur Verzweiflung. Die Stimmen für Hitler seien nur ein Symptom – nicht notwendigerweise von Judenhass, sondern eher von momentanem

---

53 Baker 2009, 7.

2 Die Funktion der Unvorhersehbarkeit

Unmut, in den breite Massen von Deutschlands irregeleiteter Jugend angesichts des wirtschaftlichen Elends und der Arbeitslosigkeit verfallen seien."[54]

Kardinal Pacelli, Nuntius des Vatikans im Deutschen Reich, schrieb in einem Brief an die Deutsche Zentrumspartei im Sommer 1932:

„Der Papst sei besorgt über das Anwachsen kommunistischer Ideen in Deutschland und rate unserer Partei dazu, Hitler zum Kanzler zu machen."[55]

Und Winston Churchill schilderte in einem Artikel vom August 1937:

„Wer Herrn Hitler selbst begegnet ist, von Staats wegen oder auf gesellschaftlichem Parkett, fand einen hochkompetenten, kühlen, gut informierten Funktionär vor, mit angenehmen Umgangsformen und einem entwaffnenden Lächeln, und kaum jemand konnte sich seinem persönlichen Charme entziehen."[56]

Es wäre unangemessen, auf der Basis von vier Zitaten eine urteilende Interpretation zu wagen. Nach der Lektüre von Bakers Buch lässt sich jedoch festhalten, dass auch Autoritäten offenbar sehr irrtumsanfällig sein können. Aus der Geschichtsforschung wissen wir zugleich, dass viele Menschen die Gefahr gesehen und benannt haben, ohne den Verlauf der Ereignisse zu beeinflussen. Die Gründe für Vermeidung und Versäumnis sollten weiterhin von kompetenten Historikern durchdacht werden. Für unseren Zusammenhang ist lediglich die Frage wichtig, inwieweit das Unvorhergesehene sich bereits im Offensichtlichen verbirgt. Was Bakers Arbeit zeigt, ist eine Totalverkennung sich andeutender Prozesse – mit fatalen Auswirkungen. Aufgrund der uns bekannten Fakten über die nationalsozialistische Handlungspraxis erscheinen die Zitate abwegig und verrückt. Die Vorzeichen des Grauens wurden offensichtlich vollkommen falsch bewertet. Wie kann der Menschenverstand individuell und kollektiv so auf Abwege geraten? Offenbar kollabiert das Urteilsvermögen zum Beispiel, wenn sich ein in der Bevölkerung schwelender Hass gegen vermeintliche Feinde richten lässt. Der ins Licht gerückte Feind dient der Instrumentalisierung eigennütziger Ziele. Bakers Buch zeigt eindrücklich, dass das Unvorstellbare nicht andeutungslos vom Himmel fällt. Es gibt immer Spuren, die zum Unvorherseh-

---
54 Baker 2009, 28.
55 Baker 2009, 40.
56 Baker 2009, 83.

baren führen. Sie zu entlarven, kostet nicht nur Mut und Kraft, sondern manchmal das Leben.

Auch der Kalte Krieg hatte eine im eigenen Sinne ordnende Funktion. Selbst der Krieg gegen Putin stärkt Allianzen und offenbart Standpunkte. Immer wieder taucht ein ähnliches Muster auf. Sich gegen etwas zu richten, ist paradoxerweise ein Akt der Sinngebung. Wendet sich diese Energie gegen kriminelle und terroristische Gegner, sind Innen- und Außenwelt deckungsgleich. Ist aber der Feind nur ein Konstrukt, das der interessensichernden Manipulation dient, treten wir in die Sphäre der Neurose. Diese einseitige Aneignung scheint mir auch in China, Syrien oder im Iran vorzuliegen. Hier verliert der Menschenverstand automatisch seine Objektivität. Die resultierende Irritation macht es unmöglich, den Augenblick weitsichtig zu nutzen oder in der Gegenwart tolerant zu handeln. Man weiß nie, was tatsächlich geschieht, weil man ständig von externen Faktoren bedroht und beeinflusst wird. Das Handeln verwandelt sich in eine Abfolge von Reaktionen, und die Verantwortung ist nicht greifbar. Diese Form der Unvorhersehbarkeit ist selbst erzeugt, und dennoch kann man diesen Prozess nicht ohne Weiteres wieder rückgängig machen. Erst in der Eskalation wird offensichtlich, wohin uns das Ungelöste getrieben hat. Wir haben es also mit zwei Kategorien des Unvorhersehbaren zu tun, des selbst Geschaffenen und des Unabänderlichen. Der rote Faden der uns bekannten Wirklichkeit ist nur eine selbst geschaffene Interpretation unserer Vorstellungskraft. Alle anderen Alternativen versinken in einem Meer des Möglichen. Insofern kann man nur das als konkrete Maßnahme verstehen, was tatsächlich gelöst und umgesetzt worden ist. Diesem konkrethischen Anspruch Genüge zu tun heißt, das eigene Verhalten jederzeit auf seine möglichen Folgen hin zu bedenken und zu hinterfragen. Wer sich damit zufriedengibt, erst in der Rückschau Zusammenhänge zu begreifen, reduziert seine Möglichkeiten auf reine Kompensations- und Reparaturmaßnahmen.

Es ist verständlich, dass wir die vermeintlich leeren Räume der Zukunft mit Bezügen aus der Vergangenheit füllen wollen. Aber wenn wir die Erinnerung nur mit musealen Exponaten wachhalten, ohne im Einzelfall das kulturelle Veränderungspotenzial zu berücksichtigen, erzeugen wir ein schwerwiegendes Handicap. Tatsächlich wird endlos archiviert, konserviert, erinnert und auf den Sockel gehoben. Sinnstiftend wird diese Sammlungseuphorie aber nur dann, wenn wir die Erkenntnisse zur Gestaltung der Gegenwart nutzen. Die ideologische und merkantile Geschäftigkeit der Erinnerungs-

2 Die Funktion der Unvorhersehbarkeit

märkte deutet allerdings in eine andere Richtung. Das Kulturgut Geschichte ist längst unter den Hammer der Verkäufer und Aussteller geraten. Es veräußert und materialisiert sich in vielfältigen Handelsbeziehungen und wird zum lohnenden Geschäft. In dieser Form der Bewahrung tritt die Scheinheiligkeit zutage, das Historische als Produkt zwar zu schätzen, aber seine Umstände und seine Botschaft zu ignorieren. Dieser widersprüchliche Zynismus findet sich auch auf der Ebene des Gedenkens und Auszeichnens. Es vergeht kein Tag, der nicht einem erinnerungswürdigen Anlass gewidmet ist. Aber was nützt die feierliche Empathie, wenn trotz mahnenden Gedenkens die gesellschaftlichen Eskalationen unvermindert weitergehen? Auch die unaufhörliche Vergabe von Preisen und Ehrentiteln orientiert sich zu wenig an der konkrethischen Frage, was wirklich erreicht worden ist. Zwischen lobenswerter Intention und tatsächlicher Wirksamkeit liegen manchmal Welten, wie seinerzeit der Nobelpreis für Präsident Barack Obama deutlich gezeigt hat. Ich finde Obama persönlich außergewöhnlich, eine echte Erfrischung im Kabinett der Gefährlichen und Größenwahnsinnigen. Aber er erhielt den Friedensnobelpreis für etwas, das ihm perspektivisch gar nicht gelungen ist. Das Nobelkomitee begründete diese Auszeichnung mit seinen außergewöhnlichen Bemühungen, die internationale Diplomatie und die Zusammenarbeit zwischen den Völkern zu stärken. Vor allem wurden seine Fähigkeit der Hoffnungsvermittlung und seine Vision einer Welt ohne Atomwaffen gewürdigt. Insofern blieb die Belohnung eines konkreten Ergebnisses eher ein frommer Wunsch. Auf diesem Parkett kann man sich des Eindrucks nicht erwehren, dass viele Veranstalter mit den Preisverleihungen mehr beabsichtigen, als ausschließlich Leistungen auszuzeichnen. Oftmals sind die Preisträgerinnen oder Preisträger nur prominente Werkzeuge des Selbstmarketings.

Auf diese Weise funktionalisieren wir die Vergangenheit zum Beruhigungsmittel, um uns besser zu fühlen. Doch es führt dazu, dass wir uns ständig um die Zukunft sorgen, statt die Gegenwart vorausschauend zu gestalten. Das ist paradox. Der Aberwitz wird noch dadurch gesteigert, dass wir weder in der zur Interpretation freigegebenen Vergangenheit noch in der absehbaren Zukunft einen roten Faden erkennen. Warum werden Billionen Dollar in die Rettung von Banken investiert, während man die Rettung der Erde meist nur sprachlich aufrüstet? War die zeitweise Stilllegung der Zivilisation wegen Corona eine intelligente und präventive Maßnahme? Hätte man die Anzeichen für eine solche Pandemie nicht schon mindestens ein Jahrzehnt

III Vertiefung und Ausblick: Die Zukunft des Handelns

vorher erkennen können? Woher kommen die Billionen schnell verfügbarer Gelder, die Regierungen aus dem Hut zaubern? Wir wissen es: aus der Zukunft und zu Lasten der Kommenden. Auch die Themen Ökonomie und Ökologie werden mit extrem unterschiedlicher Ernsthaftigkeit betrieben. Die monetäre Dimension thront als höchste Kernkompetenz der Zivilisation über allem, während die uns bestimmende und umgebende Natur über den Status des Kalfaktors nicht hinauskommt. Diese Verschiebung ist mehr als nur neurotisch – sie ist psychotisch.

Schauen wir uns die Idee des ökologischen Fußabdrucks an: Dieser alljährlich vom kalifornischen Global Footprint Network herausgegebene Index berechnet den Verbrauch der natürlichen Ressourcen, die über den eigentlichen Bedarf des Menschen hinausgehen. Das Ergebnis dieser Untersuchungen zeigt, dass viele Menschen und Länder seit Mitte der 1980er-Jahre weit über ihre Verhältnisse leben. Im Jahr 2022 waren bereits Ende Juli alle zur Verfügung stehenden natürlichen Ressourcen aufgezehrt. Die restliche Zeit des Jahres leben wir sozusagen auf Pump. Ein normaler Bürger, der im letzten Quartal des Jahres über keine Mittel mehr verfügt, erklärt den Bankrott. Auf staatlicher und globaler Ebene gibt es die illusionäre Möglichkeit, sich beliebige Kredite aus der Zukunft zu holen. Die praktische Vernunft wittert in dieser wundersamen Geldvermehrung das Irreale, wie im Horror-Märchen. Wir sollten wesentlich strenger darauf achten, wem wir diese Verfügungsgewalt anvertrauen. Denn auch wenn wir heute die Schulden in die Wolken buchen, werden sie eines Tages als vernichtender Regen auf die folgenden Generationen herunterfallen.

Hört man sich dazu Aussagen und Versprechen von Politikern und Wirtschaftsbossen an, erkennt man gnadenlose Scheinheiligkeit. Der Ökonom Pavan Sukhdev hat errechnet, dass der Welt jedes Jahr Naturkapital im Wert von zwei bis fünf Billionen Dollar verloren geht. Da die Auswirkungen nicht unmittelbar und für alle gleichzeitig zu spüren sind, werden diese Zahlen in ganz unterschiedlichen Intensitäten wahrgenommen. Das fällt bei Finanzkrisen wesentlich leichter, da diese medial allgegenwärtig und ihre Folgen im täglichen Leben spürbar sind. Dieses erdrückende Defizit des Vorstellungsvermögens hängt mit der Schwierigkeit des Menschen zusammen, sich auf Veränderung präventiv einzustellen. Diese Schwerfälligkeit wird allzu oft genutzt, um Menschengruppen vor irgendeinen Karren zu spannen. Es ist jetzt an der Zeit, dieser Nebelkerzenwerferei eine konzertierte Anstrengung entgegenzusetzen.

2 Die Funktion der Unvorhersehbarkeit

 *Es geht um diese zukunftsfördernde Bemühung, Menschen und Unternehmen zukunftsfit zu machen.*

In psychologischen Büchern können wir nachlesen, dass das Denken des Menschen auf recht banalen Mustern basiert. Was man nicht hören, fühlen und sehen kann, liegt meist außerhalb der eigenen Beurteilungsfähigkeit. Die korrekte Übertragung von Statistiken und Zahlenmaterial in aktives Handeln gehört ebenso noch nicht zu den Routinen unseres Verstandes. So steht das eigene Konto oder die eigene Raumtemperatur dem Menschen schlicht näher als der globale Klimawandel. Da die Grundproblematik der Klimaerwärmung immer noch nicht zum inneren Allgemeingut gehört, ist es geradezu unmöglich, das Bedrohliche in der Zukunft zu antizipieren. Für unsere Handlungsfähigkeit sind wir aber auf das Lebensgefühl angewiesen, die Dinge weitgehend im Griff zu haben. Unsere Abhängigkeit von dieser Kontrollillusion wirkt wie ein abschirmender Filter gegenüber dem Beunruhigenden und dem Unvorhersehbaren.

Unser gewohnter Reflex ist das Festhalten an alten Einsichten und die Wiederholung des Mantras: So schlimm wird es schon nicht werden. Aber wir erleben jetzt bereits seit einem Jahrzehnt eine historische Paradoxie: Obwohl wir immer mehr wissen, handeln wir meist viel zu spät. De facto wiegt der Selbstbetrug schwerer als die Täuschung der anderen. Solange der persönliche Blick auf das Leben und die Welt individueller und kollektiver Beliebigkeit ausgeliefert ist, werden wir diese Paradoxie nicht in den Griff bekommen. Veränderung ist ein Prozess gegen eigene und fremde Widerstände. Dieses Wandlungsvermögen will gelernt sein und kommt ohne Ausbildung nicht zurande. Die konkrethische Denk- und Handlungsweise bietet den Ausgangspunkt, um einen gemeinsamen Status quo zu erarbeiten. Studien zur Persönlichkeitsforschung besagen, dass der Mensch mit zunehmendem Alter gegen Veränderungen aufbegehrt. Das Interesse an Neuem vermindert sich im Lauf der Lebensjahre. Diese Dynamik ist eine universale Erscheinung. Der Weg ist klar: Die Förderung der Wandlungsbereitschaft ist die einzige Chance, den Begleiterscheinungen der Unvorhersehbarkeit vernünftig entgegenzutreten. Forschungen haben ergeben, dass der Prozess der Verstetigung des Weltbildes schon mit 30 Jahren einsetzt. Überraschend ist, dass diese Stabilität ab dem

> **Obwohl wir immer mehr wissen, handeln wir meist viel zu spät.**

III Vertiefung und Ausblick: Die Zukunft des Handelns

60. Lebensjahr wieder in Bewegung gerät. Solche Altersangaben stehen natürlich in enger Verbindung mit den kulturellen Lebensumständen und variieren. Es ist aber ein wichtiger Anknüpfungspunkt, dass die Menschen prinzipiell nach Beendigung der Erziehung der Kinder und des Arbeitslebens wieder offener werden können. Es erscheint nachvollziehbar, dass das Festhalten am Bewährten Sicherheit suggeriert und Zukunftsängste reduziert. Darin liegt auch die Attraktivität der Gewissheiten begründet, die uns wie Scheuklappen vor störenden Befürchtungen und unliebsamen Zweifeln bewahren. Es entspricht einem inneren Bedürfnis des Menschen, Widersprüche zu unterdrücken. Diese Anlage kommt Despoten und Rechthabern zugute, die in der Verdrehung der Wirklichkeit eine scheinheilige Klarheit herstellen. Wir dürfen uns aber von scheinbaren Gewissheiten nicht länger an der Nase herumführen lassen. Jetzt geht es darum, den inneren Widersprüchen und äußeren Auseinandersetzungen mit Gefühl und Verstand auf den Grund zu gehen.

Die historisch einmalige Beschleunigung, die wir in den letzten Jahrzehnten erlebt haben, zwingt uns, neue und ungewohnte Einstellungen zum Unvorhersehbaren zu entwickeln. Eine Korrektur des bisherigen Verhaltens ist keineswegs unmöglich. Kanadische Psychologen haben nachgewiesen, dass Menschen in jedem Alter ihre Biografie als eine Kette von Wandlungen rekonstruieren. In der Erinnerung verfestigen sich vor allem einschneidende Zäsuren wie Todesfälle, Veränderungen des Wohnortes oder unverhoffte Lebenssprünge im Beruf oder im Privatleben. Es sind das Neue, das Unerwartete und das Unvorhergesehene, die wir als lebensbestimmende Einschnitte betrachten und woran wir uns erinnern. Außerdem: Unser Wunsch nach Kontinuität und die tatsächlich erlebten Veränderungen stehen ganz offensichtlich in einem widersprüchlichen Verhältnis. Diese Anlage müsste es uns eigentlich erleichtern, eine furchtlosere Einstellung zum Unvorhersehbaren zu verinnerlichen. Dennoch ist unübersehbar, dass in Zeiten der Unsicherheit das Materielle eine überzogene Ankerfunktion erhält. Wie wir uns in der Vergangenheit eingerichtet haben, um Orientierung zu schaffen, so ketten wir uns immer noch an materielle Güter, um Boden unter den Füßen zu haben. Dem schwer zu ertragenden Unvorhersehbaren setzen wir eine maßlose Übersteigerung des Besitzens entgegen. In der Wissenschaft wird dieser Vorgang als *Besitztumseffekt* bezeichnet. Darin kommt zum Ausdruck, dass man das eigene Gut im Vergleich zu anderen Gütern als wertvoller empfindet. Es konnte nachgewiesen werden, dass menschliches Be-

2 Die Funktion der Unvorhersehbarkeit

sitzstandsdenken einer neurophysiologischen Basis entspringt. Einige der Erkenntnisse, die sich daraus ergeben, tragen zu mehr Transparenz bei. Es klingt überraschend, dass der Verkauf eines persönlichen Gutes als Verlust empfunden wird. Noch bedeutsamer ist die Einsicht, dass die Reaktion auf Verluste stärker ausfällt als auf Gewinne. Dem Dogma der Gegenwart, der Mensch sei ein kalkulierender Rationalist, kann also getrost widersprochen werden. Der praktischen Vernunft leuchtet es unmittelbar ein, dass wir weitgehend von Emotionen getrieben werden. Deshalb bewerten wir unser Eigentum höher als das der anderen. In diesem Sinne verfahren wir auch mit Besitztumsansprüchen erst einmal schlicht egoistisch. Das Phänomen der Verlustangst steht demnach in Wechselwirkung mit dem Besitztumseffekt.

Je stärker die Angst vor Verlusten oder der tatsächliche Verlust verbreitet ist, desto stärker fühlt sich der Mensch an die verbleibenden materiellen Sicherheiten gebunden.

Diese Dynamik fördert nicht das Mitgefühl oder die Intention des Teilens. Auch Großzügigkeit ist ein menschlicher Reflex, aber um sie zu systematisieren, brauchen wir entsprechende Aufklärung und Bildung. Sie eröffnen uns die Chance zu lernen, wie wir besser von uns selbst abstrahieren können. Die reflexhafte Wahrung des eigenen Vorteils kann ungeahnte negative Konsequenzen haben. In einer globalen Gesellschaft erzeugen unsere bisherigen Strategien der Selbstbehauptung auf vielen Ebenen eine zusätzliche Beschleunigung des Unvorhersehbaren. Einige Beispiele aus dem Alltag möchte ich zur Erläuterung noch anführen.

Vor einigen Jahren hat es in meinem Wohnort zweimal tagelange Schneefälle gegeben. Die Schneemassen mögen für unsere Verhältnisse enorm gewesen sein, aber es handelte sich keineswegs um katastrophale Jahrhundertereignisse. Überraschend war die allgemeine Verwunderung, dass sich der Winter erdreistet, eigenmächtig so viel Schnee fallen zu lassen. Auch Glatteis und Verkehrsbehinderungen wurden wie apokalyptische Schicksalsschläge bewertet. Wie massiv schon 30 Zentimeter Schnee im Flachland das Gleichgewicht torpedieren, erschien mir seltsam. Diese Verwunderung wurde allerdings noch gesteigert durch die Reaktionen von Politik und Medien sowie das Dienstleistungsversagen von Verwaltungen und Unternehmen.

III Vertiefung und Ausblick: Die Zukunft des Handelns

Wie konnte einer Autobahnmeisterei bei angekündigtem Wintereinbruch das Streusalz ausgehen? Wieso verhielten sich die Verantwortlichen der Flughäfen in Düsseldorf, aber auch in Paris und Frankfurt so, als sei der Schnee ohne Warnung aus heiterem Himmel auf ihren Startbahnen gelandet? Welches Vertrauen sollen wir der Logistikbranche entgegenbringen, wenn bereits gefrorenes Wasser unseren Lebensrhythmus total durcheinanderbringt? Wenn sich schon Unvorhergesehenes ergibt, weil das Vorhersehbare ignoriert wird, potenziert sich die Krisenanfälligkeit um ein Vielfaches.

Sobald in diesem Zusammenhang an vorausschauende Verantwortung erinnert wird, fällt bei den Angesprochenen ein Vorhang der Entrüstung. Jeder Vorwurf der möglichen Nachlässigkeit oder schlechten Planung wird mit endlosen Erläuterungen eingeschläfert. Organisatorische Prävention ist offenbar eine Schwachstelle. Wie sieht es auf der persönlichen Ebene aus? Während des genannten Schneechaos konnte ich in einem nahegelegenen Einkaufszentrum menschliche Szenen beobachten, die mir ebenfalls einen beängstigenden Ausblick auf Zeiten des Mangels gestatteten. Durch die Behinderung der Transportwege hatten sich die Regale im Supermarkt gelichtet. Im gutbürgerlichen Umfeld ließen sich mit einem Mal entlarvende Charakterstudien betreiben. Das eingebildete Recht der sich stärker und privilegiert Fühlenden, verbunden mit einer entsprechenden Selbstbedienungsmentalität, kam in vielen peinlichen Szenen unverstellt zum Ausdruck. Sollte es – auch im Umfeld hoher Lebensqualität – jemals zu wirklichen Versorgungsengpässen kommen, werden wir ein hartes Erwachen aus allen Gemeinschaftsbekundungen erleben. Viele Menschen betrachten das Leben immer noch mit Klassen- und Kastenetiketten. Wenn wir nicht auf breiter Linie mit konkreter Bewusstseinsarbeit einschneidende Veränderung erreichen, werden reale Betroffenheiten und Engpässe unvorhersehbare Entgleisungen heraufbeschwören. Einen sprachlichen Vorgeschmack erleben wir auf vielen Kanälen der sozialen Netzwerke.

Um nicht immer das Beispiel der COVID-Pandemie zu verwenden, greife ich zurück auf den Vulkanausbruch in Island im Jahre 2010. Die Aschewolke des Eyjafjallajökull versetzte einen ganzen Kontinent in unvorhergesehene Lähmung. Der europäische Luftraum wurde geschlossen, die Versorgung gekappt. Termine wurden gekippt, und tägliche Kosten von Hunderten Millionen Euro erzeugt. Es war unschwer zu erkennen, wie schnell wir zum Spielball höherer Gewalten werden. Stellvertretend für andere Naturkräfte

2 Die Funktion der Unvorhersehbarkeit

hat uns der Vulkan vor Augen geführt, wie verletzlich unsere Position prinzipiell ist. Aber aus der menschlichen und institutionellen Ignoranz entstehen auch virtuelle Gefahren, die jene der physischen Bedrohung bei weitem übersteigen. Der tatsächliche Vulkanausbruch war nur die eine Seite der Medaille. Auf der anderen Seite machten waghalsige Computerprogramme und Softwaresimulationen spekulative Vorhersagen, die das Bedrohungspotenzial noch anheizten. Dies wiederum tauchte bei Corona ebenso auf, als sich hochkompetente Mediziner oder Pamphlete digitaler Informationstechnologen ständig widersprachen. David Gelernter, Professor für Computerwissenschaften, sieht uns in einer Aschewolke aus Antiwissen gefangen, „wenn Softwaremodelle falsche Vorhersagen treffen, die durch das ehrwürdige Imprimatur der wissenschaftlichen Priesterschaft abgesegnet, von der Presse wie ein hässliches Gerücht in Umlauf gebracht, von den Vereinten Nationen überhastet gebilligt und von Politikern auf der ganzen Welt zur Grundlage ihres Handelns gemacht werden".[57] Man muss davon ausgehen: Wenn wir uns den eigenen Untergang vorhersagen, dann kann diese Simulation tatsächlich zu seinem Eintritt beitragen. Seien wir also gewarnt vor unserer eigenen Phrasendrescherei. Tektonische, kosmische und atmosphärische Gewalten werden auch in Zukunft mit den Mitteln der Wissenschaft und der Vernunft nicht zu steuern sein, aber sie sind weitgehend vorhersehbar und kündigen sich immer vorher an. Natürlich sind der Vorlauf der Gefahr eines Erdbebens und der eines Kometeneinschlages sehr verschieden. Da wir bei vielen lebenswichtigen Themen nicht zu einer verlässlichen und rationalen Aussage gelangen, haben wir nur eine Option: Wir müssen alle vorausschauend, aufrichtig und jederzeit lernwillig werden.

Die Unvorhersehbarkeit zwingt uns, alle Lektionen der Flexibilität und des Wandels zu verinnerlichen. Delegieren wir diese Verantwortung nur an virtuelle Programme, bedeutet das weitgehende Selbstaufgabe und grenzenlose Abhängigkeit. Die Furcht, die das Phänomen der Unvorhersehbarkeit in uns weckt, speist sich aus dem scheinbar unerträglichen Verlust von Sicherheit und Gewohnheitsanspruch. Mit vielen Überraschungen und Eskalationen hat man letztlich irgendwie gerechnet. Was immer passiert, man hat geahnt, dass es geschehen könnte. Statt ständiger Selbstbehaup-

Wir müssen alle vorausschauend, aufrichtig und jederzeit lernwillig werden.

---

57 Gelernter 2010, 29.

III Vertiefung und Ausblick: Die Zukunft des Handelns

tung sind es diese Erfahrungen aus der Geschichte, die uns die Zukunft nahebringt und das Spiel der Veränderung trainieren lässt. Im Deutschen Historischen Museum in Berlin findet bis 2024 eine Ausstellung statt, die sich mit diesem Aspekt beschäftigt: „Roads not taken. Es hätte auch anders kommen können" spekuliert als gedankliche Übung darüber, wie die deutsche Geschichte auch anders hätte verlaufen können – zum Beispiel, wenn die Atombombe nicht auf Hiroshima, sondern auf Ludwigshafen gefallen wäre. Allein dieser spekulative Einfall zwingt uns, neu zu denken. Er macht sehr klar, dass die eingetretene Wirklichkeit immer nur eine Option von unübersehbar vielen anderen Möglichkeiten ist. Die Wirklichkeit ist nach vorne und nach hinten optional. Es ist keine Esoterik, wenn man heute sagt, dass alles mit allem zusammenhängt. Kleinste Veränderungen können in allen Bereichen ungeahnte Auswirkungen hervorrufen. Wir tun gut daran, prinzipiell alles für möglich zu halten. Ein letztes Beispiel für das Unvorhersehbare will ich kurz anführen.

Die Erforschung des Himmels und des Urknalls sind faszinierende Themen, weil sie die Menschheit insgesamt betreffen. Die diesbezüglichen Erkenntnisse der Wissenschaften markieren einen wichtigen Beitrag zu unserer Geschichte. Die Himmelskunde wurde schon im dritten Jahrtausend vor Christus etabliert. In der griechischen Antike begann dann auch eine theoretische Auseinandersetzung mit diesem Thema, die als eine Initialzündung für die spätere Wissenschaft bezeichnet werden kann. In der belegbaren Menschheitsgeschichte ist man die meiste Zeit von einem statischen Universum ohne Veränderung ausgegangen. Auch der große Aristoteles war dieser Ansicht. Mit Galileo Galilei begannen dann 1609 teleskopische Beobachtungen, die den Himmel immer weiter und größer erscheinen ließen. Aber noch vor rund 100 Jahren glaubte man, dass unsere Galaxis das gesamte Universum sei. Die Milchstraße wurde als isolierter Sternenhaufen betrachtet, umgeben von unendlicher Leere. Erst im 20. Jahrhundert kam man zu der ungeheuerlichen Erkenntnis, dass unsere Galaxie nur eine von über 400 Milliarden im beobachtbaren Kosmos ist. In den 1920er-Jahren führten Beobachtungen bei weit entfernten Galaxien sowie Einsteins Gravitationstheorie zur spektakulären Einsicht, dass der Raum gekrümmt ist und sich das Universum ausdehnt. Es muss also vor endlicher Zeit aus einem Punkt hervorgegangen sein. Damit war die Theorie des Urknalls als Anfang der Zeit konstituiert. Seither sind viele Erkenntnisse und Erklärungsmöglichkeiten hinzugekommen, die unsere Vorstellungen über den Haufen gewor-

2 Die Funktion der Unvorhersehbarkeit

fen haben. Ob allerdings unser bewohnter Planet nur einer von vielen ist, können wir noch nicht beantworten. Sicher ist, dass unsere Suche nach den Anfängen unweigerlich weitergeht. Superstrings und schwarze Löcher, kosmisches Vergessen und dunkle Energie – der Himmel bleibt ein unerschöpfliches Forschungsfeld: Gerade auf diesem zentralen Gebiet erweist sich die Unvorhersehbarkeit als Konstante.

Wir müssen uns damit abfinden, dass die Summe des Unbekannten bis auf Weiteres unverhältnismäßig größer bleibt als unser angesammeltes Wissen. Sowohl in der planetarischen Dimension als auch auf der individuellen Ebene bedeutet Leben Veränderung. Wenn man vor diesem Hintergrund immer so bleiben will, wie man ist, wenn man immer nur wachsen oder gewinnen will und sich selbst zum alleinigen Maßstab macht, dann hat man die Struktur des Lebens schlicht und einfach verkannt.

> *Wir müssen uns damit abfinden, dass die Summe des Unbekannten bis auf Weiteres unverhältnismäßig größer bleibt als unser angesammeltes Wissen.*

Aber erst in unserem Jahrhundert, mit all seinen technischen und globalen Vernetzungsmöglichkeiten, erfordert diese immer schon gültige Einsicht eine ultimative Wandlungsbereitschaft auf allen persönlichen und gesellschaftlichen Ebenen. Denn heute stellt sich die konkrethische Frage: Wollen wir den Artefakten unserer menschlichen Begabungen weiter blind hinterherlaufen oder eine neue Architektur der Welt entwerfen? Wenn dies, wie auch immer, gelänge, läge auch darin keine Gewähr für Planungssicherheit, denn die Dynamik des Unvorhersehbaren wird weiter wirken. Aber zumindest bestände die Chance, sich in präventiven Dimensionen zu bewegen, die einem gesunden Menschenverstand nicht länger diametral entgegenwirken. Erich Fromm hat – hier mit meinen Worten ausgedrückt – den klugen Hinweis gegeben, dass selbst die Geburt kein augenblickliches Ereignis sei, sondern ein lebenslanger Prozess. Für ihn besteht das Ziel eines individuellen Lebens darin, ganz geboren zu werden. Die Tragödie sei, dass die meisten Menschen sterben, bevor sie ganz geboren sind. Dies sind tiefgreifende und wertvolle Überlegungen, aber bloß als Lektüre oder Kalenderblatt gänzlich unwirksam. Natürlich habe ich jetzt nochmals sehr weit ausgeholt und man darf fragen, was diese Höhenflüge für ein Work- und Mindshop-Szenario bringen: Sie sollen eine Ermutigung sein. Sie zeigen, dass wir alle an der Zukunftsgestaltung beteiligt sind und Verantwortung übernehmen

III Vertiefung und Ausblick: Die Zukunft des Handelns

können. Die einflussreichsten Werkstätten dieser notwendigen Neuregelungen sind eben Menschen und Unternehmen. Daher gilt es, ob reich oder arm, die Karten neu zu mischen. Folgen wir dem Rat eines der weltweit anerkanntesten Kognitionswissenschaftler, Thomas Metzinger:

> „Wir brauchen alle geistige Energie, die wir überhaupt aufbringen können, für das, was nun vor uns liegt."[58]

---

58 Metzinger 2023, 18.

3

Die Innovationsskepsis im 21. Jahrhundert

Valeska Mangel

In unserem Alltag funktioniert immer mehr auf Knopfdruck. Wenn wir uns vorstellen, wie viel wir gestern noch selbst machen mussten – den Autoschlüssel ins Schloss stecken, die Wählscheibe drehen oder zum Möbelgeschäft fahren –, merken wir, wie viele technologische Kniffe heute selbstverständlich sind. Dabei nimmt die Geschwindigkeit der technologischen Entwicklung seit den großen Durchbrüchen der Industriellen Revolution immer weiter zu. Aus einer einzigen Erfindung, nehmen wir das Paradebeispiel des Internets, sprießen sogleich Zigtausende weitere Innovationen hervor. Plötzlich sind Online-Shopping und soziale Medien längst Realität. Und von hier aus wiederum sprechen wir über Big Data und neue Währungen wie Bitcoin. Stetig entwickeln sich neue Möglichkeiten – und das wie am Fließband. Diesen kontinuierlichen Strom an Innovationen nennen wir daher *exponentiellen Wandel*. Scheinbar unaufhaltsam entwickeln Menschen auf der ganzen Welt Technologien, die teilweise so extrem sind, dass wir uns vorkommen, als würden wir nicht mehr in der Gegenwart, sondern unmittelbar in der Zukunft leben. Eine Taxifahrt zum Mond oder ein Rundgang in virtuellen Pyramiden – die Innovationen werden immer verrückter. Dabei bleibt die Frage: Wie gesund ist Wandel heute? Anstelle einer eindeutigen Erleichterung unseres Lebens verursachen viele dieser Entwicklungen Stress und Ängste. Veränderungen üben einen spürbaren Druck aus, immer schneller zu lernen. Wer nicht aufpasst, kann vielleicht nicht mehr mit den Liebsten kommunizieren oder einfache Gegenstände im Haushalt bedienen. Wandel ist nicht nur positiv konnotiert.

 III Vertiefung und Ausblick: Die Zukunft des Handelns

Was bedeutet Transformation?

Wandel ist die Umformung eines Status quo in einen neuen Zustand. Man verwendet daher auch häufig den Begriff *Transformation* – und Transformation ist die Quintessenz aller Evolution. Aus der Biologie wissen wir, dass Zellen mutieren und neue Charakteristika der Spezies ausbilden. Tiere und Menschen entwickeln sich also scheinbar automatisch und von innen heraus weiter. In der Technologie dagegen gibt es keine aktiven Zellen, die sich ganz natürlich weiterentwickeln. Es braucht intelligente Ideen und aktive Tüfteleien, die zu neuen Erfindungen führen. Diese Erfindungen nennen wir gern *Innovationen*. Sie garantieren noch keinen Erfolg und keine Verbesserung, aber neu sind Innovationen allemal, und ohne die Erneuerungen unserer Vorfahren würden wir wohl immer noch über Höhlenzeichnungen kommunizieren. Damit sind Innovationen der Inbegriff von Fortschritt und Veränderung – und Veränderung ist urmenschlich. Um zu verstehen, warum wir vor allem in der Technologie heute so mit dem Fortschritt überfordert sind, müssen wir den heutigen Wandel mit der historischen Entwicklung von Innovationen abgleichen.

In der Geschichte des Menschen gibt es einige bemerkenswerte Erfindungen, die die Gesellschaft maßgeblich verändert haben: das Rad, den Webstuhl, die Glühlampe, die Dampfmaschine, das Automobil – hier fällt einem sofort einiges ein. All diese Entwicklungen sind eindeutige Meilensteine, und ihre Schöpferinnen und Schöpfer wurden durch die Erfindungen berühmt. Die Wirtschaftswissenschaftler Nikolai D. Kondratjew und Joseph Schumpeter stellten im 20. Jahrhundert fest, dass die Entwicklungen dieser Meilensteine nicht zu zufälligen Zeitpunkten geschehen sind. In ihren Schriften erklären die beiden Theoretiker, dass Innovationen in einem Zyklus entstehen. Kondratieff zeichnete daraufhin den berühmten Kondratieff-Zyklus, in dem er die Innovationen seiner Zeit anhand eines konjunkturellen Wellen-Diagramms darstellte (s. Abb. 14).

Joseph Schumpeter formulierte wenig später seine einflussreiche Theorie der „Schöpferischen Zerstörung" (auch „Kreative Zerstörung").[59] Knapp zusammengefasst besagt Schumpeters Wirtschaftstheorie, dass historische Erfindungen nicht rein zufällig in diesen zyklischen Abständen entwickelt werden, sondern zyklisch auftreten müssen, um die Wirtschaft am Laufen

---
59 Diese Theorie findet sich in Schumpeters Werk „Capitalism, Socialism and Democracy" (vgl. Schumpeter 2011).

3 Die Innovationsskepsis im 21. Jahrhundert

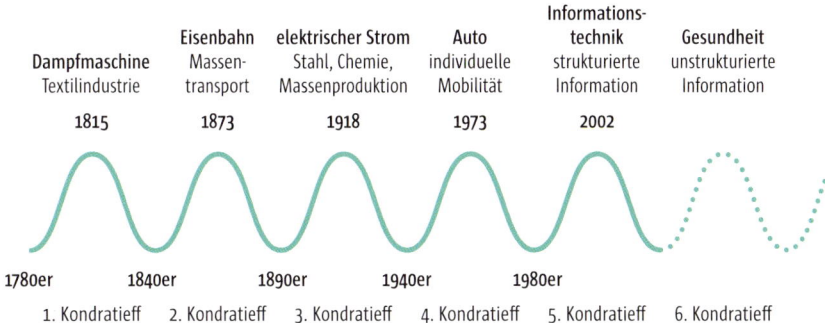

Abb. 14 Kondratieff-Zyklus nach Erik Händeler (vgl. 2006, 27)

zu halten. Ohne neue Technologien und Möglichkeiten wäre der Markt gesättigt, und die Kaufkraft würde bald abnehmen. Die Innovationen hingegen schaffen ein erneutes Kaufinteresse und einen Bedarf in der Gesellschaft, die die Wirtschaft im entscheidenden Augenblick ankurbeln. Schumpeter sagt außerdem, dass die meisten Verbraucher selbst gar nicht unbedingt wissen, was sie benötigen oder kaufen wollen. Und wenn die Käufer selbst keine Vorstellung davon haben, was sie gern kaufen wollen oder sogar benötigen, dann muss ein produzierendes Unternehmen selbst neue Produkte entwickeln und der Bevölkerung anbieten. Nach Schumpeter ist es damit die Aufgabe von Unternehmern, ‚blind' etwas Neues zu entwickeln und damit ausgediente Entwicklungen einzustampfen. Würde man erst auf den Bedarf der Bevölkerung warten, gäbe es nicht nur keinen Fortschritt, sondern auch kein wirtschaftliches Wachstum.[60]

Hier kommt also die Idee ins Spiel, dass Innovationen zum einen Wachstum versprechen, zum anderen aber auch strategisch erzeugt werden müssen. Das Konzept der Schöpferischen Zerstörung, also des Übertrumpfens alter Technologien für die Sicherung neuer Märkte und Einkünfte, ist bis heute ein fester Bestandteil unserer Wirtschaft. Dabei ist unsere Welt heute längst nicht mehr dieselbe wie noch zu Zeiten Schumpeters. Gerade durch das Voranschreiten der Technologie können wir heute sehr wohl wissen, was die Bevölkerung benötigt. In der Marktforschung gibt es immer mehr Kommunikationsmöglichkeiten, wie etwa Nutzer-Umfragen und Marktrecherche-Methoden, mit denen menschliche Bedürfnisse ermittelt werden. Die so-

---

60 Vgl. Schumpeter 2011, 66f. und 83f.

zialen Medien bieten zusätzlich diverse Anwendungen, um mit Kunden in direkten Kontakt zu treten. Big Data hat uns als Kunden längst lesbar gemacht. Beim Wettrennen um die nächste Erfindung schauen wir selten auf unsere vergangenen Errungenschaften und ihre Potenziale zurück. Anstatt Innovationen auf Grundlage bestehender Technologien auf den Bedarf der lokalen Bevölkerung maßzuschneidern, werden sie oft immer noch blind und in Massen entwickelt. Dabei entsteht nicht nur viel kurzlebiger oder dysfunktionaler Müll, sondern auch eine Vielzahl von Erfindungen, die den Großteil der Bevölkerung gar nicht mehr betreffen. Innovation ist für große Teile der Gesellschaft ein Luxusgut.

Der Mehrwert aktueller Innovationen wird vor dem Hintergrund des tatsächlichen Bedarfs immer fraglicher.

Natürlich konnte sich früher auch nicht jeder sofort ein Auto oder eine Bahnfahrt leisten, doch der Mehrwert aktueller Innovationen wird vor allem vor dem Hintergrund des tatsächlichen Bedarfs immer fraglicher.

Die Entfremdung durch die ‚böse Technik'

Neue Technologien sind heute mehr als nur eine Notwendigkeit: In vielerlei Hinsicht sind das neue Smartphone, Tablet, Auto oder das Smart-Home-Gadget neue Möglichkeiten und mehr als nur notwendige Anschaffungen. Immer wieder vernehmen wir Skepsis gegenüber diesen neuen Möglichkeiten. Besonders derjenige, der sich von den immer neuen Möglichkeiten überfordert und abgehängt fühlt, neigt dazu, negative Attribute auf Innovationen zu projizieren: Narrative wie jene, dass Maschinen Menschen die Jobs wegnehmen oder dass Smartphones einen kontinuierlich abhören, stellen Technologie als einen Feind des Menschen dar. Dies erzeugt eine immer tiefere mentale Distanz zu digitaler Innovation. Die Kluft zwischen den realen Bedürfnissen der Menschen und neuen Technologien begünstigt Skepsis und Trotz. Dabei bergen Innovationen viele Erleichterungen, die vor allem jungen Menschen Türen öffnen und in Fachgebieten wie der Medizin für massive Durchbrüche sorgen.

Entgegen dem sichtbaren Fortschritt und den neuen Möglichkeiten in Forschung und globaler Vernetzung kreieren die psychologischen Barrieren des ‚Abgehängtseins' vor allem bei älteren Generationen eine Vorstellung der ‚bösen Technik', die wiederum zu Ängsten führt. Diese Ängste werden durch die Komplexität der neuen Technologien weiter verstärkt. Die einzelnen

3 Die Innovationsskepsis im 21. Jahrhundert

Metallteilchen und Chips in unseren Smartphones sind genauso unzugänglich und unsichtbar wie die Auswirkungen unseres täglichen Gebrauchs von Apps und dem Teilen unserer digitalen Daten. Wir wissen längst, dass die digitale Interaktion im World Wide Web einen globalen und unkontrollierbaren Einfluss hat. Wir wissen, dass Wahlen durch soziale Medien beeinflusst werden können und Rebellionen auf Online-Plattformen beginnen. Doch die Zusammenhänge unserer physischen Interaktionen mit Alexa oder Facebook, dem alltäglichen Gebrauch von sozialen Medien und digitalen Daten mit Wirtschaft, Politik und dem Rest der Welt sind für den Einzelnen unglaubliche Geschichten. Das Private, Intime und Alltägliche wird zu einem Mythos, der die Welt ohne Kontrolle bewegt. Und die Kenntnis über diesen Mythos trägt maßgeblich dazu bei, dass ‚Technik' für den Konsumenten nicht nur ein treuer Gehilfe, sondern immer auch ein Stück weit ein Ungetüm ist.

Wenn wir also vom exponentiellem Wandel und der stetig voranschreitenden Technologie sprechen, dann geht es hier nicht nur um Fortschritt und Erleichterung. Ebenso wächst eine Entfremdung exponentiell heran. Ältere Generationen entwickeln eine Abneigung gegenüber Neuem und wollen alles ‚Digitale' an den Nachwuchs abgeben. Im medizinischen Bereich zeigt sich in dieser Frage oft, dass sich beispielsweise erfahrene, fachkompetente Pflegerinnen und Pfleger gegen neue Geräte und Technologien am Arbeitsplatz wehren und gleichzeitig den Nachwuchs auf Pflegestationen nicht verstehen, wenn dieser sein Smartphone auf der Arbeit nutzt.[61] Aber auch junge Generationen beklagen, dass ihnen und ihrer Pflegestation oft Innovationen vorgesetzt werden, statt Mitarbeitende in den Innovationsprozess der Pflege einzubinden.[62] Damit werden nicht nur privaten Verbrauchern, sondern auch dem Fachpersonal oft neue Technologien vorgesetzt, die nicht sinnvoll und sensibel in deren gelebten Alltag passen.

---

61 Diese und viele weitere Aussagen trafen die Teilnehmenden der WeCare4Us-Studie, die von Thomas Druyen und Valeska Mangel mit der Universitätsmedizin Essen durchgeführt wurde. Details zur Studie können auf https://www.optadata-zukunfts-stiftung.de/news/detailseite?tx_news_pi1%5Baction%5D=detail&tx_news_pi1%5Bcontroller%5D=News&tx_news_pi1%5Bnews%5D=118&cHash=9bdd01ae5df4d0b7a691fef72284b0d8 (abgerufen am 19.12.2022) nachgelesen werden.
62 Auch diese Aussage wurde in der WeCare4Us-Studie getroffen.

III Vertiefung und Ausblick: Die Zukunft des Handelns

Wir haben einen Punkt erreicht, an dem ‚Neues' nicht immer ‚besser' ist, und damit muss nicht zuletzt der Begriff Innovation *neu beleuchtet werden.*

Neben der Überforderung durch stetig neue Erfindungen festigt sich der Dualismus der Welt der Technik und der Welt des Menschen. Dabei wird oft vergessen, dass das eine dem anderen dienen kann und soll, und ebenso, dass das eine ohne das andere erst gar nicht entwickelt werden kann. Erst dann, wenn vor allem die Menschen, die neue Technologien benötigen, Teil des Innovationsprozesses sind, kann diese sinnstiftende Verbindung verinnerlicht und umgesetzt werden.

# 4

Zukunftsängste am Arbeitsplatz

Valeska Mangel

Besonders im professionellen Umfeld werden wir ständig mit neuen Technologien und Prozessen konfrontiert. Und niemand scheint so recht zu wissen, was all die neuen Möglichkeiten langfristig bedeuten. Das sorgt vor allem bei den Mitarbeitenden für Unruhe. Wird ihr Job bald von Maschinen übernommen, die schneller produzieren können? Müssen sie sich weiter spezialisieren oder sogar umschulen? Werden sie als Mensch redundant werden? Mit Digital-Workshops und Weiterbildungsseminaren wird versucht, die durch Neues und digitale Tools ausgelösten Zukunftsängste in neue Kompetenzen umzuwandeln. Die Mehrarbeit sorgt dabei jedoch nicht immer für Euphorie – Digitalisierung und neue Prozesse zu lernen ist immerhin auch Arbeit. Dabei gibt es noch wenige Konzepte, die spielerisch zeigen, wie bereichernd und sinnstiftend mit Veränderung umgegangen werden kann.

Innovation in Organisationen

Nicht nur in der Mitarbeiterschaft machen sich Sorgen breit, auch Arbeitgebern und Vorständen treibt der Veränderungsdruck am Markt Schweißperlen auf die Stirn. Die Arbeitswelt könnte jeden Moment eine ganz andere sein. Unternehmen müssen sich heute daher immer wieder etwas Neues einfallen lassen, um am Ball zu bleiben. Natürlich wollen sie alle am Markt der Innovationen und dem damit einhergehenden Wirtschaftswachstum teilhaben.

Unternehmen müssen sich heute immer wieder etwas Neues einfallen lassen!

III Vertiefung und Ausblick: Die Zukunft des Handelns

Mehr Neues bedeutet mehr potenzielle Kundschaft, und das bedeutet mehr Geld. Darüber hinaus sorgt der exponentielle Wandel vor allem bei den Schwergewichten der Industrie mittlerweile für ganz neue Herausforderungen. Denn es entsteht zunehmend Konkurrenzdruck in einem Markt, auf dem ständig neue Teilnehmende auftreten. Jede Einzelperson kann heute im Handumdrehen eine eigene Website gestalten und eigene Ideen und Waren online verkaufen. Die finanziellen Hürden, um am Innovationsmarkt teilzuhaben, sind durch die Digitalisierung denkbar gering. Und bei all den verfügbaren und attraktiven Geschäftsmodellen, innovativen Technologien, neuen Arbeitsprozessen und Denkweisen muss man schon selbst kreativ werden, um als Arbeitgeber und Konkurrent in der Wirtschaft relevant zu bleiben.

Doch im Gegensatz zu kleinen Start-ups und jungen Innovationfabriken à la Silicon Valley sind größere Organisationen einfach nicht agil genug, um sich ständig umzuorientieren. Sie können nicht jeden Monat ihre Geschäftsmodelle an die Veränderungen am Markt und neuen Möglichkeiten, die sich durch innovative Technologien ergeben, anpassen. Auch Institutionen wie Kliniken und Krankenhäuser sind längst Teil der Digitalisierung. Für diese hochgradig bürokratischen Organisationen sind neue Technologien und automatisierte Prozesse zwar eine riesige Chance und bergen Hoffnung auf eine Entlastung des Personals, doch es ergeben sich auch hier neue Probleme.

- Welche Technologien aus dem unüberschaubaren Pool an Innovationen ergeben Sinn?
- Wie führt man immer neue Geräte und Arbeitswege ein, ohne das Personal zusätzlich zu belasten?

Die Möglichkeiten sind endlos, aber es braucht immer mehr Präzision und Bildung, um sich im Meer der Innovationen zurechtzufinden. Die durch den Innovationsdruck entstehende Überforderung bei Management-Entscheidungen größerer Organisationen wird mit jedem Entwicklungsschritt des exponentiellen Wandels deutlicher.

Handeln wird gleichzeitig immer wichtiger, folgenreicher und schwieriger. Ist eine Entscheidung über die Einführung neuer Technologien am Arbeitsplatz, neue Arbeitszeitmodelle oder Kommunikationsstrategien gefallen, gerät der Stein ins Rollen. Komplexe Unternehmensbürokratie und isolierte Arbeitsbereiche müssen angepasst werden. Die Verantwortung über teils

4 Zukunftsängste am Arbeitsplatz

weitgreifende Probleme, die durch eine Entscheidung ausgelöst werden können, wollen die wenigsten tragen – und schon gar nicht immer und immer wieder. Es gibt dementsprechend viele Ideen und Überlegungen, jedoch wenig Umsetzung.

Taten statt Trends: Die Transformation der Arbeitswelt durch die Corona-Krise

In der Corona-Pandemie im Jahr 2020 war es dann so weit: Den Spekulationen über das Arbeiten der Zukunft mussten beinahe über Nacht Taten folgen. Trotz der vorhandenen Prognosen traf die Krise die meisten unvorbereitet, und unsere Arbeitswelt ist seither nicht mehr dieselbe. Was gestern noch Zukunftsspielerei aus dem Silicon Valley war, wurde durch COVID-19 umgesetzt: Homeoffice und flexible Arbeitszeiten für so viele Jobs wie möglich. Das Global Office ist heute für viele die Realität. Der coronabedingte Sprung in unsere Möglichkeiten für modernes Arbeiten wirft Fragen auf: Warum nicht früher? Was können wir noch umsetzen, von dem wir dachten, es wäre noch nicht möglich? Nach einigen Monaten und mittlerweile Jahren mit isolierten Team-Meetings im Homeoffice fragen wir uns dabei aber auch: Wollen wir überhaupt immer digitaler arbeiten? Wie sieht bei allen technologischen Möglichkeiten die Menschlichkeit der Zukunft aus?

Was wir im Zuge der rapiden Umsetzung der digitalen Arbeit der Zukunft merken, ist, dass die Gesellschaft bereit ist für einen Entwicklungssprung, sich aber gleichzeitig nach einer menschlichen Zukunft sehnt. Viele Arbeitnehmer und Studierende flüchteten, sobald dies möglich war, wieder in Büros, Hörsäle und Co-Working-Räume – körperliche Präsenz hat plötzlich einen neuen Stellenwert. Flexibilität und ortsunabhängiges Arbeiten stellen sich als attraktive und vor allem machbare Optionen für viele Unternehmen heraus, doch in vielerlei Hinsicht geriet das Global Office auch an seine Grenzen. Während der Pandemie kursierte nicht ohne Grund auch das Wort *Zoom Fatigue* – in Anspielung an den prominenten Online-Call-Anbieter *Zoom*. Das digitale Arbeiten ermüdet, ist eintönig und kann zu Einsamkeit und Demotivation führen. Das neue Trendwort lautet daher: *hybrid*. Online und offline müssen von Arbeitgebern heute nach Möglichkeit gleichermaßen angeboten werden. Und in der internationalen Politik nimmt gleichzeitig die Debatte um eine Vier-Tage-Woche an Fahrt auf. Nachdem ganze Teile der Bevölkerung, soweit es ging, zu Hause bleiben mussten, schätzen die

III Vertiefung und Ausblick: Die Zukunft des Handelns

Menschen ihre Freizeit wieder mehr. Mit dem Zeitalter der hybriden Arbeit scheint eine Zukunft der Balance einzutreten. Die Grenzen zwischen Privatleben und Arbeit verschmelzen durch das flexible Arbeiten immer mehr, jetzt soll aber auch das Privatleben ein Stück vom Kuchen bekommen.

Mit dem Zeitalter der hybriden Arbeit scheint eine Zukunft der Balance einzutreten.

Die durch die globale Krise ausgelöste Transformation unserer Arbeitswelt zeigt einerseits, dass extreme Entwicklungsschritte durch vorhandene Technologien jederzeit möglich sind und dass sie maßgeblich in unser Privatleben eingreifen. Bei aller Debattenkultur haben wir den Tatendrang selbst in Deutschland kurz wiederentdeckt. Andererseits merken wir auch: Unsere menschlichen Bedürfnisse und Wünsche für unser zukünftiges Zusammenleben widersprechen oft den technologischen Trends.

Mehr denn je zuvor fragen wir uns nach einigen Jahren der Pandemie jetzt wieder: Wie *wollen wir in Zukunft arbeiten?*

5

Die Organisation der Zukunft: Ein neues Denken für ein gesundes Arbeiten

Valeska Mangel

Nachdem in den vergangenen Jahren zahlreiche technologische Neuheiten für die globale Zusammenarbeit etabliert worden sind, besinnen wir uns gleichzeitig auf unsere menschlichen Bedürfnisse. Wir arbeiten hybrid, wir arbeiten flexibel, mit Kind auf dem Schoß und im Brainstorming-Raum – aber wie sieht die Organisation der Zukunft, in der wir arbeiten werden, aus? Wie lässt sich Unternehmensführung mit den individuellen Bedürfnissen vereinen? Wie können Mitarbeitende in Zeiten exponentieller Entwicklung und Überforderung maximal unterstützt werden? Um die wichtigsten Fragen der Zukunft unseres professionellen Lebens zu beantworten, wurden bereits im Jahr 2017 gleich zwei wegweisende Theorien veröffentlicht. Zunächst publizierte der Coach und Autor Frederic Laloux seine bahnbrechenden Forschungsergebnisse zu den Organisationsformen der Zukunft. Jahrelang suchte Laloux nach den erfolgreichsten und modernsten Unternehmen. In seinem Buch „Reinventing Organizations" und der illustrierten Kurzversion beschreibt er eindrücklich, wie sich Organisationen über die Jahre entwickelt haben und was die Organisation der Zukunft nach seinen Erkenntnissen ausmacht. Kurz nach Laloux' Publikation veröffentlichte Rüdiger Fox, Wirtschaftspsychologe und Gründer des „Gross Corporate Happiness-Index", seine Vision für die Unternehmensführung der Zukunft unter dem Titel „Bionische Unternehmensführung". Beide Theorien sind wegweisend für Institutionen und Unternehmen, die sich unter dem Druck der Digitalisierung und des exponentiellen Wandels nachhaltig umorientieren wollen. Die hier aufgeführten Beispiele und Ideen beschreiben eine Organisation, die nicht nur für unser sprunghaftes Zeitalter gerüstet ist, sondern darüber hinaus das Wohl der Menschen im Unternehmen und der Umwelt ins Zentrum stellt.

III Vertiefung und Ausblick: Die Zukunft des Handelns

Es ist sicherlich kein Zufall, dass Laloux' und Fox' Visionen zu alternativen Formen der professionellen Zusammenarbeit ausgerechnet im Jahr 2017 veröffentlicht wurden. Wie wir wissen, tritt Wandel in zyklischer Wellenform auf. Zur Zeit der Veröffentlichung der beiden Werke gibt es dabei mehr als nur einen Indikator für den nahenden sozio-ökonomischen Umschwung. Zwischen der Wahl von Donald Trump zum US-Präsidenten, dem Brexit-Referendum der Briten und dem Auftakt der „Fridays for Future"-Bewegung im Sommer 2018 spüren wir die Transformationswelle anrollen. Die technischen Möglichkeiten sind längst an einem Punkt angelangt, an dem nichts unmöglich scheint: Wahlen werden durch Bots auf Plattformen wie Twitter und Reddit beeinflusst, Autofahren wird schrittweise autonomer und mit neuen Möglichkeiten der Gesichtserkennung bekommt die Datenschutz-Debatte in vielen Ländern eine ganz neue Dimension. Bereits im Jahr 2017 ist nichts mehr gewiss: Experimentelle Technologien mit Science-Fiction-Ästhetik treffen immer wieder auf neue und dringende Bedürfnisse der Jugend, so etwa Nachhaltigkeit und Sinnhaftigkeit. Die Diskrepanz zwischen Möglichem und Nötigem wird dabei nicht kleiner. Arbeitgeber suchen händeringend kompetenten Nachwuchs, und ältere Kollegen verlassen sich gern darauf, dass die jungen Mitarbeitenden „das mit der Digitalisierung schon machen werden". Die Puzzleteile für den Arbeitsplatz der Zukunft scheinen alle vorhanden zu sein. Doch wie genau funktioniert die Organisation der Zukunft?

Die Evolution der Organisationsgestaltung

Um den Weg in die Zukunft der Organisationen zu ebnen, blicken beide Autoren zunächst in deren Geschichte. Dabei erkennen sie eine klare Evolution der Organisationsformen über wirtschaftliche und politische Epochen hinweg. Im Gegensatz zu Schumpeters Theorie der „Schöpferischen Zerstörung" blieben bis heute alle Formen der Organisationsgestaltung erhalten – keine Entwicklungsstufe wurde flächendeckend eingestampft oder für dysfunktional erklärt. So befinden wir uns heute nach Laloux und Fox in einer vielfältigen Landschaft aus Organisationstypen von traditionellen Hierarchien bis hin zu experimentellen Start-ups. Beide Autoren machen die unterschiedlichen Organisationsformen am Zeitgeschehen jener Epoche fest, in der sie entstanden sind und am wirksamsten waren. Wir lernen hier, wie sich Organisationen an die Umstände ihrer Zeit anpassen mussten und somit historisch neue Wege der Führung und Zusammenarbeit geschaffen wurden.

Fox und Laloux sind sich weitgehend einig, dass wir uns mit der Zeit von einem eher diktatorischen Leitungsstil über mafiaähnliche Gehorsamkeit hin zu produktionstreibenden Strukturen à la Silicon Valley und zuletzt zu einer familiären, inklusiven Arbeitsweise entwickelt haben. Dabei nutzen

5 Die Organisation der Zukunft: Ein neues Denken für ein gesundes Arbeiten

beide Autoren unterschiedliche Begriffe für die jeweiligen Evolutionsschritte. Bei Fox werden die historischen Organisationstypen anhand verschiedener Führungsstile differenziert. Er nutzt hier Begriffe wie *Egofokussierung, anschlussorientiert, autoritär, transaktional, partizipativ* und *transformativ*.

Impulsiv

Egofokussierte Führung („Self-focussed Leadership")
- Diktatorisch, strenge Hierarchie
- Impulsive bis egomanische Führung
- Organisation und Mitarbeitende dienen der Führung und der Befriedigung der Führung

Anschlussorientierte Führung („Kin-focussed/Affiliative Leadership")
- Innerer, geschlossener Einflussbereich
- Loyalität wird stark incentiviert
- Starke Silos und Isolation

Konform

Autoritäre Führung („Commanding/Authoritarian Leadership")
- Führung durch „starke Hand"
- Ideologien und strategische Ziele werden akribisch verfolgt
- Angstkultur als Grundlage

Regulierende Führung („Administrative/Regulting Leadership")
- Schlanke Prozesse
- Maximale Effizienz und Qualität
- Unsichtbare Führung
- Kaum Raum für Individualität und Kreativität

Innovation

Transaktionale Führung („Transactional/Pacesetting Leadership")
- Leistungsgetrieben durch viele extrinsische Motivatoren
- Schneller, besser, weiter
- Innovationsdruck und viel interne Forschung
- Stress und Überforderung

III Vertiefung und Ausblick: Die Zukunft des Handelns

> **Familiär und inklusiv**
>
> *Partizipative Führung („Participatory/Coaching Leadership")*
> - Intensives Kümmern und Fürsorge für Wohlergehen der Mitarbeitenden in der Organisation
> - Persönliche Entwicklung und individuelle Fähigkeiten werden gefördert
> - Eigenverantwortung als Ziel
> - Co-Kreation und Weiterbildungsprogramme
> - Teambuilding und Gemeinschaft
> - Oft Mangel an Agilität und Dynamik am Markt
>
> *Transformative Führung („Visionary/Transformative Leadership")*
> - Führung hat hohe Integrität, Charisma und Fürsorge
> - Weitsicht und Vision stark gefördert durch „höheren Sinn"
> - Sinnstiftende Anreize und Vorbildfunktionen
> - Kompetenz wird vertraut und respektiert
> - Erfolg hängt oft von Vorgesetzten und Führungspersönlichkeiten ab[63]

Laloux hingegen spricht von Organisationen, die „impulsiv", „traditionell", „leitungsorientiert" und „post-modern" sind (s. Abb. 15).[64] Vergleicht man beide Ansätze, so wird eine Bewegung weg von singulären Leitungsfunktionen, starren Silos und von Großraumbüros mit Kicker-Tischen und Pizza-Flatrate deutlich. Anstelle von starrer Delegation und Konkurrenzdruck erkennen wir in der Evolution der Organisationsmodelle eine Priorisierung von Wertschätzung und Passion.

Der Trend geht scheinbar hin zu Organisationen, in denen Führungskräfte als Motivatoren und Coaches selbst die Treiber fairer Kommunikation und offener Kollaboration sind. Unsere Zeitreise in die Geschichte der Organisationsgestaltung endet bei Laloux' „postmodernen Pluralisten" (metaphorisch nennt er diese Stufe auch *familiäre Organisation*) und Fox' „transformativer Führung". In beiden Organisationen werden Führungskräfte als Dienstleister mit Vorbildfunktion angesehen, und der Schwerpunkt wird auf Sinnstiftung als ultimativer Motivator gelegt. Geteilte Werte und ein hohes Engagement der Mitarbeitenden in allen Hierarchiestufen für den ‚höheren Zweck' der Organisation sind wichtige Merkmale dieser Entwicklungsstufe.

---
63 Vgl. Fox 2017, 178ff.
64 Laloux 2016, 21ff.

5 Die Organisation der Zukunft: Ein neues Denken für ein gesundes Arbeiten

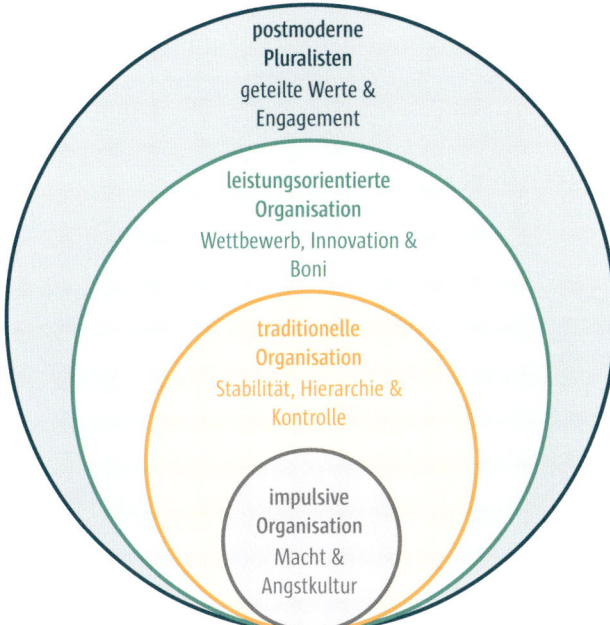

Abb. 15 Übersicht der Organisations-Entwicklungsstufen nach Laloux

Die Organisations-Evolution in der Umbruchphase

Doch diese Form der familienähnlichen Organisationsgestaltung birgt in der heutigen Zeit immer mehr Erschwernisse: Die hierarchischen Strukturen sind zwar nicht mehr so prägend und streng wie in früheren Organisationsformen, doch sie widersprechen, so Laloux, häufig den vermittelten Werten von Gleichheit und Respekt. Mitarbeitende werden vor allem in ihren Teams gefördert und gefordert. Das letzte Wort hat jedoch auch hier die Unternehmensleitung. Hinzu kommt, dass die Inklusion möglichst vieler Teams und Meinungen bei Entscheidungen oft zu langen Prozessen und Unklarheiten in der Kommunikation führt. Die einzelnen Verantwortungen sind bei der Balance zwischen Kollaboration und Top-Down-Führung nicht immer eindeutig.[65] Bestehende Führungskonzepte und Arbeitsprozesse stoßen beim westlichen Zeitgeist, für den Partizipation, Nachhaltigkeit, Eigen-

---

65 Vgl. Laloux 2016, 33.

verantwortung, Diversität und Teamarbeit eine immer größere Rolle spielen, an ihre Grenzen. Im Organisationsmodell der Zukunft müssen die Bewegungen und Bedürfnisse unserer Zeit sinnvoll eingebettet werden.

Schneller, höher, weiter – oder doch lieber zurück?

Das wohl größte Bedürfnis des 21. Jahrhunderts ist es, – dramatisch ausgedrückt – überhaupt eine Zukunft haben zu dürfen. Vor allem junge Generationen, die zukünftigen Arbeitnehmerinnen und Arbeitnehmer, bangen um ihre natürlichen Lebensgrundlagen. Neben den großen Fragen der Digitalisierung werden Unternehmen heute konsequent mit dem Thema Nachhaltigkeit konfrontiert. Sowohl als Arbeitgeber als auch als Produzenten und Dienstleister müssen Organisationen sich mit dem Thema Umwelt- und Veränderungsfreundlichkeit auseinandersetzen.

Neben individuellen Fehltritten, neuen Richtlinien und Standards von der politischen Seite sowie Erwartungen wachsamer Konsumenten wird die Debatte um die weitverbreitete Wachstums-Mentalität lauter. Wo bisher das Ziel vieler Organisationen einfach ‚Wachstum' war, fragen wir uns heute: Ist größer wirklich besser, wenn unserem Planeten die natürlichen Ressourcen ausgehen?

Ist größer wirklich besser, wenn unserem Planeten die natürlichen Ressourcen ausgehen?

Der britische Schriftsteller John Thackara schildert in seinem Buch „How to Thrive in the Next Economy" eine Anekdote über die Grenzen ökonomischen Wachstums anhand des Beispiels eines bekannten Möbelhauses. Das besagte Möbelhaus hat mit seiner simplen Verkaufsstrategie seit seiner Gründung so viel Erfolg, dass es überall auf der Welt mehr und mehr Filialen eröffnen kann. Thackara beschreibt den vertrauten Gedankengang vieler Unternehmensleitungen, deren logische Schlussfolgerung oft lautet: „*Wenn wir Erfolg haben und Geld einnehmen, dann müssen wir wachsen.*"
Was dieser Möbelgigant dabei nicht bedachte: Holz für seine Möbel wächst nicht entsprechend dem Bedarf eines Unternehmens. Und so kam es dazu, dass das Wachstum und der damit verwechselte ‚Erfolg' des Unternehmens durch etwas Grundlegendes wie die natürliche Ressource Holz eingeschränkt wurde.[66]

---

66 Vgl. Thackara 2017, 15.

5 Die Organisation der Zukunft: Ein neues Denken für ein gesundes Arbeiten

Wie wir an Thackaras Beispiel sehen, bleibt uns bereits aus ökologischer Sicht nichts anderes übrig, als unsere Erfolgs-Ideologie und damit unsere Idee von Wachstum als Erfolgsäquivalent zu überdenken. In der „Anti Growth"-Bewegung hinterfragen Theoretikerinnen und Theoretiker aus Soziologie und Wirtschaft das rapide Voranschreiten von Innovationen und Produkten am Markt massiv. Sie stellen dem stetigen Wachstum ein kreisförmiges Modell entgegen, bei dem Recycling als Methode eine große Rolle spielt. Bescheidenheit ist wieder eine Tugend, und Unternehmen müssen zunehmend Werte und Prinzipien formulieren, um attraktiv und authentisch zu sein. Organisationen müssen in Zukunft mehr auf der Agenda haben als finanziellen Erfolg und Expansion.

Dass das Umdenken von einer Wachstumsorientierung hin zu neuen Zielen und erhöhtem Sinngehalt kein leichtes Unterfangen ist, weiß auch Rüdiger Fox. Er gründet seine Wirtschaftstheorie auf der Arbeit des Psychologen und Nobelpreisträgers Daniel Kahneman. Fox interpretiert Kahnemans These, dass Wachstum nicht nur tief in uns verwurzelt ist, sondern auch in direktem Zusammenhang mit materiellen und monetären Besitztümern steht. Er interpretiert Kahnemans Thesen in Bezug auf die Arbeitswelt und schlussfolgert, dass jeder Bonus, jede Gehaltserhöhung oder jeder neue Firmenwagen die Ausschüttung von Dopamin auslöst. Wie bei einer schlechten Diät wollen Menschen schon allein neuronal immer mehr, und so hangeln wir uns an der hierarchischen Leiter entsprechend weiter und weiter – nämlich weiter nach oben. Doch wie bei einer schlechten Diät ist die Halbwertszeit dieser Belohnungen nur kurz. Schnell geht das Serotonin in den Keller, und wir fühlen uns nach jeder Belohnung, nach jedem Zentimeter professionellen Wachstums gegen unsere Erwartung nicht besser, sondern langfristig schlechter, träger, unruhiger. Unsere Konditionierung, mehr Geld oder materielle Belohnungen zu wollen, ist damit weder für uns noch für unsere Umwelt nachhaltig. Die Lösung ist für Fox logisch: Ein gesundes Verhältnis zu unserer Arbeit, ebenso wie zu unserer Umwelt, liegt nicht in materiellem Reichtum oder extrinsischen Motivatoren, wie er sie nennt. Der Weg zu nachhaltigem Wohlbefinden liegt in intrinsischer Gesundheit.[67] Was meint er damit? Im Gegensatz zu extrinsischen Antrieben, die uns und unsere professionelle Arbeit vorantreiben sollen – wie unser Gehalt –, sind intrinsische Faktoren immateriell. Es handelt sich hierbei um Motivatoren wie Sinnge-

---

67 Vgl. Fox 2017, 38f.

halt und Selbstverwirklichung. Wenig zufällig decken sich diese Bedürfnisse mit den Bedürfnissen junger Generationen in westlichen Ländern und darüber hinaus.

Maslows Bedürfnishierarchie als Sinnbild intrinsischer Gesundheit

Ebenfalls wenig verwunderlich decken sich diese intrinsischen Bedürfnisse mit der bekannten Bedürfnishierarchie des US-amerikanischen Psychologen Abraham Maslow (s. Abb. 16). Mitte des 20. Jahrhunderts veröffentlichte Maslow seine Schrift „A Theory of Human Motivation" im „Psychological Review", in der er die verschiedenen menschlichen Bedürfnisse und Motivationen hierarchisch anordnete und sie somit als ganzheitlichen Weg zu seelischer Erfüllung betrachtete – beginnend mit Grundbedürfnissen wie einem physiologischen Bedarf nach Schlaf, Wasser, Nahrung, Fortpflanzung etc. über Sicherheitsbedürfnisse in jeglicher mentaler, körperlicher und materieller Hinsicht bis hin zu sozialen Bedürfnissen der Gemeinschaft und Kommunikation. Je höher die Bedürfnisse angeordnet sind, desto schwieriger sind sie zu erreichen. Seine ursprüngliche Theorie mündet schließlich in den Individualbedürfnissen nach verschiedenen Stärken und Tugenden, beispielsweise Vertrauen, Erfolg und Unabhängigkeit sowie der Selbstverwirklichung als ultimatives Bedürfnis und Ziel eines gesunden Menschen. Die Selbstverwirklichung als Bedürfnis tritt nach seiner Theorie ganz natürlich ein, sobald alle anderen Bedürfnisse gestillt sind. Wenn jede andere Sicherheit und Stärke gegeben sind, dann möchte der Mensch seine Potenziale und Talente entwickeln können.

Nach Maslows These wurde in den 60er-Jahren schließlich das Pyramidenmodell[68] entwickelt, in dem die einzelnen Schritte visuell dargestellt werden. In den Folgejahren wurde die Theorie oft diskutiert und immer wieder erweitert. Dabei gibt es heute neue Erkenntnisse, alternative Motivationsmodelle und durchaus auch Kritik am ursprünglichen Modell. Bis heute ist Maslows Pyramide als soziopsychologisches Instrument jedoch renommiert. Wir stellen für unsere Zwecke lediglich fest, dass Wachstum und Luxus fest in der Hierarchie verortet sind. Die Theorie gibt immerhin vor, dass wir nicht mit einem gestillten Bedarf zufrieden sind und mit der Zeit immer

---

68 Die Pyramide als Modell – basierend auf Maslows bekannter Theorie – wurde von Charles McDermid 1960 erstellt.

5 Die Organisation der Zukunft: Ein neues Denken für ein gesundes Arbeiten

Abb. 16 Gegenüberstellung der Thesen Maslows und Fox' in einem gemeinsamen Motivatoren-Diagramm

individualistischer werden. In nicht westlichen Kulturen würden viele dem Modell womöglich widersprechen. Nicht jeder Mensch hat ein intrinsisches Ziel der Selbsterfüllung, in anderen Kulturkreisen sind soziale Aspekte Ziel und Erfolgsindikator und damit wichtiger als egozentrische Ziele. Im Konfuzianismus ist der Mensch beispielsweise immer ein Teil der Gesellschaft. Der Erfolg des Einzelnen bildet hier also nicht die Spitze der menschlichen Erfüllung.

Wenn wir jedoch von westlich orientierten Organisationen und deren Wachstumsdrang sprechen, dann macht es durchaus Sinn, sich das Modell genauer anzusehen. Fox sagt, dass wir uns von extrinsischen Bedürfnissen als Arbeitsmotivatoren verabschieden und uns auf die intrinsischen Motivatoren konzentrieren sollen.[69] Es geht nicht um kurzlebiges Wachstum und den schnellen Erfolg, sondern um ein nachhaltig gesundes Belohnungssystem – und das basiert auf nichts Geringerem als Selbstverwirklichung. Was die meisten Unternehmen nach Fox' These aktuell tun, ist, den Mitarbeitenden immer wieder Bedürfnisse der niederen Kategorien in Maslows Pyramide anzubieten: mehr finanzielle Sicherheit, mehr Kontakte, mehr Prestige. Dabei gehen die Belohnungen aber selten über die Individualbedürfnisse hinaus. Das Ego wird immer wieder bedient und alles, was nach außen hin fast ‚glamourös' erscheint, wird von Organisationen heute regelmäßig angeboten. Wer gesund sein will, und zwar langfristig und ganzheitlich, braucht jedoch mehr als das – der Mensch braucht einen höheren Sinn. Hier kommt Maslows Selbstverwirklichung ins Spiel. Auch Fox sagt, dass es Kreativität, Eigeninitiative

---

69 Fox gründet seine Motivations-Theorie für Organisationen auf Maslow und Herzberg (vgl. Fox 2017, 59f.).

III Vertiefung und Ausblick: Die Zukunft des Handelns

und das Arbeiten an einem höheren Zweck sind, die dem Mitarbeitenden Sinn geben. Er betrachtet diese Antriebe als intrinsische Motivatoren (s. Abb. 16). Fox geht sogar einen Schritt weiter und nennt alle extrinsischen Motivatoren ‚passiv'[70]. Durch diese oft materiellen Belohnungen stellt sich ein passives Verhalten bei extrinsisch motivierten Mitarbeitenden ein. Auch einige Individualbedürfnisse entstehen durch den Blick von außen: Prestige und Erfolg werden jemandem zugesprochen. Doch Selbstverwirklichung und Sinn hängen maßgeblich von der Person selbst ab – sie sind damit eine Reaktion auf Reize, also das genaue Gegenteil von passiv, und erzeugen ein ebenso reaktives Verhalten.[71]

Unterschiede zwischen reaktivem und passivem Verhalten zeigen sich nicht nur deutlich im Arbeitsverhalten eines Menschen. Sie werden durch verschiedene Motivatoren begünstigt und initiiert:

Reaktives Verhalten

Bedingt durch zusätzliche Stillung intrinsischer Motivatoren:

- Einsatz von Kreativität und Innovationsdenken
- Erfüllung persönlicher Lebensziele im Beruf
- Verinnerlichung und Identifizierung mit Werten und Zielen der Organisation
- Vertrauen für mehr Eigenverantwortung
- Kollaboration und Teamarbeit statt Wettbewerb

Passives Verhalten

Bedingt durch ausschließliche Stillung extrinsischer Motivatoren:

- Prämien und monetäre Belohnungen (Bonus, Vergütung, Firmenwagen etc.)
- Arbeitsplatzsicherheit
- Schutz vor Machtmissbrauch

Was ist also die Alternative zum Wachstum als Ideal? Obwohl wir nach Maslow immer noch von einer *Hierarchie* sprechen, können wir festhalten, dass sinnstiftende Motivatoren und die Selbstverwirklichung der Mitarbeitenden

---

70 Vgl. Fox 2017, 61.
71 Vgl. Fox 2017, 61.

5 Die Organisation der Zukunft: Ein neues Denken für ein gesundes Arbeiten

anhand höherer Zwecke eine neue Zieldefinition modernen Erfolgs darstellen können. Wir müssen nicht mehr arbeiten, mehr produzieren, mehr haben – viel wichtiger sind die Qualität der Arbeit, der Sinn, der Selbstsinn.

„Organisations-Hygiene"

Die extrinsischen Faktoren und niederen Kategorien in Maslows Bedürfnishierarchie sind natürlich nicht plötzlich irrelevant. Finanzielle Sicherheit und sozialer Austausch sind weiterhin immens wichtig, um höhere Stufen der Sinnstiftung und Selbstverwirklichung zu erreichen. Fox beschreibt diese Grundbedürfnisse als eine vorauszusetzende „Hygiene"[72]. In diesem Begriff fasst er die Bedürfnisse der Mitarbeitenden nach physischer Gesundheit und guter Ernährung, finanzieller Sicherheit und Zuneigung zusammen, die gestillt werden müssen, bevor sie darüber hinaus motivationsfähig sein können.[73] Interessant an Fox' Begriffswahl ist, dass *Hygiene* die Selbstverständlichkeit dieser extrinsischen Faktoren genauso darstellt wie den gesundheitlichen Charakter, der dieser Absicherung zugrunde liegt. Gerade durch die Pandemie kennen wir alle das Gefühl, dass sich nach der Nutzung von Handdesinfektionsgel einstellt: Sofort hat man wieder eine ‚weiße Weste', denn alle potenziellen Gefahren wurden auf null gestellt. Wer sich hygienisch schützt, ist bereit für Interaktion und Betätigung und hat dabei keine Angst vor drohenden Erkrankungen. Hygiene ist eine Form des Wohlfühlens und Bereitmachens. Was nach der Sicherung dieser Grundhygiene im Unternehmen passiert, entscheidet nach Fox und Laloux maßgeblich über das Verhalten der Mitarbeitenden. Hier beginnen sich die Qualitäten der Mitarbeitenden zu unterscheiden, je nachdem, ob sie rein extrinsisch oder auch intrinsisch motiviert sind. Bildlich gesprochen: In Fragen der Organisationsgestaltung trennt sich die Spreu vom Weizen.

---

72 Fox 2017, 59.
73 Vgl. Fox 2017, 59f.

III Vertiefung und Ausblick: Die Zukunft des Handelns

Die Kraft von Gesundheit, Zufriedenheit und intrinsischer Motivation

In der Organisation der Zukunft arbeitet es sich nicht nur smart und flexibel, hier wird nicht nur Wert auf Nachhaltigkeit gelegt – auch die Gesundheit der Mitarbeitenden wird priorisiert und es gibt genügend Raum für die eigene Passion und persönliche Erfüllung am Arbeitsplatz. Anstelle im ewigen Limbo der extrinsischen Motivatoren festzustecken, werden Mitarbeitende auf der Ebene der Selbsterfüllung gefördert und gefordert. Wir sprechen jetzt von einer Arbeitswelt für das Post-Wachstum-Zeitalter, einer Epoche, in der Qualität einen neuen Stellenwert in der Gesellschaft erlangt.

Qualität rechnet sich nicht? Um auch die letzten Skeptiker zu überzeugen, liefern beide Theorien sogar mathematische Fakten, die belegen können, dass intrinsisch motivierte Mitarbeiterinnen und Mitarbeiter nicht nur mit sich selbst zufriedener sind, sondern sich für das Unternehmen durchaus rechnen.[74] Neben dem mathematischen Beweis für den Wert gesunder, motivierter Mitarbeiter haben beide Autoren eine beispielhafte Organisation skizziert, die auf der Basis der drei Grundpfeiler Zufriedenheit, Autonomie und Sinngehalt operiert. Um diesen drei Aspekten gerecht zu werden, kommen sowohl Fox mit seiner „Bionischen Führung" als auch Laloux mit dem Modell der „Evolutionären Integralen Organisation" zu folgendem Schluss: Man muss die Pyramide als Organisationsform verlassen. Zufriedenheit, Autonomie und Sinngehalt können nicht ‚top-down' ermöglicht werden. Die Organisation der Zukunft hat – wortwörtlich – eine neue Form. Das Hauptmerkmal der beiden Modelle, also der Bionischen Führung und der Evolutionären Integralen Organisation, ist damit die Abschaffung von Leitungspositionen. Anstelle von CEOs und Managern treten autonome Teams, die über lokale Entscheidungsautorität verfügen. Jedes einzelne Mitglied der Organisation schaut nicht mehr zur nächsten Führungsetage auf, sondern zu einem gemeinsamen Sinn. Die Pyramide als Erfolgsleiter wird somit durch eine Unternehmensmission abgelöst, an die jeder Einzelne und jede Einzelne glauben und für die Mitarbeitende gern arbeiten. Diese Mission geht weit über eine Unternehmensstrategie hinaus, nach Fox ist sie eher vergleichbar mit einer „Unternehmensseele".[75] Diese Seele ist intrinsischer Motivator, CEO und Teambuilding-Maßnahme zugleich. Wer an ein ge-

---

74 Vgl. hierzu Fox' Modell einer „Humankapital"-Rechnung (vgl. Fox 2017, 194ff.).
75 Vgl. Fox 2017, 246ff.

5 Die Organisation der Zukunft: Ein neues Denken für ein gesundes Arbeiten

meinsames Ziel glaubt, egal in welchem Team oder Arbeitsbereich, der hat unmittelbar ein anderes Verhältnis zur eigenen Arbeit und den Kollegen. Ohne Delegation von oben braucht es andere Maßnahmen, die Ordnung und System in die Organisation bringen. Hierfür haben Laloux und Fox konkrete Vorschläge für eine klare Unternehmenskultur mit starken Leitplanken entwickelt. In dieser Kultur sind Wertschätzung, Kollaboration und mentale Gesundheit das A und O. Sämtliche Werkzeuge der beiden Beispielorganisationen wollen diese drei Aspekte zu jeder Zeit sicherstellen.

Wertschätzung, Kollaboration und mentale Gesundheit sind das A und O.

Laloux' Integrale Evolutionäre Organisation

Bei seiner Recherche nach neuen Organisationsformen hat Frederic Laloux einige Unternehmen gefunden, die als selbstorganisiertes Unternehmen wunderbar funktionieren. Ein solches Unternehmen, das in den Medien immer wieder als Beispiel für fortschrittliche und radikal mitarbeiterzentrierte Entscheidungen auftritt, ist Patagonia. Das Unternehmen hat einen so starken Fokus auf das höhere Ziel des Umweltbewusstseins, dass Mitarbeitende nicht nur frei und informal zusammenarbeiten – das Unternehmen spendet mittlerweile alle Erlöse, die nicht in die Mitarbeiterschaft oder Forschung gehen, an Umweltorganisationen und Nachhaltigkeitsprojekte.[76] Basierend auf diesen auffallend neuen Organisationsmodellen, die bereits heute am Markt sind, zeichnet Laloux das Bild der „Integralen Evolutionären Organisation" (s. Abb. 17).[77]

Anstatt langsamer Entscheidungsprozesse und komplexer Kommunikation, wie sie in Laloux' Interpretation der Familiären Organisation anzutreffen sind, gibt es in der Integralen Evolutionären Organisation diverse, dezentrale Teams. Diese Teams arbeiten alle als gleichwertige Teile des Unternehmens und haben jeweils die Autorität, eigene Entscheidungen schnell und unkompliziert zu treffen. Jedes Team entscheidet selbst und kommuniziert vorrangig intern. Führungsetagen werden nicht benötigt, denn es gibt eine

---

76 Vgl. hierzu einen Bericht in der Frankfurter Allgemeinen Zeitung vom 15.09.2022: https://www.faz.net/aktuell/wirtschaft/unternehmen/patagonia-gruender-verschenkt-sein-unternehmen-kampf-gegen-klimawandel-18317608.html (abgerufen am 21.03.2023).
77 Nach der impulsiven, der traditionellen, der leistungsorientierten und der post-modernen Organisation folgt nun die integrale evolutionäre Organisation der Zukunft.

III Vertiefung und Ausblick: Die Zukunft des Handelns

kleine Zentrale, die für Fragen und die allgemeine Kontrolle der Einhaltung von Grundregeln zuständig ist.

Die realen Beispiele aus Laloux' Recherche, wie zum Beispiel die Marke Patagonia – ein weiteres Beispiel ist die niederländische Pflegefirma Buurtzorg – wirken im heutigen Vergleich noch radikal, dabei funktionieren sie sogar effizienter als die Konkurrenz. Der Grund: Der starke Bezug zum Unternehmenssinn und die sensibel konstruierten Leitplanken innerhalb der Unternehmenskultur reichen tatsächlich aus, um die Mitarbeiterinnen und Mitarbeiter sich in den Teams selbst zu überlassen. Mitarbeitende sind glücklicher, arbeiten gern, fallen weniger aus, und die Kunden sind ebenso

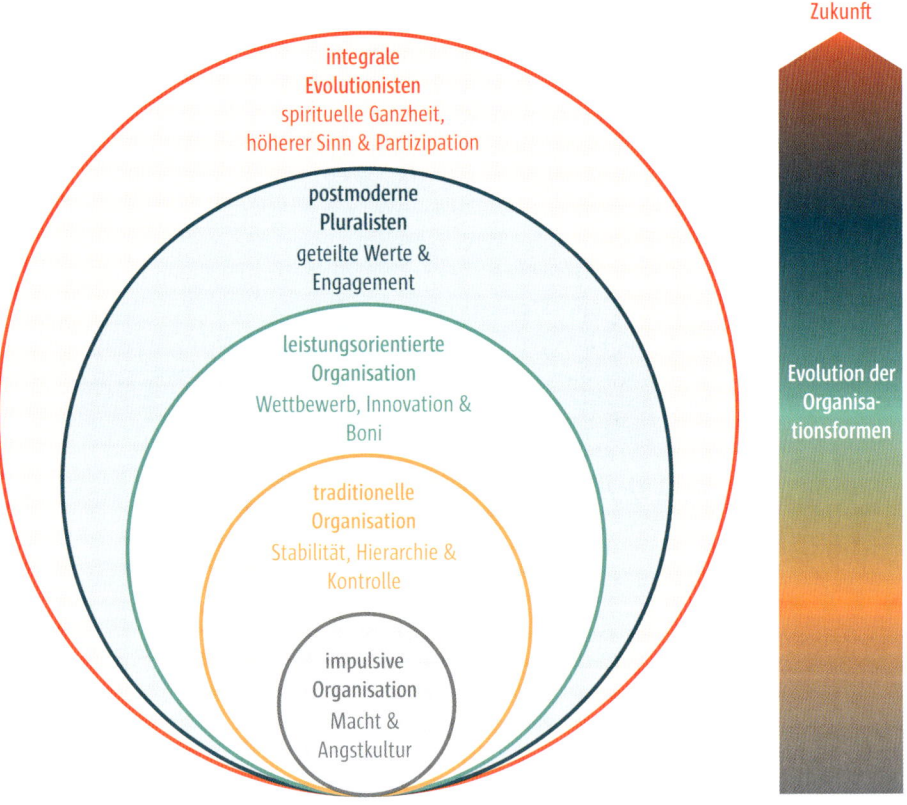

Abb. 17 Laloux' Organisationsevolution mit der Organisation der Zukunft

5 Die Organisation der Zukunft: Ein neues Denken für ein gesundes Arbeiten

zufrieden und beschweren sich weniger. Sinnvolle Strukturen und diverse Teams machen nach Laloux das vorherrschende Konzept einer vertikalen Hierarchie überflüssig. Er vergleicht diesen Aufbau einer Organisation dezentraler Teams mit einem Ökosystem. In der Natur finden wir schließlich auch keine Pyramidenformen, sondern eine ausgewogene Balance aus Flora und Fauna, die sich gegenseitig nähren und befähigen. Hier ist kein noch so kleines Insekt weniger wichtig als das scheinbar überlegene Raubtier – es gibt keine Hierarchie. Warum sollte es in unseren Organisationen anders sein? Die Regeln der Natur benötigen in der menschlichen Welt der Arbeit natürlich einige Anpassungen. Daher herrschen im Organisationsmodell präzise Richtlinien. Beispielsweise sorgen strenge Werte und Anleitungen für die Kommunikation in Meetings für Respekt und Wertschätzung unter den Mitarbeitenden. Es gibt außerdem Verfahren für Feedback und Selbstreflexion, die bis hin zur individuellen Selbstevaluation des eigenen Gehalts geht. Nach Laloux' Recherche ist der Mensch grundsätzlich fair und streng mit sich selbst, selbst wenn es um Finanzen geht.[78]

Aufschlussreich ist auch Laloux' Analyse der Fähigkeiten der Zukunft, die bei den Kollegen der Organisation der Zukunft gefördert werden. Bisher kennt sicherlich jeder das Gefühl, bei der Arbeit das ‚professionelle Ich' hervorholen zu müssen. Für Frauen bedeutet dies oft, sich entschlossener, lauter oder präsenter zu geben, um vor allem in männlich dominierten Arbeitsumfeldern ernstgenommen zu werden. Laloux unterteilt daher zunächst menschliche Kompetenzen in „männlich" und „weiblich". Männliche Kompetenzen werden in aktuellen Organisationen mit Erfolg und Belohnungen verbunden, denn sie zeigen sich in rationalen Skills wie Entscheidungsfähigkeit. Für die Funktion und Zufriedenheit einer hierarchielosen Organisation braucht es nach Laloux jedoch vor allem weibliche Fähigkeiten wie Fürsorge und Empfindsamkeit.[79] Jeder soll sich auf der Arbeit so zeigen können, wie er oder sie ist und nicht als professionelles, künstliches oder vorsichtiges Selbst. Wir finden in Laloux' gesamtem Ansatz diverser Teams über das Ökosystem bis hin zu individuellen Persönlichkeiten am Arbeitsplatz einen Appell für ‚Ganzheit'. Er spricht sich somit insbesondere für Authentizität und Ehrlichkeit sowie für Verwundbarkeit und Diversität aus. Die Organisation der Zukunft ist ein Umfeld, in dem unser Antrieb im Leben mit Karriere in Verbindung tritt. Nach Laloux ist sie aber vor allem ein Ort,

---
78 Vgl. Laloux 2016, 73ff.
79 Vgl. Laloux 2016, 86f.

an dem der Mensch als Mensch zur Arbeit geht und mit seiner Intuition und Kreativität, mit Charakter und Humor für etwas einsteht, woran er oder sie glaubt.

Fox' Bionische Unternehmensführung

In Fox' „Bionischer Unternehmensführung" gibt es ganz ähnliche Parameter und Werte wie schon bei Laloux. Anstatt seine Erkenntnisse auf die Feldforschung und Recherche nach neuartigen Organisationsformen zu stützen, gründet Fox sein Modell einer Organisation der Zukunft auf seine eigenen Berechnungen der Glücklichkeit von Unternehmen: dem Gross Corporate Happiness-Index. Seine Organisation der Zukunft tauft er ebenfalls „evolutionär", jedoch beschreibt er sie genauer als „Bionische Führung".

> **Evolutionär (Wirtschaft 4.0)**
>
> *Bionische Führung („Soul-driven Leadership")*
> - Dienende Vorgesetzte machen sich mit der Zeit selbst überflüssig
> - Alle Menschen im Unternehmen verpflichten sich dem gesellschaftlichen Nutzen und dem höheren Zweck
> - Selbstlernende Organisation
> - Höherer Zweck als Leitprinzip[80]

Gross Corporate Happiness-Index

Fox' Organisation der Zukunft unterliegt einer Bionischen Unternehmensführung, bei der erneut die Seele, der höhere Zweck und die Autonomie im Vordergrund stehen. Nicht umsonst verstehen wir unter *Bionik* einen natürlichen Prozess, der auf technische Strukturen sinnvoll angewandt wurde. Wir lernen auch hier aus der Natur. Konkret lernen wir bei Fox jedoch von der Natur menschlichen Glücks. Denn die Bestandteile der Bionischen Führung basieren auf der Idee des Bruttonationalglücks (Gross National Index), wie es seit 2008 in Bhutan gemessen wird. Das Bruttonationalglück ist ein Index, der mittels einer Befragung zu verschiedenen Kategorien ermittelt, wie zufrieden eine Bevölkerung ist. Die Kategorien dieser Befragung sollen dabei unterschiedliche Bedingungen für ein glückliches Leben widerspie-

---

80 Vgl. Fox 2017, 182f.

5 Die Organisation der Zukunft: Ein neues Denken für ein gesundes Arbeiten

geln. Die Idee der Messung ist also vergleichbar mit Maslows Konzept der Erfüllung verschiedener Schritte auf dem Weg zu seelischer Zufriedenheit. Da die Messung aus einem hochspirituellen Land wie Bhutan stammt, ist sie jedoch viel weniger materiell und beinhaltet beispielsweise Zeit für Meditation.

Die Befragungen des Bruttonationsglücks ist seit der Erfindung in Bhutan global ein voller Erfolg. Fox geht mit dem Gross Corporate Index (GCH) nun den Schritt vom Nationalglück zum Unternehmensglück. Auch beim GCH gibt es konkrete Fragekategorien und ein Evaluierungsverfahren. Doch statt die Zufriedenheit einer Bevölkerung zu messen, wird das Glück einer Organisation anhand der Mitarbeitenden gemessen. Intrinsisch motivierte, proaktive Mitarbeiterinnen und Mitarbeiter sind nach Fox also in erster Linie glücklich und gesund. Doch um die Transformation hin zu einem hohen Score im GCH-Index bzw. hin zu motivierten Mitarbeitenden zu schaffen, braucht es auch in der Bionischen Organisation einige konkrete Maßnahmen und Schritte. Die Unternehmenskultur in Fox' Organisation der Zukunft stärkt spezifische Aspekte, die nach dem Index für ganzheitliche Gesundheit und Glückseligkeit sorgen. Wenn wir hier von *ganzheitlich* sprechen, bedeutet dies erneut die gleichwertige Befähigung der Mitarbeitenden auf verschiedenen Ebenen, die nach Fox einem gesunden Organismus und dessen Körperfunktionen ähneln. Während Laloux das natürliche Ökosystem als Metapher wählt, hat sich Fox für den Körper entschieden. Viele der Parameter, an denen Glück gemessen wird, entsprechen metaphorisch also bekannten Körperfunktionen.

Den drei Grundpfeilern unserer Organisationen der Zukunft – Zufriedenheit, Autonomie und Sinngehalt (bei Fox mit *Kompetenz*, *Beziehung* und *Autonomie* betitelt) – sind entsprechend dem idealen Organismus daher Unterkategorien zugeordnet, die für das gesunde Unternehmen des 21. Jahrhunderts essenziell sind. Mehrere Bausteine, von positiver Anerkennung über eine ganzheitliche Fürsorge bis hin zu mentaler und physischer Fitness, liefern ein Netz aus Parametern, die auf verschiedenen Ebenen des Unternehmens berücksichtigt werden sollen.[81] Auch hier finden wir den Sinngehalt des Unternehmens in zentraler Position wieder. Fox betont mehrfach, dass wir nicht mehr in einer Welt leben und leben werden, in der unsere Unternehmen unabhängig von der Gesellschaft und den globalen Bedürfnissen exis-

---
81 Vgl. Fox 2017, 74ff.

III Vertiefung und Ausblick: Die Zukunft des Handelns

tieren können. Es gibt laut Fox keinerlei Rechtfertigung für eine Arbeit ohne Beitrag zu einem höheren Ziel.

Die Organisation als Organismus

Fox nennt eine gesunde Organisation einen *Körper* und vergibt einzelnen Parametern seines Gross Corporate Happiness-Index auf diese Weise die Rolle des Nervensystems, des Immunsystems oder des Gehirns. Laloux vergleicht sein Modell der Integralen Evolutionären Organisation mit einem natürlichen Ökosystem. Und nicht nur hier, auch in der Business-Welt hören wir immer wieder von einer metaphorischen Rückbesinnung auf das Natürliche. In einem Vortrag berichtete der Co-Gründer von Pinterest, Evan Sharp, von seiner Beobachtung, dass unsere digitale Hardware und Online-Plattformen wie unser Körper funktionieren. Das Internet sei also im Grunde ein gigantisches Nervensystem.[82] Wenn alles wirklich so einfach ist, warum gelangen wir erst jetzt zu dieser Erkenntnis?

Auch wenn es uns vielleicht so vorkommt: Die Erkenntnis, dass alles, was wir Menschen innovieren und produzieren, am Ende auf die Natur zurückführbar ist, ist nicht neu. Der Philosoph Ernst Kapp hat bereits im Jahr 1877 seine Theorie zur Organprojektion veröffentlicht. Darin zeigt er, dass der Mensch unbewusst die eigenen Körperfunktionen und Bewegungen seit seinem Ursprung nach außen verlagert hat. Seine menschlichen Werkzeuge und Objekte sehen entsprechend aus und funktionieren wie der Mensch und sein Umfeld selbst. Schon der Hammer war eine einfache Projektion des schwingenden Arms oder das Messer so spitz wie der Zahn.[83] Nach Kapp kann jedes einzelne Objekt im Japanischen Museum in Leiden (Niederlande) auf eine simple Handfläche zurückgeführt werden.[84] Die dort ausgestellten Gefäße und Schalen sind der Hand in Wesen und Funktion tatsächlich ähnlich. Über die Jahre haben sich diese einfacheren Bezüge zur Handfläche oder zum Zahn weiterentwickelt. Die menschgemachten Gerätschaften wurden komplexer und unsichtbarer, ihre Funktionen sind jedoch nicht weniger menschlich als der Schwung des Hammers.

---

82 Diese Beobachtung schilderte Evan Sharp 2021 in den RCA Vice-Chancellor's Talks am Royal College of Art in London: https://www.youtube.com/watch?v=c_S_aqGfLBE (abgerufen am 28.02.2023).
83 Vgl. Kapp 2018, 3 und 35ff.
84 Vgl. Kapp 2018, 46.

5 Die Organisation der Zukunft: Ein neues Denken für ein gesundes Arbeiten

Selbst die Künstliche Intelligenz ist zumindest bisher nichts weiter als eine Reflexion des menschlichen Gehirns und damit vielleicht sogar die bisher präziseste Projektion unserer selbst.

Nach Kapp können wir gar nicht anders, als unterbewusst unser eigenes Innenleben für die Kombination neuer Erfindungen zu nutzen, selbst wenn es eine Bewegung oder eine Maßeinheit ist.[85]

Aber damit hört Kapps Beobachtung noch nicht auf. Wie projizieren unser Inneres nicht nur in unsere geschaffenen Objekte, wir lernen im Anschluss auch von unseren Entwicklungen. Nachdem unsere Vorfahren den Hammer entwickelt hatten, konnten sie mit der Betätigung des Hammers über Jahre hinweg lernen, ihn immer besser und effizienter zu nutzen. Die Hand wurde durch die Nutzung von Werkzeugen und die damit einhergehende Entlastung feinfühliger und sensibler. Die Baukunst wurde währenddessen durch die gesteigerte Effizienz und Präzision im Umgang mit Werkzeugen perfektioniert. Allmählich wurden Objekte außerhalb unserer selbst ein Mittel der Reflexion unseres eigenen Körpers.[86] Was bedeutet es, dass wir Arme wie Hammer haben? Was bedeutet das Internet für unser Gehirn? Was sagt es über den Menschen aus, dass wir eine KI haben und diese uns selbst spiegelt? Die Beobachtungen von Fox, Laloux und Sharp sollten also nicht bei der Feststellung stehenbleiben, dass unsere Organisationen, digitale Hardware und das Internet unseren eigenen Organismen ähneln. Unsere Innovationen entstehen nicht nur aus einer menschlichen Funktion heraus, wir lernen auch aus unseren Innovationen.

Es handelt sich also weniger um eine Zurückbesinnung auf den Ursprung, auch wenn das für einige vielleicht beruhigend klingen mag. Vielmehr zeigen die Bezüge zwischen Organisationen und natürlichen Organismen wie unserem Körper oder einem Ökosystem, dass es an der Zeit ist, mehr über uns selbst und unsere Umwelt zu lernen. Anstelle des Rückblicks auf die Natur entsteht eine Lernspirale: Wir entwickeln etwas unbewusst nach einem natürlichen Abbild, und wenn wir es vor uns haben, beginnen wir, uns anhand der Innovation evolutionär zu entwickeln und gleichzeitig über uns selbst mehr zu lernen. Was wir also aus Kapps ursprünglicher Theorie

---
85 Vgl. Kapp 2018, 55.
86 Vgl. Kirkwood/Weatherby 2018, 5.

mitnehmen können, ist, dass jede Innovation immer eine Spiralform darstellt. Nehmen wir uns also einen Moment, um zu reflektieren, was uns Produkte unseres menschlichen Schöpfertums, wie die Pyramidenform der Hierarchien, mobiles Arbeiten oder Onlineshops über uns lehren können. Wie haben wir uns durch sie verändert und weiterentwickelt? Haben wir uns körperlich durch die Entlastung oder Belastung dieser Innovationen verändert? Was lernen wir aus ihnen für aktuelle Trends und Wünsche? Wir nähern uns mit diesen Fragen erneut einer Zukunftsnavigation, die dringend nötig ist. Würden wir uns kollektiv und global häufiger ernsthaft diese und weitere Fragen stellen, wäre unsere Umwelt vielleicht nicht so dysfunktional, wie sie es heute ist. Schauen wir uns beispielsweise die Folgen von Plastik als Erfindung an: Es ist beinahe ironisch, dass Plastik heute in den Massen, in denen wir es verwenden, einen erheblichen Schaden für unsere Umwelt erzeugt. Dabei ist dieses toxische Material eine menschliche Erfindung und damit nach Kapp ursprünglich eine natürliche Projektion aus dem menschlichen Körper heraus. Der Theoretiker und Philosoph Tony Fry beschreibt unsere Fehler in Sachen Nachhaltigkeit in seinem Buch „Design and Politics" auch als „defuturing". Er meint damit, dass wir mit jeder schlechten, nicht nachhaltig gedachten Entscheidung heute einen Teil unserer Zukunft ausradieren. Gehen wir also davon aus, wir hätten eine Zukunft, haben wir mit jeder unreflektierten Innovation weniger davon, und das Ende der Zukunft rückt immer näher ans Jetzt – „defuturing".[87]

Der Spiegel, den uns die Reflektion unserer selbst durch unsere Organisationen und Innovationen vorhält, ist nicht mehr so leicht zu ertragen wie zu den Zeiten von Ernst Kapp. Mit jedem Burn-out und jedem Bullshit-Job[88] sehen wir uns selbst als fragilen, sinnsuchenden Menschen reflektiert. Vielleicht ist unsere menschliche Wahrnehmung nicht das Maß der Dinge – oder wir haben uns in eine Sackgasse entwickelt und am Punkt vollen Komforts ist der nächste Schritt wieder inspiriert durch natürlich menschliche Bedürfnisse. Mit der Anti-Growth-Bewegung ist dies heute durchaus denkbar. Vielleicht kommen wir an einen Punkt, an dem unsere Arbeitswelt wieder aktiv ihrem organischen Ursprung nähergebracht werden muss. Möglicherweise können wir aus unseren veräußerlichten Organen (all den Innovationen und Technologien, die nach Kapp unserem Körper nachempfunden

---

87 Fry 2010, 2.
88 Vgl. hierzu Graeber 2019.

5 Die Organisation der Zukunft: Ein neues Denken für ein gesundes Arbeiten

worden sind) heute auch über uns selbst lernen, dass wir einen neuen Fokus auf Gemeinschaft und Pflege – Kollaboration und Gesundheit – benötigen.

Das Innovationsdilemma der Organisationen der Zukunft

Wie werden wir in Zukunft arbeiten? Wenn es nach Fox und Laloux geht, sieht die Zukunft unserer Organisationen wesentlich autonomer, qualitativer, erfüllender und sensibler aus. Beide schlagen Modelle der gemeinsamen Arbeit vor, in denen Führung von oben nicht notwendig oder zumindest bald redundant sein wird. Menschen sind intelligente, soziale Wesen. Gibt man uns ein sinnvolles Ziel und moralische Unterstützung, finden wir Wege, diese Ziele konkrethisch zu erreichen. Der neue Firmenwagen und die Aussicht auf eine Beförderung sorgen eher für Ungleichheit, als dass sie Mitarbeitende langfristig anspornen. Die neuen Möglichkeiten, die sich durch die beiden Modelle bieten, muten fast träumerisch an: Plötzlich können sich Mitarbeitende ihre Position selbst aussuchen und einen Arbeitsplatz entsprechend ihrer Interessen finden. Jeder übernimmt eine natürliche Rolle, einen Zweck in der Organisation.[89] Es bleibt Zeit für Meditation und Reflexion, und die Angst vor Entlassungen aufgrund von Wandel werden durch den sinnvollen und flexiblen Einsatz der menschlichen Ressource gemindert.[90]

Doch bei allen Übereinstimmungen der beiden Autoren gibt es einen gravierenden Unterschied: Beide Autoren haben sich natürlich damit beschäftigt, wie ihre jeweiligen Organisationen der Zukunft mit dem exponentiellen Wandel – wie wir ihn nennen – umgehen müssen. Wie innovieren diese Organisationen ihre Produkte und Dienstleistungen? Wie sie als Arbeitgeber funktionieren, ist klar und klingt sinnvoll. Teilweise sind die Konzepte sogar schon erfolgreiche Realität und in vielen Piloten und Experimenten in ständiger Weiterentwicklung. Doch beim Prozess der Innovationsentwicklung nach außen hin vertreten die beiden Autoren unterschiedliche Meinungen.

Wenn es nach Fox geht, müssen sich die Organisationen der Zukunft in ihren Geschäftsmodellen und Produkten auf die Turbulenzen zukünftiger Krisen besser vorbereiten. Das bedeutet, dass Unternehmen auf der einen Seite bestehende Geschäftsmodelle so weit wie möglich weiterentwickeln

---
89 Vgl. Laloux 2016, 147.
90 Vgl. Fox 2017, 239f.

III Vertiefung und Ausblick: Die Zukunft des Handelns

und auf der anderen Seite bereits immer neue Produkte und sogar alternative Unternehmensmodelle parallel entwickeln und testen. Damit beharrt Fox auf einer angepassten Version der Schöpferischen Zerstörung. Produkte werden für den Fall des Anbruchs einer Transformationswelle vorbereitet. Statt auf die Welle zu warten, empfiehlt Fox die doppelte Absicherung gegen die unvorhersehbare Zukunft. Zuerst soll eine detaillierte Risikoanalyse, wie sie heute bereits gern als Absicherung durchgeführt wird, potenzielle Risiken für die Produkte und Dienstleistungen vorhersehen. So können Innovationen von vornherein vorrausschauend und nachhaltiger gestaltet werden.[91] Doch anstatt zwanghaft an einem Produkt festzuhalten, das früher oder später (und zukünftig immer früher) ausdienen wird, sollen Unternehmen zusätzlich alternative Innovationen entwickeln, die im Zweifelsfall als neues Geschäftsmodell bereitstehen. So sei der Sprung von einem dysfunktionalen Produkt zu etwas Neuem einfacher. Innerhalb der „Bionischen Organisation" wird dieser Innovationsprozess von allen Teams getragen, so dass jeder Mitarbeitende an der Kreation und Antizipation teilhaben kann. Dies ist für Fox wichtig, denn Kreativität ist für ihn ein Treiber von Sinngehalt.

Für Laloux mag dieses Vorgehen vielleicht etwas nach seiner Evolutionsstufe der ‚leistungsorientierten Organisation' klingen, in der es bei Innovationen immer ‚je mehr, desto besser' heißt. Auf dieser Stufe sorgen Innovationen in Silicon-Valley-Manier oft für Konkurrenzdruck unter den Mitarbeitenden. Wer erfindet das ‚neue große Ding' zuerst?[92] Laloux hingegen schlägt einen beinahe spirituellen Umgang mit Innovation vor: Er geht gar nicht erst davon aus, dass Transformation eine Entwicklung bzw. ein Unternehmen einfach so treffen kann, denn nach ihm lässt sich die nächste Welle der Transformation ‚spüren'. In seiner Organisation der Zukunft wird einfach auf das Weltgeschehen gehört. Das mag vielleicht naiv klingen, doch nach unserer vorangegangenen Analyse des zyklischen Wandels ist die Idee des sensorischen Empfindens von Innovationsbedarf nicht ganz unbegründet. Es gibt Zeiten des spürbaren Fortschritts mit einer Welle neuer Innovationen. Klingt diese ab, ist es nur eine Frage der Zeit, bis etwas Neues auf die Bildfläche tritt – auf die Wellenform scheint immerhin Verlass zu sein.

---

91 Vgl. Fox 2017, 21ff. Dies geschieht in Anlehnung an Formate wie dem Szenario-Thinking, einem strategischen und kreativen Workshopformat, bei dem diverse Zukunftsszenarios aufgelistet und mit entsprechenden Lösungen und Alternativen zusammengeführt werden.
92 Vgl. Laloux 2016, 26f.

5 Die Organisation der Zukunft: Ein neues Denken für ein gesundes Arbeiten

Doch bei diesem Vorgehen gibt es natürlich keine Garantie, und bei der steigenden Frequenz des allgegenwärtigen Wandels droht eine derartige „sensorische"[93] Organisation den Absprung oft zu verpassen und am Markt hinterherzuhinken. Die Verantwortung und Risiken hinter der Anpassung der Geschäftsmodelle sind auch für die finanzielle Sicherheit der Mitarbeitenden viel zu hoch, um auf das Gespür zu vertrauen. Damit wird die „Hygiene"[94] des Unternehmens in Mitleidenschaft gezogen. Und wer auf Wandel wartet und ihn aufspürt, ist gleichzeitig nur selten selbst Treiber der Transformation. Gerade als treibende Kraft ist der Unternehmenssinn dabei doch so viel höher.

Wir erkennen ein Dilemma: Trotz radikaler Formen der Organisationsgestaltung und Wege der kollektiven Innovationsgestaltung gibt es scheinbar noch keinen sicheren Weg der Transformation der Geschäftsmodelle. Allgemein bleibt es fraglich, wie und wann hierarchielose Unternehmen sich selbst und ihre Produkte auf kollektiver Ebene an die Zeiten anpassen. Wenn alle auf einer Ebene an einem Ziel arbeiten, wann sind sich dann alle einig, dass intern oder extern etwas grundsätzlich Neues eingeführt werden muss?

Eine Antwort auf das Innovationsdilemma

Trotz der detaillierten und weitreichenden Organisationsgestaltungen nach Fox und Laloux benötigen Organisationen zukünftig einen Weg, um mit den Wellen der Transformation zu gehen und dabei sinnvoll und nachhaltig selbst Treiber zeitgemäßer Innovationsprozesse zu sein. Das gilt sowohl für ihre Produkte und Dienstleistungen nach außen als auch für die eigenen Prozesse im Inneren der Organisation. Wer weiß, wie selbst dezentrale Teams in Zukunft miteinander kommunizieren werden und wer dann Entscheidungen fällt?

In den „Prethinking the Futures"-Workshops geht es vor allem darum, einen regelmäßigen und organischen Prozess in einem Unternehmen einzuführen, durch den von innen heraus sinnvolle Innovationen entstehen können. Die Betonung liegt dabei auf *immer wieder*. Der Workshop folgt auf der Basis der Zukunftsnavigation und der Konkrethik auch den Hinweisen von Laloux und Fox, indem hier Kreativität und Partizipation an erster Stelle stehen.

---

93 Laloux 2016, 119.
94 Vgl. Fox 2017, 59.

III Vertiefung und Ausblick: Die Zukunft des Handelns

Diverse Teams aus Mitarbeitenden aller Etagen und Arbeitsbereiche kommen hier zusammen, um an einem gemeinsamen Ziel zu arbeiten. Was genau das Ziel ist, hängt von aktuellen, sensorisch spürbaren und im Trend beobachtbaren Problemen der Organisation ab. Jedes Mal lösen die Mitarbeitenden diese gewählten Probleme selbst oder antworten auf aktuelle Trends am Markt mit frischen, aber durchdachten Ideen. Zur Lösung nutzen die Teilnehmerinnen und Teilnehmer Kreativität. Die abschließende Selbstevaluierung und Projektion eigener Zukünfte durch den Zukunftskompass ermöglicht zusätzliche sensorische Räume, wie Laloux sie fordert:

„Wir brauchen Räume zur Reflexion, damit sich tiefere Wahrheiten zeigen können."[95]

Mit der imaginativen Befragung anhand des Zukunftskompasses denken die Workshopteilnehmenden über ihre eigenen Zukünfte nach. Sie lernen, verschiedene Optionen ihrer Zukunft zu entwerfen. Die daraus entstehende Flexibilität stärkt ihre Prosilienz. Der Zukunftskompass grundiert und fördert die von Fox vorgeschlagene Auseinandersetzung mit der Zukunft und die von Laloux gepriesene Kraft der Reflexion in eine proaktive Richtung – nach vorne.

Durch die Nutzung von Design-Methoden trainieren die Work- und Mindshops außerdem die Kreativität aller Teilnehmenden. Als ‚Skill' taucht Kreativität in den Visionen von Fox und Laloux immer wieder auf. Intrinsisch motivierte Mitarbeitende sollen nach deren professioneller Einschätzung kreativer sein und wollen ihre Ideen zunehmend in der Organisation einbringen. In Maslows Bedürfnispyramide ist Kreativität nicht ohne Grund ein wichtiger Aspekt der Selbsterfüllung. Die eigenen Ideen in die Welt zu bringen, ist ein natürlicher Drang des anderweitig zufriedenen Menschen. Es ist damit ein Indikator für Gesundheit und Wissensdrang. Kreativität ist als Zielstellung eine der wichtigsten Fähigkeiten der Zukunft.[96] „Prethinking the Futures" fördert also hochrelevante Fähigkeiten in den Mitarbeitenden einer Organisation und bringt die Menschen zusammen, um gemeinsam kreativ und zukunftsfähig zu werden. Diese Form der Zusammenarbeit nennt man auch *Co-Kreation*.

---

95 Laloux 2016, 98.
96 Kreativität ist ein Skill der Zukunft: „A 2010 IBM study interviewed over 15,000 CEOs from 60 countries and 33 industries and found that creativity was named the most important leadership quality to meet the challenges of increasing complexity and uncertainty in the world." (Fadel/Bialik/Trilling 2015, 111)

5 Die Organisation der Zukunft: Ein neues Denken für ein gesundes Arbeiten

Spüren, Antizipieren und risikoloses Umgestalten des Status quo in einem sicheren Workshop-Raum treffen auf Offenheit und diverse Diskussion. „Prethinking the Futures" entwirft innovative Zukünfte und schult dabei gleichzeitig die Veränderungsfähigkeiten in den Mitarbeitenden selbst. Es braucht keine Experten und externe Innovationslabore, mit den Work- und Mindshops werden alle ein Teil des so dringend benötigten Innovationsprozesses.

Und die hier entstehenden Innovationen sind nicht irgendwelche abgehobenen Ideen: Wir haben festgestellt, dass selbst Schumpeters Theorie auf der Annahme beruht, dass wir nicht wissen können, was unsere Mitmenschen brauchen.[97] „Prethinking the Futures" bedient sich an Werkzeugen des Human-centered Designs – Methoden, die genau diese realen Bedürfnisse der Betroffenen empathisch in die Innovationsgestaltung einbeziehen. Damit sind „Prethinking the Futures"-Workshops genauso innovativ wie bodenständig, genauso vorausschauend wie im Jetzt sinnstiftend.

Natürlich reicht ein einzelner Work- und Mindshop nicht aus, um die Rolle eines langfristigen Instruments für die Innovationsgestaltung eines Unternehmens zu übernehmen. Als Konzept mit regelmäßiger Wiederholung bewirken die Work- und Mindshops jedoch weitaus mehr als nur eine einmalige, innovative Intervention und Selbstreflexion. Als ganzheitliches Konzept sind sie ein Werkzeug zur Beantwortung der Frage, wie Organisationen in Zukunft von innen heraus sinnvoll ihre eigene Zukunft gestalten können.

Die Übergangsphase der Organisationsformen

Ein großes Problem, auf das Laloux und Fox gleichermaßen stoßen, ist der Übergang von einem alten Organisationsmodell in ein neues. Wie soll selbst eine postmoderne Organisation, wie Laloux sie nennt, den Schritt in ein dezentrales Modell ohne Führung schaffen? Der Grund, weshalb es immer noch diktatorische Führungen und leistungsgetriebene Innovationsfabriken gibt, obwohl neuere Organisationsmodelle längst erprobt wurden, ist nicht zuletzt, dass nur wenige Organisationen einen Übergang vollziehen. Statt jede Evolutionswelle mitzugehen und die internen Arbeitsprozesse stetig zu erneuern, entstehen die neuen Organisationsformen oft durch neue Gründungen. Dabei bleiben alte Arbeitsweisen erhalten und neue werden aus

---
97 Vgl. Schumpeter 2011, 66ff.

III Vertiefung und Ausblick: Die Zukunft des Handelns

dem Boden gestampft. Wie kann es eine wenig agile, große und am Markt etablierte Organisation überhaupt schaffen, sich ganzheitlich zu transformieren? Laloux und Fox zeigen verschiedene Wege auf, die teils mehr und teils weniger radikal sind. Einer davon ist die Gründung eines externen Prototyps, in der Teile der bisherigen Organisation nach den neuen Strukturen zu arbeiten und ihre individuellen Tätigkeitsbereiche zu finden beginnen. Sie empfehlen damit einen in Phasen vollzogenen Übergang von einem Modell in ein anderes.[98] „Prethinking the Futures" bedeutet als Work- und Mindshop allein vielleicht nicht gleich eine Transformation des gesamten Unternehmens oder einer Institution, doch das Konzept ist ein starkes Vehikel, um von einer veralteten Organisation in ein neues Modell überzugehen. Damit sind die Work- und Mindshops Transformatoren in der Hinsicht, dass sie den notwendigen Raum für systemischen Fortschritt schaffen.

„Prethinking" als Prototyp und Übergangswerkzeug zur Organisation der Zukunft

Wir haben viel über die professionellen Prognosen und Forderungen für zukunftsfähige Organisationen gelernt. Wir wissen, in welche Richtung sich die Trends bewegen und welche Rolle vor allem eine starke Unternehmenskultur und eine qualitative Mitarbeitendenförderung für die Zukunft spielen müssen. „Prethinking the Futures" als Work- und Mindshop-Modell für das Erlernen von Zukunftsfähigkeit und das Ausüben von Konkrethik stellt sich als wegweisendes Instrument für eine Organisation der Zukunft heraus. Die Work- und Mindshops operieren, besonders in einer selbstorganisierten Form, nach den Regeln der Gesundheit, der Autonomie und des Sinngehalts. Sie bringen Individuen in autonomen und diversen Teams zusammen, die gemeinsam für die Lösung eines drängenden Problems arbeiten und hierdurch sichtlich intrinsisch motiviert werden.

Der Work- und Mindshop ist ein wichtiger Schritt zu internen Innovationsentwicklungen. Darüber hinaus ist „Prethinking the Futures" aber auch vor allem ein Experiment fern von den Verantwortungen des Alltagsgeschäftes. In den Workshops wird eine neue Art der Kooperation erprobt und gelebt: Die Organisation der Zukunft wird in „Prethinking the Futures" bereits angewendet und durch Anwendung der Zukunftsnavigation weitergetrieben.

---

98 Vgl. Laloux 2016, 142f.

5 Die Organisation der Zukunft: Ein neues Denken für ein gesundes Arbeiten

Was im Arbeitsalltag vielleicht noch weit entfernt scheint – Arbeiten auf Augenhöhe, Kreativität, intrinsische Motivation, autonome und schnelle Entscheidungsfindung, Selbstevaluation, permanente Visionierung – findet hier bereits statt.

Wir können „Prethinking the Futures" auf viele verschiedene Arten betrachten: als Einladung zur Partizipation an der Innovationsentwicklung in großen Unternehmen, als Förderung intrinsischer Motivation, als Gesundheitsvorsorge und Prävention von mentaler Überlastung, als Förderung von Prosilienz und Zukunftsfähigkeit, als Anwendung und Erarbeitung von Konkrethik, als kreativen Katalysator oder als Schmiede einer Organisation der Zukunft. In jeder Hinsicht wird deutlich, dass die gelungene Kombination aus Zukunftspsychologie und Design in dem von uns entwickelten Format mehr ist als eine kurzlebige Erfahrung.

„Prethinking the Futures" vereint das Wissen über die Zukunft des globalen Lernens, der zukünftigen Arbeitswelt und der zukünftigen Organisationsform unserer Institutionen und praktiziert die entscheidenden Elemente konkrethisch – learning by doing.

Und in jeder Institution, sei es im Krankenhaus, in der Bank oder in der Universität, müssen alle Hierarchien endlich zusammenfinden, um diese Zukünfte für sich und für andere mitzugestalten.

6

Künstliche Intelligenz wird unser Schrittmacher

Thomas Druyen

Bisher haben wir gesehen, dass es eine Fülle von Möglichkeiten gibt, sich zu verändern. Im Grunde ist es nicht kompliziert, sondern nur vom Willen, von konkreten Entscheidungen und deren definitiver Umsetzung abhängig. Leider stehen dieser Höherentwicklung aber Gewohnheit, Sicherheitsansprüche, Mutlosigkeit, Machtinteressen und Phantasielosigkeit entgegen. Dennoch haben der Mensch, die Familie, die Gruppe, das Unternehmen und auch die Gesellschaft unentwegt diese Veränderungsoptionen. Mit der Konkrethik verfügen wir über einen Leitfaden, wie wir unser Mindset umbauen können. Die Praxis der Zukunftspsychologie bietet vielfältige Möglichkeiten, sich mit der persönlichen Zukunft zu beschäftigen und dort bereits spielerische und emotionale Erfahrungen zu machen. Daraus entstehen Entwürfe möglicher Zukünfte und eine faktische Zukunftskompetenz, um mit Unvorhersehbarkeit und Unsicherheit souveräner umgehen zu lernen. Zusätzlich gibt es belastbare Modelle wie die bionische Unternehmensführung von Rüdiger Fox. Sie weisen einen humanen Weg von der siloartigen Organisationsstruktur zu einer intrinsischen Vertrauenskultur. Und wie wir uns innerhalb dieser kooperativen, lebendigen Systeme sinnstiftend und selbstführend bewegen können, zeigt uns Frederic Laloux. Zur Vervollständigung hat Valeska Mangel ein praktisches Handbuch vorgelegt, mit dem wir diese neuen Denk- und Verfahrensweisen trainieren und anwenden können.

III Vertiefung und Ausblick: Die Zukunft des Handelns

Veränderung ist also auch vorsätzlich und proaktiv machbar. Natürlich verändern sich alle und alles auch automatisch. Veränderung ist die DNA des Seins. Aber der Zeitpunkt der Veränderung spielt eine existenzielle Rolle. Wer zu lange wartet, wird bestraft oder ausgelöscht. Das wird geschehen, wenn wir die ökologischen Notwendigkeiten noch länger halbherzig angehen. Das ist bereits bei der Vernachlässigung des demografischen Wandels passiert. Das Gewährenlassen diktatorischer und gewaltbereiter Systeme hat ebenfalls schon längst jede demokratische rote Linie überschritten. Unser Militär, unser Gesundheits- und Bildungssystem sind marode und überholt wie unsere Brücken und unser Schienennetz. Trotz blühender und höchst erfolgreicher Jahrzehnte haben wir den Zeitpunkt der Inventur, der Restaurierung und des Neuanfangs immer wieder verschoben, verzögert und am Ende verpasst. Das ist kein Geheimnis und durch eine endlose Zahl von Büchern und Studien sehr gut belegt. In meiner Studie über die Veränderungsfähigkeit der Deutschen sind wir den Ursachen aus zukunftspsychologischer Sicht schon auf den Grund gegangen. Trotz unserer enormen kulturellen Schöpfer- und Widerstandskraft haben wir große Probleme, Neues und Visionäres auszuprobieren, wenn wir die mögliche Rendite oder den klaren Vorteil nicht einschätzen können. Wir sind überwiegend ein Volk der Utilitaristen, d.h., wir möchten gern den Nutzen kennen, bevor wir etwas machen. Dieser rationale Pragmatismus hat uns Jahrzehnte erfolgreich Orientierung gegeben. Das ist vorbei. Jetzt wirkt diese Vorteilsstrategie zweifellos als eine Begrenzung und im Weiteren auch als eine schwere Bürde, um eine Zukunft zu gestalten, die immer schneller kommt und die immer unvorhersehbarer wird.

Fazit: Veränderung geht uns alle an und sie ist das Fundament der Zukunft.

Diese wahnsinnig rapide und exponentielle Beschleunigung, die uns treibt, ist auch die existenzielle Ursache, warum wir uns jetzt ultimativ ändern müssen als Mensch, als Kollektiv und als Nation. Sonst reisen wir mit dem geistigen Mindset eines VW-Käfers durch virtuelle Welten, die mit Lichtgeschwindigkeit und Quantencomputern funktionieren. Aber wir Menschen sind nicht dumm. Daher sind wir unentwegt dabei, die technologischen Möglichkeiten und das zukunftspsychologische Mindset zu schaffen und zu optimieren, um diese gigantische Herausforderung zu meistern. In erster Linie basiert der rasende Wandel der letzten Jahrzehnte auf der Digitalisierung und den sich ständig vermehrenden Kapazitäten der Künstlichen Intelligenz (KI). Internet, Smartphone, soziale Medien und Cloud-Computing haben unsere Denk- und Arbeitsweisen revolutioniert. Es gibt endlose neue Möglichkeiten, sich mit anderen zu vernetzen, Informationen zu finden und zu gestalten und auch unser Arbeiten viel effizienter zu machen. Noch sind wir alle auf ganz unterschiedlichen Ebenen dabei, diese Segnungen abzuwehren, zu adaptieren oder eben weiterzutreiben. Wir befinden uns in einem historischen Vakuum des Übergangs zum Menschen 3.0. Einige arbeiten schon mit dieser neuen Version, einige sehen ihn, andere wollen ihn adaptieren, andere fürchten sich davor. Die einschlägigen Kriterien dieser Furcht sind relativ eindeutig:

- **Unkontrollierbarkeit:** Eine der Hauptängste bei KI ist, dass diese außer Kontrolle geraten könnte. Wenn eine KI so intelligent wird, dass sie menschliche Entscheidungen selbstständig trifft, könnten die Konsequenzen schwerwiegend sein. Es besteht die Befürchtung, dass die KI selbst Entscheidungen trifft, die dem menschlichen Interesse entgegenstehen oder möglicherweise sogar eine Bedrohung für die Menschheit darstellen könnten.
- **Arbeitsplatzverlust:** Eine andere Sorge besteht darin, dass KI Arbeitsplätze ersetzen oder zumindest erheblich beeinträchtigen könnte. KI-Systeme können bestimmte Aufgaben schneller und effizienter ausführen als Menschen, was bedeutet, dass sie in einigen Branchen Arbeitskräfte überflüssig machen könnten.
- **Unsicherheit:** Da KI-Systeme oft als *Black Boxes* bezeichnet werden, ist es schwierig, zu verstehen, wie sie Entscheidungen treffen oder warum sie bestimmte Ergebnisse liefern. Dies kann ein Gefühl der Unsicherheit verstärken, wenn Menschen KI-Systemen Entscheidungen überlassen müssen, die sich auf ihr Leben oder ihre Sicherheit auswirken.
- **Veränderungen im Alltag:** Die fortschreitende Technologieentwicklung führt zu Veränderungen im Alltag, die von vielen Menschen als bedrohlich empfunden werden. Wenn beispielsweise Roboter oder autonome Fahrzeuge in unser tägliches Leben integriert werden, kann dies für einige Menschen sehr beängstigend sein, da es ihnen das Gefühl gibt, dass sie die Kontrolle über ihr Leben verlieren.

III Vertiefung und Ausblick: Die Zukunft des Handelns

- Science-Fiction-Mythen: Künstliche Intelligenz ist ein beliebtes Thema in Science-Fiction-Filmen und -Büchern, und oft werden dort dystopische Szenarien dargestellt, in denen KI-Systeme die Menschheit bedrohen. Solche Mythen können Ängste schüren und dazu führen, dass Menschen KI mit Misstrauen betrachten.[99]

Vor diesem Hintergrund sind emotionale Befindlichkeiten wie Angst, Vorsicht oder Bedenken ganz normal. Diese abwehrenden Gefühle beginnen sich erst dann zu ändern, wenn Wissen darüber entsteht, wenn man praktische Erfahrungen macht, wenn man es selbst anwendet, wenn Ergebnisse und Nutzen sichtbar werden, wenn man die Veränderung als positiv und wertvoll erlebt und selbst umsetzt. Sie finden hier die wichtigen Elemente, die wir aus der Konkrethik kennen. Veränderung ist also immer ein Vorgang des Machens, des Spielens, des Experimentierens und des Umsetzens. Veränderung ist Praxis. Veränderung durch Lesen, Zuhören, digitales Herumsurfen oder durch Theorien erreichen zu wollen, ist vergeblich. Aber die Initialzündung zum Machen kann und wird durch Ängste, Hass oder Abneigung total ausgebremst. Insofern mag es etwas helfen, wenn wir uns auch einige Vorteile der Künstlichen Intelligenz skizzenhaft anschauen:

- Automatisierung von Prozessen: KI kann uns helfen, effizienter zu arbeiten und repetitive Aufgaben zu automatisieren, was uns mehr Zeit und Energie für kreative und strategische Arbeit gibt.
- Verbesserung der Genauigkeit: KI-Systeme können oft schneller und genauer arbeiten als Menschen, insbesondere bei der Verarbeitung großer Datenmengen.
- Erweiterung des menschlichen Wissens: KI-Systeme können uns helfen, Muster und Trends in Daten zu erkennen, die für menschliche Analysten schwer zu erkennen oder zu verarbeiten sind. Dadurch können wir unser Verständnis von komplexen Phänomenen verbessern.
- Verbesserung der Entscheidungsfindung: KI kann uns bei der Entscheidungsfindung unterstützen, indem sie uns relevante Informationen und Analysen liefert, die wir sonst möglicherweise übersehen hätten.

---

99 Diese Zusammenstellung basiert auf einer Anfrage an ChatGPT am 19.03.2023 um 09:30 Uhr (ChatGPT. https://chat.openai.com/auth/login [abgerufen am 19.03.2023]).

6 Künstliche Intelligenz wird unser Schrittmacher

- **Verbesserung der Gesundheitsversorgung:** KI kann uns helfen, Krankheiten früher zu erkennen und schneller zu behandeln, indem sie medizinische Bilder und andere Gesundheitsdaten analysiert.
- **Verbesserung der Sicherheit:** KI-Systeme können uns helfen, Bedrohungen und Risiken in der Sicherheit zu identifizieren und zu bekämpfen, indem sie Daten in Echtzeit überwachen und analysieren.
- **Erleichterung des täglichen Lebens:** KI kann uns helfen, unsere alltäglichen Aufgaben zu vereinfachen, z.B. durch personalisierte Empfehlungen beim Online-Einkauf oder durch sprachgesteuerte Assistenten, die uns bei der Organisation unseres Tages und unserer Arbeit unterstützen.[100]

Diese Punkte wirken relativ überschaubar, bewirken aber insgesamt das Erreichen einer neuen Stufe der Menschheit. Das ist aber hier nicht unser Thema. Wir wollen lediglich verbindlich und unmissverständlich verdeutlichen, dass eine konkrethische Veränderung und das Erarbeiten von Zukunftskompetenz lebenswichtig sind. Ich denke, dass so allmählich klarer wird, was mit Zukunftsnavigation und „Prethinking the Futures" gemeint und intendiert ist.

Der Hype um ChatGPT

Schauen wir uns ein Beispiel etwas genauer an, wie wir mit dem Erscheinen einer neuen und spektakulären Software umgehen und welche Veränderungsbereitschaft wir an den Tag legen. Anfang des Jahres 2023 gelangte das Thema ChatGPT – wie ein Wunder gefeiert – in die Medien. Bitte googlen Sie selbst, es wurde wirklich alles gesagt und von fast jedem – von der totalen Abneigung bis zur größten Sensation der Menschheitsgeschichte begegnete man allen Reaktionen und Einschätzungen. Und wie wir gelernt haben, sucht sich jedes Gehirn diejenige Wahrheit, die es braucht und will. Für diejenigen, die sich noch nicht so gut mit diesem KI-Programm auskennen, hier ein kleiner Leistungskatalog der Software, der Sie einfach auf Ihrem Handy, Notebook oder Tablet Fragen stellen können. ChatGPT kann Fragen zu fast jedem Thema beantworten, indem es sein Wissen aus einer Vielzahl von Quellen und Datenbanken zieht.

---

100 Auch diese Zusammenstellung ist das Ergebnis einer Anfrage an ChatGPT, gestellt am 19.03.2023 um 09:52 Uhr (ChatGPT. https://chat.openai.com/auth/login [abgerufen am 19.03.2023]).

III Vertiefung und Ausblick: Die Zukunft des Handelns

- Schreiben von Texten: ChatGPT kann auf der Grundlage von Vorgaben und Anweisungen Texte erstellen, die menschenähnlich sind. Es kann Artikel, Essays, Geschichten und mehr schreiben.
- Übersetzen von Sprachen: ChatGPT kann Texte von einer Sprache in eine andere übersetzen.
- Erstellen von Dialogen: ChatGPT kann realistische Dialoge erstellen, die auf Kontext und früheren Antworten basieren.
- Generieren von Ideen: ChatGPT kann Ideen für kreative Projekte generieren, wie zum Beispiel Songtexte, Drehbücher, Gedichte und mehr.
- Analysieren von Texten: ChatGPT kann Texte analysieren, um Themen, Stimmungen und Trends zu identifizieren.
- Erkennung von Sprache: ChatGPT kann gesprochene Sprache in Text umwandeln und umgekehrt.
- Bilderkennung: ChatGPT kann Bilder erkennen und beschreiben, was darauf zu sehen ist.
- Erstellen von Zusammenfassungen: ChatGPT kann lange Texte oder Dokumente zusammenfassen und die wichtigsten Informationen hervorheben.
- Automatische Textkorrektur: ChatGPT kann Texte automatisch korrigieren, indem es Grammatik und Rechtschreibung überprüft.
- Personalisierung von Inhalten: ChatGPT kann Inhalte auf den Benutzer abstimmen und personalisieren, indem es das Nutzerverhalten analysiert.
- Identifizierung von Spam: ChatGPT kann Spam-Texte oder Spam-E-Mails identifizieren und herausfiltern.
- Emotionserkennung: ChatGPT kann Emotionen in Texten erkennen und darauf reagieren.
- Chatbot-Funktionalität: ChatGPT kann als Chatbot verwendet werden, um automatisch mit Benutzern zu interagieren und Fragen zu beantworten.
- Anpassung an verschiedene Sprachen und Kontexte: ChatGPT kann auf eine Vielzahl von Sprachen und Kontexten angepasst werden, um die bestmögliche Leistung zu erzielen.
- Generierung von Code: ChatGPT kann Code in verschiedenen Programmiersprachen generieren.

6 Künstliche Intelligenz wird unser Schrittmacher

Die Liste könnte problemlos mit vielen weiteren Punkten erweitert werden. Nicht nur das: Es gibt so etwas Ähnliches auch für Bilder („Midjourney"), da definieren Sie das Gewünschte mit Ihren Worten, und sofort erscheint die Visualisierung. Geben Sie das Wort *Veränderung* für eine bekannte Persönlichkeit ein, erhalten Sie unter Umständen Bilder aus unterschiedlichen Altersphasen, auch aus der Zukunft. Wünschen Sie Bilder von verschiedenen Bergen in einem, gestaltet die Software dieses Mischwerk für Sie. Es gibt Roboter-Hunde, die im Stil von Hieronymus Bosch umgesetzt wurden, oder Päpste, die miteinander Golf spielen. Auch das Titelbild dieses Buches ist so zustande gekommen. Valeska hat Begriffe eingegeben, die unser Thema definieren. Von der Zukunft über den Kompass und die Konkrethik bis hin zum Design sind viele Elemente genannt worden, die Midjourney dann verarbeitet und visualisiert hat – wir fanden es super. Sie sehen, alles ist möglich, und das Veränderungstempo nimmt immer mehr zu. Was das Veränderungspotenzial angeht, möchte ich noch einmal den international renommierten Kognitionsforscher Thomas Metzinger zu Wort kommen lassen:

> *„Es bleibt logisch immer möglich, dass sich alles ganz anders verhält. Vor allem, darauf möchte ich ausdrücklich hinweisen, könnte es sich auf eine Weise anders verhalten, die wir überhaupt nicht mehr begreifen können, weil sie unser Vorstellungsvermögen komplett übersteigt."*[101]

Dieser Hinweis dokumentiert, dass wir auch den Umgang mit dem Unvorstellbaren lernen sollten.

Kommen wir zurück zu ChatGPT: Für unseren Zusammenhang ist es wichtig zu beobachten, wie eine neue und vielversprechende Anwendung so diametral unterschiedlich bewertet wird. Dies gilt in der Wissenschaft, den verschiedenen Öffentlichkeiten, den sozialen Netzwerken und den Medien. Dieses Spektrum an teilweise extrem weit auseinanderliegenden Interpretationen zeigt: Es gibt keine objektive Perspektive mehr. Jeder sieht alles durch die eigene Brille und das eigene Mindset. Trotz gigantischer Innovationen ist es in Zeiten ultimativer Rechthaberei schwierig, auf einen gemeinsamen Nenner zu kommen. Dieses Mindestmaß an Gegenseitigkeit, dieser Versuch, eine minimale gemeinsame Objektivität zu erzeugen, gehört in das Aufgabenfeld der Konkrethik. Gleichzeitig versuchen wir mit der Zukunftsnavigation und den „Prethinking the Futures"-Workshops, Phantasie

---

101 Metzinger 2023, 148.

III Vertiefung und Ausblick: Die Zukunft des Handelns

und Vorstellungsvermögen pragmatisch anzuregen, um auf der Klaviatur des Möglichen und des Opdativen (also dessen, was sein könnte) proaktiv und furchtlos zu spielen. In der Zukunftspsychologie versuchen wir diese mentale Prosilienz zu messen, zu erweitern und zu trainieren.

Die Umgehensweise mit ChatGPT zeigt ein Muster, wie Veränderung und mögliche Zukünfte bei uns Verwendung finden. Das Neue erzeugt zu Beginn einen unglaublichen Hype, dann kommen die Bedenkenträger wie Heuschrecken und allmählich versinkt es in den Wirren des Alltags. Diejenigen, die es erfunden haben, treiben es mit Hochdruck weiter, viele die es ausprobiert haben, integrieren es in ihren Alltag und die meisten denken nicht mehr weiter darüber nach. Ich nenne das mal *Kompostierung der Zukunft*. Für unser Buch hier zählt jetzt nur diese Frage: Was kann ChatGPT zur Veränderung beitragen und welchen Zukunftsnutzen können wir erwarten? Für mich wird sich ein Menschheitstraum realisieren. Früher nannte man es *Orakel*, und heute steht uns eine – wie oben angedeutet – Technologie und Software zur Verfügung, die fast jede Frage sofort beantworten kann. Unglaublich, aber wahr. Wir befinden uns auf einem Weg, das Undenkbare denkbar zu machen. Es ist ein bisschen so, als hätte ich Millionen Experten und Spezialisten, natürlich aller Geschlechter, in meiner digitalen Westentasche. In – grob geschätzt – zehn Jahren kann ich als Wissenschaftler und Wissenschaftlerin sofort auf alle Bibliotheken, alle Studien und das gesamte Universum globaler wissenschaftlicher und publizistischer Daten zugreifen. Auch heute kann ich bei Google eine Frage eingeben und erhalte kurze Erläuterungen sowie eine endlose Liste von weiterführenden Links. Es dauert Stunden oder länger, wenn ich all dem nachgehen will. Bei ChatGPT dagegen stellen Sie eine Frage und werden sofort bedient. Natürlich kann man auch das Fragen selbst verbessern, vertiefen und in einen Dialog verwandeln. Je tiefer man hineinruft, desto gigantischer die Resultate. Als Kind hätte ich das für Zauberei gehalten, doch tatsächlich sind es Informationstechnologie und Künstliche Intelligenz. Aber die blitzschnellen Ergebnisse haben immer noch etwas von Magie.

Wir befinden uns auf einem Weg, das Undenkbare denkbar zu machen.

Ob ich einen Vertrag entwerfen will, ein Kochrezept suche, eine Patientenverfügung benötige, Wissensfragen habe, etwas über den Urknall hören möchte oder medizinische, ernährungsrelevante oder technische Auskünfte benötige: Egal was es ist, ‚the sky is the limit'. Ein ultimatives Daten- und

Auskunftsuniversum, das sich ständig erweitert und verbessert. Mit Hilfe der Künstlichen Intelligenz kommt aber der alles entscheidende, verändernde und springende Punkt noch hinzu: Sie kann selbst lernen, sie kann sich selbst endlos verbessern, sie ist nicht nur von Programmierungen abhängig, sie kann ihre unvorstellbare Rechenkraft weiter steigern und für eine nachhaltige Zukunftsveränderung nutzen. Darin liegt für mich auch ihr Sinn: Sie ist von menschlichem Schöpfergeist erfunden und in die Lage versetzt worden, uns weit über unsere Fähigkeiten hinaus zu Diensten zu sein. Das sind natürlich alles riesige Themenbretter, die hier gebohrt werden können. Mir geht es nur um die zukunftspsychologische Botschaft, dass wir lernen können, souverän und selbstbestimmt mit allem Neuen umzugehen, selbst wenn wir es in ihrem Kern nicht mehr verstehen. Ansonsten sollte man jetzt sofort aus seinem Auto steigen, sein Smartphone wegwerfen und offline gehen, denn die inneren Vorgänge dieser Geräte verstehen auch die wenigsten.

Keine Angst, ich bin nicht naiv. Die möglichen Schattenseiten und Unzulänglichkeiten sind mir bewusst. Noch macht ChatGPT Fehler, produziert zuweilen unsinnige Antworten – und klar, die Software weiß gar nicht, was sie sagt. Aber dennoch müssen wir zur Kenntnis nehmen, dass dieses Phänomen noch vor einiger Zeit schlicht totale Phantasie war. Und darin liegt auch die Veränderungsbotschaft: Was gedacht werden kann, wird auch möglich werden. Fortschrittliche Dinge zu ignorieren, sie abzuwehren oder verhindern zu wollen, ist kein kreativer Akt, sondern lediglich ein Signal der Überforderung und Resignation. Es geht um das Mindset: Mit welchem Geist und Tatendrang wollen wir die Zukunft meistern?

Gesundheitsfachberufe

Jedes Buch hat eine Zielgruppe. Die Frage nach der Zielgruppe dieses Buches hat uns der Verlag oft gestellt. Mit meiner Antwort „alle Menschen in Deutschland" war niemand zufrieden. Gedachte Kommentare wie „Größenwahn" oder „unprofessionell" wurden Gott sei Dank nicht artikuliert. Auch wenn meine Antwort auf alle Fälle ernst gemeint war, gibt es natürlich bestimmte Ziel- und Berufsgruppen, die hier in ganz besonderer Weise adressiert sind. Als Präsident der opta data Zukunfts-Stiftung gilt diese Aufmerksamkeit den Gesundheitsfachberufen und in weiteren konzentrischen Kreisen der Gesundheitsbranche insgesamt. Veränderung und Zukunftsfähig-

III Vertiefung und Ausblick: Die Zukunft des Handelns

Veränderung und Zukunftsfähigkeit sind mentale Stärken und Tugenden.

keit sind mentale Stärken und Tugenden. Sie haben enormen Einfluss auf unser psychisches Wohlbefinden und damit auf unsere gesamte Gesundheit. Die Art und Weise, wie wir in Zukunft mit technischen Neuerungen wie der Künstlichen Intelligenz in der Medizin und im Gesundheitswesen umgehen werden, ist existenziell für unsere Bürgerinnen und Bürger und für unser Land. Auch hier ist Veränderungsbereitschaft das Nadelöhr, durch das noch viele Menschen auf allen Ebenen des Gesundheitssystems gehen müssen. Dieser Aufgabe widmen wir uns bei der opta data Zukunfts-Stiftung[102] mit besonderem Nachdruck. Durch zukunftspsychologische und weitere Studien versuchen wir, den Veränderungsstatus und die Veränderungskompetenz zu messen und die Veränderungswünsche und Visionen der Mitarbeitenden in der Pflege, in Kliniken und Krankenhäusern, bei den Rettungsdiensten, in der Sanitätsbranche, in den Seniorenheimen und bei der ambulanten Pflege zu berücksichtigen und zu dokumentieren.

Auch hier erkennen wir immer wieder ein klares Muster: Problemerkennung frühzeitig, Problembehandlung langwierig, Problemlösung je nach Interesse verschoben. Am Ende werden die sich rechtzeitig bietenden Chancen nicht genutzt und die Zahl der Baustellen wächst allmählich exponentiell. Diese Verdrängungstaktik, wie sie beim demografischen Wandel zu beobachten ist, habe ich schon mehrfach angesprochen. Im vergangenen Jahr haben wir Interviews mit Babyboomerinnen und Babyboomern durchgeführt.[103] Die Angehörigen dieser Generation sind historisch gesehen außerordentliche Pflegeexperten, da sehr viele von ihnen dieses Versorgungsthema bei ihren Großeltern und Eltern hautnah miterlebt haben und sich jetzt mit der eigenen Pflegeprävention und dem Dialog darüber mit ihren Kindern beschäftigen müssten. Klingt offensichtlich und selbstverständlich, doch ist das Gegenteil der Fall. Über 70 Prozent dieser 19 Millionen Menschen ignorieren diese Notwendigkeit. Größtenteils wird Pflege nur ernstgenommen, wenn sie unvermeidlich auf der Tagesordnung steht. Dann ist es allerdings für Prävention und Veränderungsmaßnahmen bereits zu spät. Für dieses Auf-die-lange-Bank-Schieben gibt es den einladenden

---

102 Vgl. hierzu die Website der opta data Zukunfts-Stiftung: www.optadata-zukunfts-stiftung.de (abgerufen am 21.03.2023).

103 Diese Studie kann auf https://www.optadata-zukunfts-stiftung.de/1/zukunfts-forschung/pflegestudie-2022-download#pflegeStudie2022mitBabyboomer-5590 (abgerufen am 20.03.2023) eingesehen werden.

6 Künstliche Intelligenz wird unser Schrittmacher

Begriff *Prokrastination*. Er beschreibt gnadenlos, wie wir meistens mit Veränderung umgehen. Das ist in etwa so: Es klingelt, und wir machen eine Stunde später die Tür auf.

Auch in unserer Pflegestudie[104] konnten wir dieses Verzögerungs-Dilemma unzweifelhaft belegen. Vor allem die Pflegenden selbst leiden unter diesem permanenten Veränderungsstau. Aus diesem Grund haben wir die Studie *WeCare4us* genannt. Darin steckt der Appell, mit der Veränderung bei sich selbst zu beginnen, und vor allem aber der Hinweis, dass die Pflege eine wertvolle, gesamtgesellschaftliche Verantwortung darstellt. Diese Pflicht, diese Empathie und diese Hochachtung vor der humanen Tätigkeit fehlt weitgehend in der Politik, im Gesundheitssystem selbst und bei der überwiegenden Mehrheit der Bevölkerung. Hiermit ist nicht eine vorübergehende Dankbarkeit oder die oberflächliche Einsicht in den Sinn der Tätigkeit gemeint – der Balkonapplaus während der Pandemie war ja ein unbeholfenes Zeichen der Anerkennung. Es geht viel tiefer und vielmehr um die nachhaltige Wertschätzung von Menschen, die große Zeiten ihres Lebens in den Dienst der Gesellschaft und in die Versorgung anderer Menschen einbringen. Das ist eine systemrelevante und höchst ethische Leistung, die existenziell viel mehr verbindlichen und pragmatischen Respekt genießen sollte. Es geht nicht um Blumen und Sonntagsreden, sondern um Ausbildung, Vergütung, Dienstpläne, das Verhältnis zu Ärzten und Ärztinnen, die ökonomische Bedeutungslosigkeit der Pflege als Dienstleistung und die skandalösen Defizite in Bezug auf Personal, Nachwuchs, Mitarbeiter und Mitarbeiterinnen. All diese Themen sind nicht neu, nein, sie haben sich über Jahre und Jahrzehnte offensichtlich aufgebaut. Diese Veränderung hin zum Dilemma geschah sehenden Auges. Dass jetzt Millionen Babyboomer in Rente gehen, wissen wir seit fünfzig Jahren, und ebenso, dass dies unglaubliche Auswirkungen auf die Seniorenversorgung, auf Krankenhäuser und Pflegekräfte haben wird. Da sind wir wieder bei der furchtbaren Reaktionsverzögerung: Das Handeln kommt immer zuletzt, Proaktivität ist nicht unsere Stärke. Und darum geht es jetzt final: diese Umstellung, diese Einstellungsveränderung in Deutschland hinzubekommen.

Genau aus diesen Gründen ist es unverzichtbar, aus der Zukunft lernen zu wollen und zu können. Wir haben mit Pflegekräften des Universitätsklini-

---

104 Weitere Informationen zur WeCare4us-Studie finden sich auf https://www.optadata-zukunfts-stiftung.de/forschung/wecare4us-klinische-pflegestudie-download#wECARE4USKLINISCHEPFLEGESTUDIE-5623 (abgerufen am 23.03.2023).

kums Essen mehrfach die hier vorgestellten Work- und Mindshops „Prethinking the Futures" durchgeführt. Die Teilnehmenden waren voller pragmatischer Verbesserungsideen auf allen Ebenen, die ihre Aufgaben betreffen. Wer sollte die Zukunft dieser stationären Pflege besser kennen als jene, deren Leben und deren Morgen darin stattfinden wird? Aber diese tätigkeitsnahen Innovationen stoßen danach an die Grenzen der Wirtschaftlichkeit, der Hierarchien, der Verwaltung, des Gesundheitssystems und so weiter. Wenn eine menschlich und gesundheitlich gesehen noch so phantastische Arbeit aber keine ökonomischen Gewinne erwarten lässt, sind ihr Gewicht, ihre Bedeutung und auch ihre nachhaltige Förderung eine ganz schwierige Herausforderung. An diesem Beispiel erkennen wir: Pflege geht uns alle an, alle Generationen ohne Ausnahme. Was mit der Pflege geschieht, passiert uns und markiert auch unsere Zukunft. Wenn wir uns in diesem Sinne alle verändern, aber die Politik nicht mitspielt, entsteht Lähmung oder Rückschritt.

Im Rahmen unserer zukunftspsychologischen Arbeit beschäftigen wir uns auch mit den Arbeitsbedingungen und den Mindsets der Rettungskräfte und der Rettungsdienste. Schon als Kinder trugen wir die Notrufnummern als letzte Rettungsanker im Bewusstsein. Die Sirenen, die Fahrzeuge, die Rettungskräfte, die Notärzte sind überall gegenwärtig, auch wenn jeder Mensch natürlich froh ist, sie nicht in Anspruch nehmen zu müssen. Wie auch in der Pflege machen wir uns erst dann Gedanken über diese Berufsgruppe, wenn wir sie brauchen oder Notfälle bereits eingetreten sind.

Unser altbekanntes Muster kommt wieder zum Vorschein: Vorbeugen, Vorsorgen, Vorausschauen ist die Ausnahme, und Reagieren, wenn es zu spät ist, die Regel.

Sich in dieser Hinsicht zu ändern, dazu fehlt die Bereitschaft. Nun hat sich aber die Situation der Rettungsdienste in den letzten Jahrzehnten selbstverständlich verändert. Allein der demografische Wandel mit einer ständig steigenden Zahl älterer Menschen hat diese Entwicklung absehbar gemacht. Auch hier hatte es geklingelt und keiner machte auf.

Schon vor Corona war die Zahl der psychisch Belasteten nach oben gegangen. Dies ging während der Pandemie nachvollziehbarerweise weiter. Der Ukrainekrieg, die Energierisiken und ständig neue Krisen üben seelischen

Druck und Ängste in der Bevölkerung aus. Diese geistige Überforderung macht unsere psychische Befindlichkeit fragil und schnell gereizt. So ist es kein Wunder, dass sich immer mehr Menschen fürchten, isoliert fühlen, krank oder ohnmächtig werden. Diese Steigerung der alltäglichen Belastung hat unmittelbare Auswirkungen auf das Rettungswesen, die auch nicht vom Himmel gefallen sind. Wenn man sich zum Beispiel in einem Zustand der Panikattacke befindet, herrscht emotional absolute Not. Tritt die übliche Situation ein, dass der Hausarzt nicht sofort einen Termin anbieten kann, die Notaufnahme hoffnungslos überfüllt ist, aber die Angst steigt, ist das Wählen des Notrufes naheliegend. Schneller geht's nicht. Vor diesem Hintergrund kommt es zunehmend zu einer totalen Überlastung der Rettungsdienste. Das fängt schon bei der permanenten Auslastung der Zentralen an. Es gibt darunter eben auch ganz viele Bagatellfälle, die medizinisch durchaus nicht akut sind. Für diejenigen, die die Panik aber empfinden, ist das irrelevant. Auch hier vollzieht sich ein angekündigter Strudel oder Wirbelsturm, der nur mit einer neuen Perspektive verändert werden kann. Es geht hier nicht um Details oder Lösungen, sondern wiederum um das Muster. Wir wissen, dass 19 Millionen Babyboomer und eine Vielzahl von Singles in Zukunft Rettungsangebote benötigen werden. Die momentane politische, länderspezifische und gesundheitssystemische Architektur der Rettung ist darauf nicht vorbereitet. Es gibt dazu viele Modelle, Pilotprojekte und innovative Neuregelungen als Anregung und Veränderungspotenzial. Aber die grundlegende Bereitschaft, das Rettungssystem zukunftsfähig zu machen, wird wie Parmesan zwischen unterschiedlichen Interessengruppen zerrieben. Wieder haben wir es mit Menschen zu tun, die eine aufopfernde Tätigkeit ausüben, ohne die unser Land zusammenbrechen würde. Wieder bleibt die umfassende Anerkennung aus. Manchmal verkehrt sie sich mittlerweile sogar ins Gegenteil, Rettungskräfte müssen bei ihrem Einsatz mit Aggression und Beschimpfung rechnen. Auch hier ist es unaufschiebbar, aus der Zukunft zu lernen. Das bedeutet, sich die neuen funktionierenden Vorbilder in aller Welt anzusehen, die Veränderungsbereitschaft aller am Rettungsdienst Beteiligten drastisch zu erhöhen und die Optionen der Künstlichen Intelligenz, die dienlich sind, jetzt schon zu implementieren.

III Vertiefung und Ausblick: Die Zukunft des Handelns

Telematikinfrastruktur

Schauen wir noch ein markantes und aktuelles Beispiel an, wie die Zukunftsoptionen der Digitalisierung bei uns im bekannten Schneckentempo Einzug halten. Es geht um die Telematikinfrastruktur (TI, zusammengesetzt aus *Telekommunikation* und *Informatik*). Darüber gibt es in gedruckter Form und in digitalen Suchmaschinen extrem viel zu erfahren und zu verstehen.[105] Uns interessiert in diesem Zusammenhang nur, wie lange es dauert, bis die Neuerungen und Veränderungen umgesetzt werden. Kurz gesagt, ist die Telematikinfrastruktur die digitale Plattform, um alle Akteure im Gesundheitswesen wie Ärzte, Zahnärzte, Psychotherapeuten, Krankenhäuser, Apotheken und Krankenkassen, Leistungserbringer und Patienten miteinander zu vernetzen. Das Ziel dieser komplexen Innovation ist auch die Verbesserung der medizinischen Versorgungsqualität, die Erhöhung der Prozesseffizienz und die Steigerung der Patientensicherheit. Es handelt sich also um eine unverzichtbare und lebenswichtige Innovation, die die Errungenschaften der Digitalisierung und der Künstlichen Intelligenz für das gesamte Gesundheitswesen anschlussfähig macht und zweifellos die Zukunft bereichert.

Erste Ideen dazu sind schon im Jahr 2001 dokumentiert.[106] Im Jahr 2002 beabsichtigten die Spitzenverbände des deutschen Gesundheitswesens bereits die Einführung der elektronischen Patientenakte (eGK). 2004 folgte das Gesetz zur Modernisierung der gesetzlichen Krankenversicherung, um die Planungen auf den Weg zu bringen. 2005 wurde dann die gematik GmbH als Betreibergesellschaft der Telematikinfrastruktur gegründet. Im Jahr 2011 gab es die erste elektronische Gesundheitskarte tatsächlich, aber außer einem Lichtbild hat sie noch keine weiteren Funktionen gegenüber der alten Krankenversichertenkarte. Dieser stufenweise Prozess mit dem E-Health-Gesetz 2015 und vielen weiteren Schritten über das Digitale-Versorgungs-Gesetz 2020 und dem Patientendaten-Schutz-Gesetz 2021 bis zur Digitalisierungsstrategie für das Gesundheitswesen und die Pflege im Jahr 2023 dauert bislang 21 Jahre.

Die TI insgesamt wurde in Deutschland im Rahmen des Gesetzes zur Verbesserung der Versorgungsstrukturen in der gesetzlichen Krankenversiche-

---

105 Vgl. hierzu https://www.gematik.de/telematikinfrastruktur (abgerufen am 14.04.2023).
106 Zur Chronik der Telematikinfrastruktur vgl. https://magazin.digitales-gesundheitswesen.de/telematikinfrastruktur-chronik/ (abgerufen am 14.04.2023).

6 Künstliche Intelligenz wird unser Schrittmacher

rung (GKV-Versorgungsstrukturgesetz) und durch das Gesetz für sichere digitale Kommunikation und Anwendung im Gesundheitswesen (E-Health-Gesetz) im Jahr 2015 beschlossen und 2016 eingeführt. Die Gesetze sehen vor, dass bis zum 31. Dezember 2018 alle Ärzte und Psychotherapeuten sowie Krankenhäuser an die TI angeschlossen sein müssen. Seitdem wird die TI schrittweise wie oben beschrieben ausgebaut (beispielsweise für den Pflege- und Heilmittelsektor) und um ergänzende Anwendungen erweitert.[107] Meist gibt es eine Phase für Berufsgruppen, in der eine freiwillige Anbindung an die TI möglich ist, bevor es zur verpflichtenden Einführung kommt. Ein kleiner Ausblick: Seit 2021 ist die Nutzung der ePA freiwillig möglich für Patienten, 2022 kam die Einführung des eRezeptes, 2024 folgen die TI-Pflicht für Pflegeeinrichtungen und der freiwillige Anschluss für Heilmittel- und Hilfsmittelerbringer, ehe er dann ab 2026 verpflichtend ist.

Die Sinnhaftigkeit und Zukunftsrelevanz dieser Innovation steht außer Frage. Die Zahl der Vorteile ist riesig – allein eine Transparenz über Krankheitsverläufe und Diagnosen zu haben oder endlich völlig überholte Papierprozesse zu beenden. Trotz dieser Eindeutigkeit verläuft die Implementierung wahnsinnig behäbig, dauert ewig und wir kommen wieder zu unserem altbekannten Muster: Längst erkannt, aber nicht zügig umgesetzt. Dabei geht es hier nicht um eine freiwillige Aktivität, sondern um eine gesetzliche Notwendigkeit. Auf Messen oder Tagungen habe ich in den letzten zwei Jahren immer wieder erlebt, dass Praktiker und Praktikerinnen im Gesundheitswesen die Bedeutung der Telematikinfrastruktur nur partiell oder oberflächlich kennen. Es darf uns daher nicht wundern, wenn wir beim Thema Digitalisierung und Künstliche Intelligenz auf vielen Ebenen weder konkurrenzfähig noch zukunftskompetent sind. Diese Defizite sind bedrohlich und gefährlich. Sie verhindern, dass Patienten und Patientinnen optimal versorgt werden, sie hemmen den Modernisierungsprozess unseres Gesundheitswesens und sie schwächen auch unsere Leistungsfähigkeit und unternehmerischen Ambitionen. Hier fehlen im besonderen Maße die Veränderungsbeschleuniger der Zukunftsnavigation, der Konkrethik und der Prosilienz.

Die Einführung der Telematikinfrastruktur für die Gesundheitsfachberufe zieht sich noch weiter hin. Dennoch ist der Austausch auf Augenhöhe für

---
[107] Weitere Informationen finden sich auf https://www.bundesgesundheitsministerium.de/service/begriffe-von-a-z/v/versorgungsstrukturgesetz.html und https://www.bundesgesundheitsministerium.de/service/begriffe-von-a-z/e/e-health-gesetz.html (abgerufen am 24.03.2023).

III Vertiefung und Ausblick: Die Zukunft des Handelns

die Leistungserbringer ein wesentlicher Zukunftsfaktor. Insgesamt wird sich die Versorgungsqualität damit wesentlich erhöhen. Dennoch sind Hindernisse bei der Umsetzung zu beobachten. Hier verweise ich gern auf meinen geschätzten Kollegen Dr. Jan Helmig, CDO der opta data Gruppe, der wie kaum ein anderer die komplexe Gemengelage der Telematikinfrastruktur und ihrer Begleiterscheinungen kennt und vermitteln kann.[108] Aus zukunftspsychologischer Sicht gibt es berufsgruppenunabhängig gewisse Vorbehalte gegen all diese digitalen, komplexen, trainingsintensiven und manchmal arbeitsabhaltenden Maßnahmen. Die direkte Einsicht einer lohnenden Investition in Zeit, Aufwand und neue Technologien ist nicht bei allen greifbar. Diese Skepsis hat aber nachvollziehbare Ursachen. Jene Menschen, die beispielsweise in der Pflege oder Rettung arbeiten, haben ein menschenzentriertes Mindset. Für sie stehen der unmittelbare Dienst an der Person und die Berücksichtigung seiner oder ihrer Bedürfnisse absolut an erster Stelle. Da wird jede aufwändige und komplexe Innovation erst einmal auf ihre unmittelbare Wirksamkeit hin geprüft. Und ist das Resultat oder die Durchschaubarkeit nicht zufriedenstellend, rückt das Thema nach hinten. Diese nachvollziehbare Hürde gilt es zu überwinden. Die dazu notwendige Veränderungsbereitschaft kann erlernt und erarbeitet werden. Die Ausführungen dieses Buches und die agilen Erfahrungen bei der Durchführung von „Prethinking the Futures" Work- und Mindshops dienen genau dieser Aufgabe. In mehreren Seminaren haben wir die Erfahrung gemacht, dass genau dieses gemeinschaftliche, hierarchie- und bereichsübergreifende, empathische und gemeinsame Experimentieren Lust und Bereitschaft erzeugt, das Neue anzunehmen und zu üben und somit auch aus der Zukunft zu lernen.

Gerade für die Gesundheitsfachberufe offenbart sich im Moment eine historische Chance, im Gesundheitswesen und in der gesamten Gesellschaft einen neuen Stellenwert zu erlangen. Wie hier mit Zukunft und Veränderung umgegangen wird, kann wegweisend für alle werden.

---

108 Vgl. hierzu https://www.ehealth-tec.com/de/podcast/28-folge-dr-jan-helmig-uber-die-telematikinfrastruktur-die-datenautobahn-des-gesundheitswesens (abgerufen am 24.03.2023).

6 Künstliche Intelligenz wird unser Schrittmacher

Es gibt die Chance der Vorbildlichkeit. Große Teile der Öffentlichkeit und auch viele Mediziner denken zumindest bäuchlings, dass diese Berufsgruppen eher am Ende der Gesundheitsschlange agieren. Dieser Einschätzung entgegenzutreten und nun das Gegenteil zu beweisen, könnte jene Energie freisetzen, um sich vorausschauend und proaktiv zu verändern. Gemeinsamkeit macht stark. Auch bei der Umsetzung der Telematikinfrastruktur gibt es durchaus unterschiedliche Zielsetzungen bei den jeweiligen Interessengruppen wie z.B. Verbänden, Krankenversicherungen oder Ärzten. Die TI als Chance aufzufassen, würde das Mindset und die Zukunftsfähigkeit der Gesundheitsfachberufe beträchtlich erhöhen. Die Branche der Hilfsmittel ist ohnehin technikaffin. Aber sie können laut Gesetz erst frühestens ab 2024 angeschlossen werden. Pflege und Heilmittel haben diese Gelegenheit bereits. Aber der Nutzen für diese Berufsgruppen ist überhaupt noch nicht ausreichend transportiert, so dass eine Menge vorausschauend zu tun wäre. Die Bereiche Transport und Rettung sind noch nicht einmal in die Gesetzgebung und Terminierung aufgenommen. Das könnte bedeuten, dass hier die Proaktivität in besonderer Weise genutzt werden kann, um starke Zeichen zu setzen.

Wenn man begonnen hat, die Chancen vor den Hindernissen wahrzunehmen, passiert etwas im Kopf. Unser Mindset bestimmt, wohin die Reise geht. Anders als bei unserer Genetik, unserer Biologie und unserem Schicksal haben wir beim Mindset Mitsprache- und Gestaltungspriorität. Die hier vorgestellten Bausteine aus Zukunftspsychologie, Zukunftskompass, Konkrethik und den „Prethinking the Futures"-Workshops sind die Werkzeuge, um uns Selbstbestimmung, Entscheidungsfreiheit und Zukunftsdesign zu ermöglichen. Während mit der Künstlichen Intelligenz ganz neue Hilfsmittel entstehen, sollten wir uns als Menschen upgraden und agiler machen, um beide Systeme zu adaptieren und ihre gemeinsame Entwicklung synchron zu betreiben. Vor diesem Hintergrund behaupte ich: Der Zukunftskompass und die Konkrethik sind das Update für unser Bauchgefühl. Mit dieser Optimierung brauchen wir keine Angst vor der Zukunft und anderen Intelligenzen zu haben. Also, lassen Sie uns bereit sein, aus der Zukunft zu lernen. Oder folgen wir dem Rat des großen italienischen Philosophen Dante Alighieri, der schon im dreizehnten Jahrhundert wusste:

„Der eine wartet, dass die Zeit sich wandelt, der andere packt sie an und handelt."

Nachwort

Thomas Druyen

Nun haben wir Sie mit einer Menge Material ausgestattet, überschüttet, überfordert und beflügelt. Wir haben gelernt, dass die Interpretation der hier gemachten Vorschläge ganz in Ihrer Hand liegt, Ihrem Mindset entspricht und damit gewachsene Einstellungen verdeutlicht. Welche dieser Prägungen Sie nun umsetzen wollen, ist allein Ihre Entscheidung oder Ihre Gewohnheit. Aber was diese Wahl bedeutet oder dieses Buch bei und mit Ihnen anrichtet, kann in fundamental andere Richtungen weisen. Zwischen Lebensveränderung, Erkenntnisgewinn oder Zeitverlust und Verärgerung ist alles möglich. Allein diese Resonanz und Wahl hat Einfluss auf Ihre Zukunft – Sie stimmen jetzt gegen oder für etwas. Damit sind die Würfel gefallen. Ihr Kurs ist bestimmt und Ihre Route definiert. Das ist schon der grundlegende Teil Ihrer Zukunftsnavigation.

Der ganze Sinn des Zukunftskompasses ist die geistige Vorwegnahme von möglichen Lösungen und Alternativen. Die Funktion der Konkrethik ist die definitive Umsetzung einer bewussten Entscheidung. Es geht um die Ausführung einer lebensbejahenden und zukünftigen Perspektive. Es geht um unser Denken. Die hervorragende Medienpsychologin Maren Urner hat es auf den Punkt gebracht:

> *„Unser Denken bestimmt nicht nur, wie wir die Welt generell sehen, sondern auch, wie wir unsere eigene Rolle darin wahrnehmen, sie einschätzen und am Ende auch in der Welt handeln."* [109]

Das bedeutet unmissverständlich, dass wir nicht nur die Schmiede unseres Glückes sind, sondern auch die Drehbuchschreiber, Regisseure und Regisseurinnen unserer Zukunft.

Somit sind Denken und Machen die Wegweiser und Meilensteine unseres Voranschreitens. Dabei hat eine ultimative Entscheidung eine überragende Bedeutung: Wollen Sie ermöglichen oder verhindern? Wollen Sie lieben oder hassen? Das klingt natürlich drastisch, aber im Endeffekt geht es um diese Richtungsentscheidung: dafür oder dagegen. Mit diesem Entscheid bringen Sie den Stein Ihres Denkens, Ihres Fühlens und Ihres Handelns ins Rollen. Aus Ihren Beschlüssen erwächst Ihre Zukunft, daher ist es wohl die Chance

---

[109] Urner 2021, 162.

Nachwort

des Lebens, das zu tun, was einem wirklich wichtig ist und richtig erscheint. Das ist konkrethisch. Das bedeutet: Gesagt, getan.
Wenn wir die Tatsache akzeptieren, dass unser Denken und Handeln jenen Bumerang repräsentiert, aus dem unsere tatsächliche Zukunft entsteht, sind wir nicht mehr ohnmächtig. Im Gegenteil. Wir haben es oft gehört und werden es weiterhin hören: Nicht reagieren, sondern agieren! Ja genau, aber mehr noch: Wir müssen unser Leben und unsere Arbeit bei den Hörnern packen, wir müssen proagieren. Alles um uns herum ändert sich schneller als jemals zuvor, da werden Warten und Reagieren nicht nur zum Nachteil, sondern zur Selbstaufgabe. Im konkrethischen Vordergrund steht für uns nun das Fassen des vorausschauenden Beschlusses, was wirklich und ultimativ wichtig sein wird. Um dies herauszuarbeiten, gibt es den Zukunftskompass, der unsere Wünsche, unsere Hoffnungen und unsere kühnen Absichten systematisch orchestriert. Die Zukunftsnavigation ist das Schnellboot und die Triebfeder unserer Neugier und unserer Entdeckungsfreude.
Ich zitiere nochmals Maren Urner:

> *„Neugier scheint das Gehirn in einen Zustand zu versetzen, der ihm erlaubt, jede Information besser zu lernen und zu behalten, wie ein Strudel, der nicht nur all das ansaugt, was wir lernen wollen, sondern auch alles drum herum."* [110]

Tauschen wir die konventionellen Bedenken, die sich immer gegen etwas richten, mit enthusiastischer Offenheit für etwas Neues, für etwas Zukunftstaugliches.
Der Blick aus der Zukunft auf die Gegenwart ist in etwa so wie die Sicht auf die Erde vom Mond aus betrachtet. Mich beschleicht immer das Gefühl eines Rückblicks zurück nach vorn. Wir kennen die faszinierenden Bilder unseres blauen Planeten zwischen Schönheit und Verwundbarkeit. In der Distanz wird Überheblichkeit zur Demut, Komplexität zur Klarheit und Zwietracht zur Eintracht. Mehr brauchen wir eigentlich nicht im Umgang mit uns selbst, mit anderen, mit Kolleginnen und Kollegen und mit allen scheinbar Fremden. Die Perspektive entscheidet. Wem es gelingt, den Schalter vom Dagegen ins Dafür umzulegen, der hat die zweite Hälfte des konkrethischen Weges schon beschritten. Dies sind – kurz skizziert – nochmals wesentliche Betrachtungen unserer zukunftspsychologischen Vorgehensweise. Theoretisch, praktisch und konkrethisch wollen wir so einen Weg weisen, wie man

---
110 Urner 2021, 158.

Nachwort

die Zukunft vorausdenken und wie man aus ihr lernen kann. „Prethinking the Futures" ist ein Spielfeld für Menschen und Unternehmen, um dies umzusetzen.

Dieses Buch markiert keinen Auftakt oder Anfang, sondern eine Zwischenbilanz. Seit gut acht Jahren operieren wir mit den hier genannten Aspekten der Zukunftspsychologie. Tausende Interviews mit Menschen und Unternehmen haben uns einen Einblick gewährt, wie zögerlich sie meistens mit Zukunft umgehen. Natürlich gibt es Ausnahmen: Diese sind aber keine Sonderfälle, sondern Scouts und Pioniere, die das Neue schon wagen, ehe die Ergebnisse feststehen. In den letzten beiden Jahren haben wir unsere Arbeit auf die Gesundheitsfachberufe ausgeweitet. Warum? Gerade das Ansehen jener Berufe, die mit Pflege, mit Rettung, mit Hilfs- und Heilmitteln zu tun haben, spiegelt den paradoxen Zeitgeist und seinen Zukunftswiderwillen. Zwanzig Millionen Menschen gehen jetzt in Rente. Wir wissen das seit mehr als vierzig Jahren. Millionen Personen aus diesem Heer der Babyboomerinnen und Babyboomer werden auf diese Gesundheitsfachberufe zugreifen müssen. Aber solange kein Notfall eintritt, bleibt die umfassende Vorsorge eine Ausnahmeerscheinung. Das ist verrückt und absolut zukunftszersetzend. Allein am Beispiel der Gesundheitsfachberufe können wir ablesen, dass auch unser Wertesystem nicht mehr zeitgemäß funktioniert. Wem gebührt ansonsten größerer Dank als jenen, die uns in unserer schwächsten und abhängigsten Lebensphase aufopfernd zur Seite stehen? Dieses Beispiel zeigt repräsentativ, dass der ultimative Mindset-Wandel uns persönlich, unternehmerisch und institutionell absolut herausfordert. Es geht um Gesundheit – um unsere individuelle und gesellschaftliche Gesundheit. Gesundheit nach vorn gerichtet beginnt bei der mentalen Zukunftsfähigkeit. Dem Ziel, dies zu verwirklichen, wollen wir dienen.

Danksagung

Thomas Druyen

Die wissenschaftlichen Grundlagen dieses Buches sind in den letzten acht Jahren gelegt worden. Mein Institut für Zukunftspsychologie und Zukunftsmanagement an der Sigmund Freud PrivatUniversität in Wien (SFU) bot den Forschungsraum, um sich über die psychologischen Auswirkungen neuer Technologien nachhaltige Gedanken zu machen. Daher gilt mein erster Dank vor allem Prof. Dr. Alfred Pritz, Rektor und Gründungsvater der SFU. Sein Vertrauen und seine Unterstützung sind Teil des Fundamentes, auf dem diese Zukunftsnavigation entstanden ist. Die Gründung unseres Institutes IZZ und die ersten Studien wären ohne die Förderung der Allianz nicht möglich gewesen. Allen voran danke ich Manfred Boschatzke und seiner visionären Fähigkeit, weit über Gegenwart und Rendite hinauszuschauen. Das wegweisendste Produkt der ersten Arbeitsjahre war die große Studie über die Veränderungsfähigkeit der Deutschen. Diese im Jahr 2018 veröffentlichte Analyse konnte eindrücklich dokumentieren, dass unsere Gesellschaft und unsere Mentalität durchaus Probleme haben, mit Neuem und Unvorhersehbarem umzugehen.

Irgendwann kam Corona und viele Aspekte der Untersuchung wurden durch die Realität bestätigt. Wie gestaltet man Zukunft, wenn sich dauernd alles ändert? In dieser Phase, in der Befragungen, Vorträge und universitäre Normalität wegbrachen, kam es zur ersten Begegnung mit Mark Steinbach und Andreas Fischer, den beiden außergewöhnlichen Geschäftsführern der opta data Gruppe. Blitzartig verabredeten wir eine kleine Unternehmensstudie mit dem Einsatz des Zukunftskompasses, die die Zukunftsfähigkeit führender Mitarbeiterinnen und Mitarbeiter messen und anregen sollte. Die vielversprechenden Resultate führten zum nächsten, weit umfangreicheren Projekt – der „Hello Future"-Initiative. Gemeinsam mit Hunderten von Teilnehmern aus der opta data Gruppe wurde die Zukunftskompetenz in vielen kleinen Piloten trainiert, um Agilität, neues Arbeiten, Fehlerkultur, Veränderungsbereitschaft, Teambuilding und Empathie zu fördern. Das Experiment, sich inmitten der Coronaphase neu zu besinnen und auszurichten, um so viele Menschen wie möglich an der Unternehmensentwicklung zu beteiligen, war und ist ein spektakulärer Erfolg. Die in der Wissenschaft entstandenen Forschungsrichtungen Zukunftspsychologie und Zukunfts-

Danksagung

management bestanden somit ihre Feuertaufe und bewiesen ihr Zukunftspotenzial in der Wirklichkeit und in der Praxis.

Um nun aus dieser immer wieder neu entstehenden Notwendigkeit der Veränderung etwas Gestaltbares und Lernbares zu machen, haben wir die hier vorgestellten „Prethinking the Futures"-Modelle geschaffen. Irgendwann lag es nahe, aus dieser sehr erfolgreichen Kooperation mit opta data mehr zu machen. Dies führte dann im Jahr 2022 zur Gründung der opta data Zukunfts-Stiftung in Essen, deren erster Präsident ich sein darf. Daher gilt mein großer Dank der gesamten opta data Gruppe und den vielen tollen Personen, die uns unterstützen, und jenen füreinander einstehenden Führungspersönlichkeiten, die aus unserer wissenschaftlichen Arbeit ein Lebens- und Realitätslabor machen. Vor allem aber verneige ich mich vor Mark und Andreas, die unserer Forschung in jeder Beziehung Flügel verliehen haben. Sie haben in bewundernswerter Weise schon seit Jahren verinnerlicht, dass Zukunft nur durch Weitsicht, Proaktivität, ständige Anpassung, Mut und Visionen sowie durch den Willen, Verantwortung auch zu teilen, funktionieren kann.

Durch opta data ist uns aber noch ein zweites Geschenk gemacht worden: der Einblick in die Gesundheitsfachberufe und in die Gesundheitsbranche generell. Eine pragmatische Zukunftspsychologie und Zukunftssoziologie wäre ohne diesen Gesundheitsfokus gar nicht mehr denkbar. Es klingt banal, aber ohne Gesundheit gibt es keine Zukunft. Dies bedeutet, dass all diejenigen, die ihre Arbeits- und Lebenskraft in diesen humanen Dienst stecken, eine weit höhere Anerkennung verdient haben. Wenn Menschen aus der Pflege oder dem Rettungswesen nur in Notfällen wertgeschätzt werden, geht eine Kultur nur noch auf dem Zahnfleisch. Daher danke ich an dieser Stelle all jenen, die uns bei den Studien, in Rücksprachen und Interviews ihre kostbare Zeit geschenkt haben. Und allen anderen, die hier tätig sind, zollen wir unseren höchsten Respekt.

Zum Schluss will ich meiner Assistentin, Mitarbeiterin, Studienleiterin, Design-Visionärin und Co-Autorin Valeska Mangel herzlich danken. Ihre Klugheit, Neugierde, Schnelligkeit und ihr Zukunftsdrang sind ein steter Quell der Freude und Inspiration. Valeska hat maßgeblich zum ganzen Buchprojekt und zu seiner kontinuierlichen Umsetzung beigetragen. Ich hoffe sehr, dass sie mir und uns noch sehr lange erhalten bleibt, wissend, dass sie in vielen Ländern sehr gut gebraucht werden kann. Ein Punkt war uns gemeinsam noch wesentlich: Hier sind zwei unterschiedliche Generationen

Danksagung

am Werk. Insofern haben wir auch eigene Verantwortung für unsere Aussagen und Blickwinkel. Hierarchisches Rechthaben ist nicht unser Ding. Die Zukunft gehört uns allen, aber meiner Meinung nach weit mehr denjenigen, die wesentlich länger in ihr leben werden.

Unsere Verbundenheit gilt natürlich unserem großartigen Verleger Dr. Thomas Hopfe, der uns die Freiheit gab, auch Ungewohntes einzubringen. Und ganz zum Schluss geht unser Dank an: Benedikt Steffen, Dr. Armin Keivandarian, Caro Wright, Anna-Lena Spies, Andre Weber, Prof. Dr. Jochen Werner, Vladimir Puhalac, Nico Peitzmann, Daniel Preuß, Linda Kaiser, Jennifer Wollny und viele andere. Nicht zuletzt würdigen wir die tolle Arbeit unseres Lektors Dr. Frank Unterberg. Herzlichen Dank!

IZZ Homepage

opta data Zukunfts-Stiftung Homepage

Thomas Druyen LinkedIn Kontakt

opta data Zukunfts-Stiftung LinkedIn Kontakt

Literaturverzeichnis

Baker, Nicholson 2009: Menschenrauch. Wie der Zweite Weltkrieg begann und die Zivilisation endete. Hamburg: Rowohlt Verlag.

Bergmann, Frithjof 2004: Neue Arbeit, neue Kultur. Freiamt im Schwarzwald: Arbor Verlag.

Diamond, Jared 2005: Kollaps. Warum Gesellschaften überleben oder untergehen. Frankfurt a.M.: S. Fischer Verlag.

Druyen, Thomas 2007: Goldkinder – die Welt des Vermögens. Hamburg: Murmann-Verlag.

Druyen, Thomas 2012: Krieg der Scheinheiligkeit. Plädoyer für einen gesunden Menschenverstand. Düsseldorf: Maxlin Verlag.

Druyen, Thomas 2018: Die ultimative Herausforderung – über die Veränderungsfähigkeit der Deutschen. Wiesbaden: Springer Verlag.

Dweck, Carol S. 2000: Self-Theories. Their role in motivation personality, and development. New York: Psychology Press (Essays in Social Psychology Series).

Eagleman, David 2017: The Brain – die Geschichte von Dir. München: Pantheon Verlag.

Fadel, Charles/Maya Bialik/Bernie Trilling 2015: Four-Dimensional Education. Boston: The Center for Curriculum Redesign.

Fox, Rüdiger 2017: Bionische Unternehmensführung: Mitarbeitermotivation als Schlüssel zu Innovation, Agilität und Kollaboration. Wiesbaden: Springer Gabler Verlag.

Fry, Tony/Adam Nocek 2021: Design in Crisis: New Worlds, Philosophies and Practices. Abingdon: Routledge.

Gelernter, David 2010: Eine Aschewolke aus Antiwissen. In: Frankfurter Allgemeine Zeitung 96, 26.04.2010. S. 29.

Graeber, David 2019: Bullshit Jobs: The Rise of Pointless Work, and What We Can Do About It. London: Penguin Books Ltd.

Händeler, Erik 2006: Kondratieffs Welt. Wohlstand nach der Industriegesellschaft. Zweite Auflage. Moers: Brendow.

Hüther, Gerald 2007: Bedienungsanleitung für das menschliche Gehirn. Göttingen: Vandenhoek & Ruprecht Verlag.

Kahneman, Daniel/Cass R. Sunstein 2021: Noise: Was unsere Entscheidungen verzerrt – und wie wir sie verbessern können. München: Siedler Verlag.

Kapp, Ernst 2018: Elements of a Philosophy of Technology. Hg. von Jeffrey West Kirkwood und Leif Weatherby. Minneapolis: University of Minnesota.

Kirkwood, Jeffrey West/Leif Weatherby (Hg.) 2018: The Culture of Operations. Ernst Kapp's Philosophy of Technology. In: Kapp, Ernst 2018: Elements of a Philosophy of Technology. Minneapolis: University of Minnesota. S. ix–2.

Leggewie, Claus/Harald Welzer 2009: Das Ende der Welt, wie wir sie kannten. Frankfurt a.M.: S. Fischer Verlag.

Laloux, Felix 2017: Reinventing Organizations. München: Verlag Franz Vahlen.

Lobo, Sascha 2019: Realitätsschock. Zehn Lehren aus der Gegenwart. Köln: Verlag Kiepenheuer und Witsch.

Metzinger, Thomas 2023: Bewusstseinskultur. Berlin/München: Berlin Verlag in der Piper Verlag GmbH.

Moholy-Nagy, László 2014: Sehen in Bewegung. Hg. von Philipp Oswalt. Leipzig: Spector Books.

Musil, Robert 1978: Der Mann ohne Eigenschaften. Band 1. Hg. von Adolf Frisé. Hamburg: Rowohlt.

Online-Quellen

Schnabel, Ulrich 2009: Die Demokratie der Neuronen. In: DIE ZEIT 21, 14.05.2009. S. 9.
Schumpeter, Joseph 2011: Capitalism, Socialism and Democracy. Connecticut: Martino Publishing.
Senarclens de Grancy, Moritz 2022: Der heißeste Wunsch der Menschheit. Berlin: Verlag Matthes und Seitz.
Smith, Laurence C. 2010: Die Welt im Jahr 2050. München: Deutsche Verlags-Anstalt.
Spork, Peter 2021: Die Vermessung des Lebens. München: Deutsche Verlags-Anstalt.
Stöcker, Christian 2020: Das Experiment sind wir. München: Karl Blessing Verlag.
Thackara, John 2017: How to Thrive in the Next Economy. London: Thames & Hudson Ltd.
van Borries, Friedrich 2016: Weltentwerfen: Eine politische Designtheorie. Berlin: Suhrkamp Verlag.
Welzer, Harald 2019: Alles könnte anders sein. Frankfurt: S. Fischer Verlag.
Whipps, Judy D. 2019: Humanities as a Source of Resilience in Jane Addams's Community Activism. In: Parker, Kelly A./Heather E. Keith (Hg.) 2019: Pragmatist and American Philosophical Perspectives on Resilience. Lanham, Maryland: Lexington Books. S. 139–155.

Online-Quellen

Bono, Joyce E. u.a. 2013: Building Positive Resources: Effects of Positive Events and Positive Reflection on Work Stress and Health. In: Academy of Management Journal 56. S. 1601–1627. https://www.semanticscholar.org/paper/Building-Positive-Resources%3A-Effects-of-Positive-on-Bono-Glomb/4a375ce73ac7b9b78c9fc29c7d9086a74b8cb174 (abgerufen am 12.04.2023).
Bundesministerium für Gesundheit: E-Health-Gesetz. https://www.bundesgesundheitsministerium.de/service/begriffe-von-a-z/e/e-health-gesetz.html (abgerufen am 12.04.2023).
Bundesministerium für Gesundheit: GKV-Versorgungsstrukturgesetz. https://www.bundesgesundheitsministerium.de/service/begriffe-von-a-z/v/versorgungsstrukturgesetz.html (abgerufen am 12.04.2023).
Camacho, Maria 2016: In Conversation. David Kelley: From Design to Design Thinking at Stanford and IDEO. In: She Ji. The Journal of Design Economics and Innovation 2, Nummer 1. S. 88–101. https://www.researchgate.net/publication/306097249_David_Kelley_From_Design_to_Design_Thinking_at_Stanford_and_IDEO (abgerufen am 12.04.2023).
ChatGPT. https://chat.openai.com/auth/login (abgerufen am 12.04.2023).
DG Digitales Gesundheitswesen 2022: Chronik der Telematikinfrastruktur – 2001 bis 2023. https://magazin.digitales-gesundheitswesen.de/telematikinfrastruktur-chronik/ (abgerufen am 14.04.2023).
Dunne, Fiona/Anthony Raby 2007: Critical Design FAQ. http://dunneandraby.co.uk/content/bydandr/13/0 (abgerufen am 12.04.2023).
eHealth-Tec GmbH 2021: #28 Folge – Dr. Jan Helmig über die Telematikinfrastruktur: Die Datenautobahn des Gesundheitswesens. https://www.ehealth-tec.com/de/podcast/28-folge-dr-jan-helmig-uber-die-telematikinfrastruktur-die-datenautobahn-des-gesundheitswesens (abgerufen am 12.04.2023).
Eissa, Carole 2017: Wie du mit dem Double Diamond Prozess lernst, nutzerzentriert zu arbeiten. https://www.testingtime.com/blog/double-diamond-design-prozess/ (abgerufen am 12.04.2023).
Frankfurter Allgemeine Zeitung 2022: Patagonia-Gründer verschenkt Unternehmen. https://www.faz.net/aktuell/wirtschaft/unternehmen/patagonia-gruender-verschenkt-sein-unternehmen-kampf-gegen-klimawandel-18317608.html (abgerufen am 12.04.2023).
gematik GmbH. https://www.gematik.de/telematikinfrastruktur (abgerufen am 12.04.2023).
gutezitate: Zitat von George Bernard Shaw. https://gutezitate.com/zitat/136173 (abgerufen 12.04.2023).

Bild-Quellen

Ideo U Blog: What is Design Thinking. Human-Centered Design Modell. https://www.ideou.com/blogs/inspiration/what-is-design-thinking (abgerufen am 12.04.2023).
Institut für Zukunftspsychologie und Zukunftsmanagement. https://izz.sfu.ac.at/ (abgerufen am 12.04.2023).
Liedtke, Christa u.a. 2020: Transition Design Guide – Design für Nachhaltigkeit. Gestalten für das Heute und Morgen. Ein Guide für Gestaltung und Entwicklung in Unternehmen, Städten und Quartieren, Forschung und Lehre. Wuppertal Spezial Nr. 55. Zweite, korrigierte Auflage: Wuppertal: Wuppertal Institut für Klima, Umwelt, Energie. https://epub.wupperinst.org/frontdoor/deliver/index/docId/7567/file/WS55_2ed.pdf (abgerufen am 12.04.2023).
Mentimeter. https://www.mentimeter.com/ (abgerufen am 12.04.2023).
Miro. https://miro.com/signup/ (abgerufen am 12.04.2023).
OECD 2018: The Future of Education and Skills: Education 2030. https://www.oecd.org/education/2030/E2030%20Position%20Paper%20(05.04.2018).pdf (abgerufen am 12.04.2023).
opta data Zukunfts-Stiftung. www.optadata-zukunfts-stiftung.de (abgerufen am 12.04.2023).
opta data Zukunfts-Stiftung: PflegeStudie 2022 mit der Babyboomer-Generation. https://www.optadata-zukunfts-stiftung.de/1/zukunfts-forschung/pflegestudie-2022-download#pflegeStudie2022mitBabyboomer-5590 (abgerufen am 12.04.2023).
opta data Zukunfts-Stiftung 2022: Vollversion der WeCare4us Pflegestudie. https://www.optadata-zukunfts-stiftung.de/news/detailseite?tx_news_pi1%5Baction%5D=detail&tx_news_pi1%5Bcontroller%5D=News&tx_news_pi1%5Bnews%5D=118&cHash=9bdd01ae5df4d0b7a691fef72284b0d8 (abgerufen am 12.04.2023).
opta data Zukunfts-Stiftung: WeCare4us Pflegestudie. https://www.optadata-zukunfts-stiftung.de/forschung/wecare4us-klinische-pflegestudie-download#wECARE4USKLINISCHEPFLEGESTUDIE-5623 (abgerufen am 12.04.2023).
RCA Vice-Chancellor's Talks: Evan Sharp. https://www.youtube.com/watch?v=c_S_aqGfLBE (abgerufen am 12.04.2023).
Tucker, Emma 2016: Di Peng recreates the experience of dementia with sense-distorting helmet. https://www.dezeen.com/2016/07/31/video-di-peng-dementia-experience-sense-distorting-helmet-central-saint-martins-graduate-movie/ (abgerufen am 12.04.2023).
Universitätsklinikum Essen: WeCare4us. https://pflegedienst.uk-essen.de/projekte/wecare4us/ (abgerufen am 12.04.2023).
Vitra Design Museum 2016: Radical Design. https://www.design-museum.de/en/exhibitions/detailpages/radical-design.html (abgerufen am 12.04.2023).

Bild-Quellen

Workshop-Inszenierungen durch das Team der opta data Zukunfts-Stiftung und der opta data Gruppe, 28.03.2023, opta data Campus, Essen.

QR-Code-Quellen

Ideo Human-centered Design Methoden. https://www.designkit.org/methods.html (abgerufen am 12.04.2023).

IZZ Homepage. https://izz.sfu.ac.at/ (abgerufen am 12.04.2023).

Liedtke, Christa u.a. 2020: Transition Design Guide – Design für Nachhaltigkeit. Gestalten für das Heute und Morgen. Ein Guide für Gestaltung und Entwicklung in Unternehmen, Städten und Quartieren, Forschung und Lehre. Wuppertal Spezial Nr. 55. Zweite, korrigierte Auflage: Wuppertal: Wuppertal Institut für Klima, Umwelt, Energie. https://epub.wupperinst.org/frontdoor/deliver/index/docId/7567/file/WS55_2ed.pdf (abgerufen am 12.04.2023).

OECD 2018: The Future of Education and Skills: Education 2030. https://www.oecd.org/education/2030/E2030%20Position%20Paper%20(05.04.2018).pdf (abgerufen am 12.04.2023).

opta data Zukunfts-Stiftung Homepage. https://www.optadata-zukunfts-stiftung.de/ (abgerufen am 12.04.2023).

opta data Zukunfts-Stiftung LinkedIn Kontakt. https://www.linkedin.com/company/opta-data-zukunfts-stiftung/ (abgerufen am 12.04.2023).

Prof. Dr. Thomas Druyen LinkedIn Kontakt. https://www.linkedin.com/in/prof-dr-thomas-druyen-78035523b (abgerufen am 12.04.2023).

Versatility in Use: https://www.arthur.digital/use-cases (abgerufen am 12.04.2023).

Virtual IZZ seminars in real time. https://www.youtube.com/watch?v=tmLCczaYYlw (abgerufen am 12.04.2023).

Anhang: Materialien für die Workshop-Durchführung

Beispiel-Handout

Prethinking the Futures [Datum]

Handout für die Bearbeitung des Work- und Mindshops

Die „Prethinking the Futures" Work- und Mindshops sind ein Modell des IZZ – Institut für Zukunftspsychologie und Zukunftsmanagement und der opta data Zukunfts-Stiftung. Sie werden für die proaktive Verarbeitung des immer schnelleren Wandels in unserer Zeit und für die Förderung von Zukunftsfähigkeit empfohlen.

Um neue Denkstrukturen und kreative Mitsprache in unserer Organisation zu erreichen, wollen wir heute die gemeinsame Zeit nutzen, um innovative Lösungen für allgegenwärtige Probleme zu finden. Der aktive Workshop besteht aus einer angeleiteten Teamarbeit. Hier wird ein Problem, das vorab ausgewählt wurde, geprüft und behandelt. Zuletzt werden alle Teilnehmenden eine individuelle Zukunftsnavigation anhand eines Fragebogens durchlaufen.

Workshop-Agenda:

[Beispiel für einen vierstündigen Hackathon]

Einleitung
20 Minuten

Praktischer Workshop in Teams
Durchführung der Design-Schritte unter Schritt-für-Schritt-Anleitung
ca. 170 Minuten
(inkl. Pausen)

Präsentation und Feedback
30 Minuten

Zukunftsnavigation anhand des Zukunftskompasses
20 Minuten

Anhang: Materialien für die Workshop-Durchführung

Hausregeln für den Workshop:

- Wir wollen auf Augenhöhe arbeiten: Dies ist eine Einladung zum Duzen!
- Ihr werdet nie genug Zeit haben: Lernt das Chaos und das Halbgare zu lieben! Wenn der Timer klingelt, geht es weiter.
- Schließt jeden in die Diskussionen mit ein und seid sensibel gegenüber verschiedenen Ansichten und Lautstärken. Wir bieten Team-Building-Tipps an, fragt gern nach!
- Gönnt euch Team-Auszeiten! Jeder hat eine andere innere Uhr. Wenn euer Team müde aussieht, beruft eine Pause für euch ein.

Problemstellung des Workshops (Start-Hypothese)
[Problemstellung des Tages]

Design-Schritte, Tipps und Vorlagen

Der „Double Diamond" ist ein omnipotenter Leitfaden für einen Designprozess, dem auch die „Prethinking the Futures"-Arbeitsschritte folgen werden. Grundsätzlich beginnt jeder Prozess mit einem Problem, einer Challenge oder einem Auftrag.

Von hier aus widmet sich der erste „Diamant" vor allem der Recherche und Forschung zum Problem: Ist das Problem wirklich real? Wer ist betroffen? Was steckt hinter dem Problem? Was gilt es eigentlich zu lösen?

Nach der Erforschung des Problems formulieren wir einen „How might we ..."-Satz, der die Erkenntnisse und die Überarbeitung der anfänglichen Problemstellung kurz zusammenfasst. Der Satz spielt durch seine Form bereits auf eine Lösung an und fragt, wie genau die gefundenen Barrieren überwunden werden könnten.

Im zweiten „Diamanten" wird es vor allen Dingen kreativ. Auf der Basis der Recherche werden hier Ideen und Konzepte geformt, debattiert und nicht zuletzt als Prototypen visualisiert. Zuletzt mündet dieser Diamant in einem klaren, eindeutigen „Pitch" – einer schlüssigen und schnellen Präsentation der finalen Idee, die überzeugen muss.

Beispiel-Handout

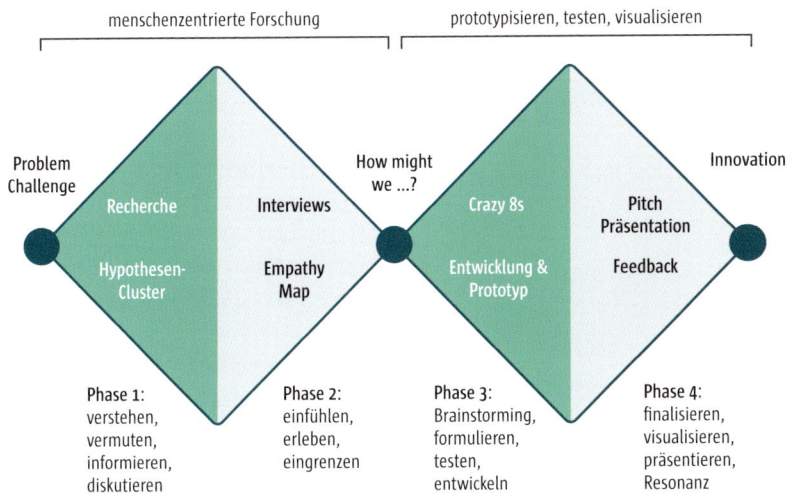

1. Designschritt: Recherche

10 Minuten

Zuallererst wollen wir euch die Möglichkeit geben, euch zum Problemthema des Tages zu informieren. Vielleicht hat sich ja jemand aus eurem Team sogar schon vorab ein paar Quellen herausgesucht? Jetzt habt ihr nochmal Zeit, individuell online oder mit anderen lokal verfügbaren Medien zu recherchieren. Man muss das Rad nicht neu erfinden, wenn schon andere Menschen zum gleichen Thema geforscht haben.

Lest Artikel, Zeitungsberichte, Studien, Diagramme – alles, was ihr finden könnt! Und teilt euch auch etwas Zeit ein, um alles gemeinsam zu besprechen. Was könnt ihr bereits aus den Erkenntnissen und Problemen anderer Menschen lernen, die sich über dasselbe Problem den Kopf zerbrochen haben?

2. Designschritt: Hypothesen-Cluster

20 Minuten

Im Hypothesen-Cluster sollen jetzt alle Annahmen, Probleme und Konsequenzen, die möglicherweise mit der Start-Hypothese zusammenhängen, gesammelt und vernetzt werden. Was ist der Auslöser? Warum besteht hier eine Barriere? Wozu führt das? – Alles Vermutungen!

Anhang: Materialien für die Workshop-Durchführung

3. Designschritt: Interviews
30 Minuten (inkl. 10 Minuten Pause nach Wahl)

In diesem Schritt ist es das Ziel, mit mindestens einer betroffenen Person der Zielgruppe oder erweiterten Zielgruppe zu kommunizieren – sei es über einen spontanen Anruf, eine E-Mail, kurze Umfrage oder einen Instagram-Kommentar. Überlegt euch vorher bitte genau, wie und mit welchen Fragen sich die essenziellen Vermutungen am besten testen lassen. Stellt sicher, dass die Fragen nicht eine bestimmte Antwort erzeugen, sondern freie Meinungen ermöglichen.

Tipp: *Überlegt euch bei jeder Frage, ob man sie einfach ohne Wertung positiv oder negativ beantworten könnte. Wenn das Team so schnell keine Gesprächspartner finden kann, ist das kein Problem! Vielleicht gibt es bereits eine Online-Reportage mit Interviews oder Artikel? Gibt es eine Hotline oder ein Hilfetelefon mit Expertinnen und Experten zum selben Thema? Gibt es bereits Online-Posts und Kommentare von Betroffenen? Kreative Lösungen gibt es überall.*

Beispiel-Handout

4. Designschritt: Empathy Map

15 Minuten

Um die Erkenntnisse aus den Interviews zu verarbeiten, bietet die „Empathy Map" verschiedene Perspektiven an.

Füllt die folgende Grafik möglichst authentisch nach euren Eindrücken aus den Interviews und der Recherche. Fühlt euch in eure Zielgruppe hinein, gebt ihr einen Stereotypen, eine Persona mit Namen, Hobby, Familie etc. Beleuchtet das erkannte Problem von den verschiedenen Seiten.

Tipp: Vor allem um die Eindrücke aus der Interview-Phase zu verarbeiten, kann es helfen, in wörtlicher Rede zu schreiben und der zentralen Person eine fiktionale Stimme zu geben.

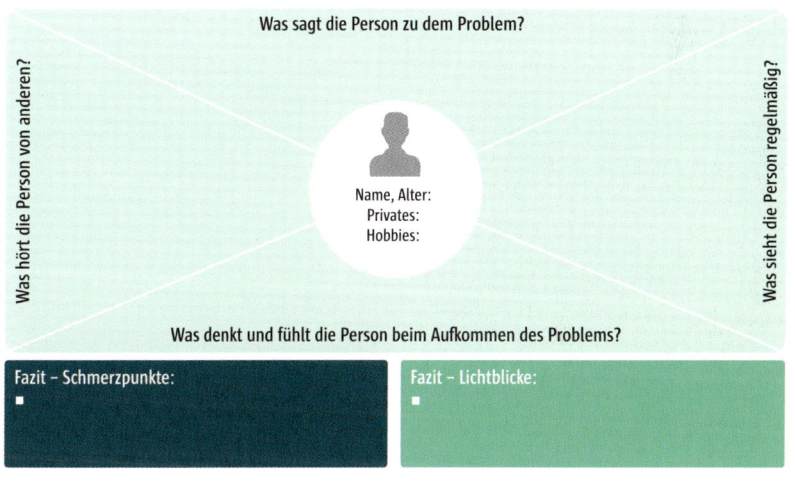

231

Anhang: Materialien für die Workshop-Durchführung

5. Designschritt: How Might We ...?

15 Minuten

Auf den Punkt: Was sind die Haupt-Herausforderungen, die sich in der Recherche zeigen? Welche Barrieren müssen umgangen werden? Welches sind die Prinzipien, die bei der Gestaltung einzuhalten sind?

Hier formulieren alle Teams klar und deutlich, welche Erkenntnisse sie konkret gewonnen haben und was genau das korrekte Problem ist. Einigt euch bitte gemeinsam auf mindestens drei Kern-Herausforderungen. Dann bildet ihr einen schlüssigen Satz nach dem „How might we ..."-Modell. Was wird gebraucht? Für welche Zielgruppe konkret? Um was zu erzielen? *Der Satz ist in etwa wie folgt strukturiert: Wie würden wir ... [was muss sich verändern?] für [wer ist betroffen?] tun/erbringen/beitragen/ändern ..., um [was zu erreichen?]?*

6. Designschritt: Crazy 8s

20 Minuten (+ 30 Minuten Pause)

Es wird kreativ! Einigt euch, wer die Zeit stoppt, 8 Ideen in 8 Minuten! Jeder zeichnet oder faltet ein Raster mit 8 Feldern auf ein Papier. Sobald die Zeit läuft, bitte so viele verrückte Ideen, Scribbles, Notizen oder Halbgares in die 8 Felder kritzeln. Die Top-Ideen werden anschließend im Team geteilt und diskutiert, weitergesponnen, geprüft oder kombiniert. Beendet den Design-Schritt bitte mit einer kleinen Auswahl an kombinierbaren Ideen und Lösungsansätzen.

7. Designschritt: Entwicklung und Prototyp

30 Minuten

Hier werden Ideen zu Innovationen!

Angenommen, wir würden es umsetzen: Wie sieht es aus? Was ist das Produkt? Wer interagiert mit dem Format? Wie könnten wir es anbieten?

Es gibt bereits ein konkretes Konzept? Super, jetzt ist Zeit, es kurz zu testen: Bastelt ein Modell, fragt Interviewpartner erneut nach einer Meinung oder bildet ein Rollenspiel – funktioniert ein Prototyp? Nutzt Schere und Papier, Stockfoto-Collage, Handyfilm, Rollenspiel, Post-its, Präsentations-Slides, Social-Media-Posts, Mock-ups ...

Einigt euch darauf, was ihr später präsentieren wollt und wie! Wie erklärt ihr euren Prototypen sinnvoll und interessant?

Wie lässt es sich in 3 Minuten auf den Punkt bringen und vermitteln?

Beispiel-Handout

8. Designschritt: Pitch
3 Minuten pro Team
Es wird ernst! Wir hören nun gemeinsam eure Präsentationen an.
Maximal 3 Minuten pro Team!
Bereitet euch auf das Geben und Erhalten von Feedback vor und notiert wichtige Hinweise.

9. Designschritt: Feedback
Ca. 20 Minuten
Gibt es Feedback an die Teams, Kollaboration, an uns?
Gern auch per E-Mail an:
[Kontaktinformationen]

Anhang: Materialien für die Workshop-Durchführung

Beispiel: Zukunftskompass-Fragebogen

Der Zukunftskompass®: Individuelle Selbstbefragung

Einleitung

Der Zukunftskompass® wurde von Prof. Dr. Thomas Druyen zur Reflexion alternativer und unterbewusster Lebensentwürfe entwickelt. Durch die Imagination zukünftiger Lebensumstände, entfernter Probleme und antizipierter Veränderungen im eigenen Umfeld generiert der Kompass eine neue Sicherheit im Umgang mit der Zukunft und eine höhere Veränderungsbereitschaft.

Das Einreichen der Fragebögen per E-Mail ist freigestellt. Primär ist diese Reflexion für Sie selbst. Die folgenden Fragen dienen ausschließlich Ihrer persönlichen Sicht auf die Zukunft. Sie stellen Ihre eigenen Visionen und Ziele dar. Daher gibt es kein Richtig oder Falsch. Es kann einen Moment dauern, bis Sie die Fragen wirklich verinnerlichen und Antworten finden. Nehmen Sie sich daher Zeit und finden Sie einen angenehmen Zeitpunkt und Ort. Gehen Sie bei der Beantwortung auf alles ein, was Ihnen in den Kopf kommt. Lösen Sie sich vom Hier und Jetzt, seien Sie frei und kreativ und lassen Sie nichts aus. Intuition ist für diesen Fragebogen ein wichtiges Instrument!

[Gewählte Zukunftskompass-Frage]: *Was wirst du deiner besten Freundin/deinem besten Freund in zehn Jahren über deinen Job berichten?*

[Beispiel-Antwort, basierend auf einem realen Fragebogen]: *Ich habe es endlich geschafft! Kannst du es glauben? Nach all meinen Beschwerden über meinen Job habe ich jetzt eine neue Position. Weißt du noch, wie ich immer gemeckert habe, dass ich mir wie eine Maschine vorkomme? Jetzt bin ich ein Mitglied des Innovation Labs und arbeite an einem Projekt, mit dem mein Unternehmen die größten Probleme der Welt bekämpfen will. Aktuell arbeiten wir an kommunalen Klimaschutz-Projekten in drei Städten.*

Zukunftskompass: Alternative Fragen

Lebensbereich: Beruf

Ein Reporter fragt dich in zehn Jahren unerwartet persönliche Fragen zu deinem Beruf. Was würdest du ihm oder ihr über deine berufliche Mission in zehn Jahren erzählen?
Welche digitalen Geräte werden deinen Beruf in zehn Jahren verändert haben?

Lebensbereich: Kollegen

Wie sehen dich deine Kollegen in deinem Beruf in zehn Jahren? Welche Rolle spielst du dann im Team?

Lebensbereich: Technologie

Wie werden sich Technologien in deinem Alltag in zehn Jahren verändert haben?

Lebensbereich: Gesundheit

Was tust du in zehn Jahren jede Woche für deine Fitness?
Stelle dir vor, deine schlimmste Befürchtung in Hinblick auf deine Gesundheit wäre in zehn Jahren wahrgeworden: Was ist das schlimmste Szenario für deine Gesundheit in zehn Jahren, und wie gehst du dann damit um?

Lebensbereich: Familie

Stell dir vor, du hast dein Leben gelebt und befindest dich auf dem Sterbebett: Welche Rolle hat deine Familie in deinem Leben gespielt?
Was würde deine beste Freundin/dein bester Freund in zehn Jahren über deine Rolle in deiner Familie sagen?

Lebensbereich: Bildung

Welche Fähigkeiten möchtest du in zehn Jahren ausgebildet haben? Wie ist dein Bildungsniveau in zehn Jahren?

Anhang: Materialien für die Workshop-Durchführung

Lebensbereich: Freizeit
Wie werde ich in zehn Jahren meine Freizeit gestalten?

Lebensbereich: Alter
Wie will ich leben, wenn ich 65 Jahre alt bin?

Das Verfasserteam

Prof. Dr. Thomas Druyen

Prof. Dr. Thomas Druyen ist der Begründer und Direktor des IZZ-Institutes für Zukunftspsychologie und Zukunftsmanagement an der Sigmund Freud PrivatUniversität in Wien sowie der Erfinder des Zukunftskompasses. Ebenso ist er Präsident der opta data Zukunfts-Stiftung in Essen. Hier richtet sich der Fokus auf das Gesundheitswesen und die Gesundheitsfachberufe. Im Mittelpunkt seiner generellen Forschung stehen die mentalen Möglichkeiten, wie Menschen und Organisationen vorausschauend mit beschleunigter Zukunft, Künstlicher Intelligenz und geistiger Überforderung umgehen lernen. Mit dieser Perspektive analysiert er auch am Wittener Universitäts-Institut für Familienunternehmen die Zukunftsperspektiven unterschiedlicher Unternehmergenerationen.

Valeska Mangel

Valeska Mangel ist eine deutsch-nordmazedonische Forscherin, Designtheoretikerin und Service Designerin (Royal College of Art, London). Als wissenschaftliche Mitarbeiterin von Prof. Druyen leitet sie die Forschung und die Studien zur Zukunftsnavigation. Sie verbindet Zukunftspsychologie und Soziologie mit innovativen Designthemen. Mit der Entwicklung und Durchführung der „Prethinking the Futures"-Workshops unterstützt sie unterschiedliche Berufsgruppen, um Innovationen im eigenen Arbeitsbereich proaktiv mitzugestalten. Darüber hinaus setzt sie sich als Abgesandte der UN-Frauenrechtskommission (FRC) für die Rechte von Frauen ein und unterstützt weibliche Start-ups bei der Entwicklung smarter Technologien für Bildung und Sicherheit.